Perspektiven der Hochschuldidaktik

Reihe herausgegeben von
Patricia Arnold, Hochschule für angewandte Wissenschaften München, München, Deutschland

Ulrike Hanke, Pädagogische Hochschule Freiburg, Freiburg, Deutschland

Jörn Loviscach, Fachhochschule Bielefeld, Bielefeld, Deutschland

Jörg Noller, Ludwig-Maximilians-Universität München, München, Deutschland

Immanuel Ulrich, IUBH Internationale Hochschule Frankfurt, Frankfurt am Main, Deutschland

Die Springer-Reihe soll Raum geben für Tagungsbände und Monographien, die neue Zugänge in der Hochschuldidaktik eröffnen. Damit will die Reihe dem verstärken Interesse an hochschuldidaktischen Entwicklungen und Herausforderungen ein adäquates Forum zur Diskussion bieten. Die Reihe ist ausdrücklich interdisziplinär ausgerichtet und offen für verschiedene Ansätze, wobei die Fächer Bildungswissenschaft/Pädagogik, Psychologie, Soziologie, Sprach- und Kulturwissenschaften, Philosophie und digitale Medien im Zentrum stehen.

Jörg Noller · Christina Beitz-Radzio ·
Melanie Förg · Sandra Eleonore Johst ·
Daniela Kugelmann ·
Sabrina Sontheimer · Sören Westerholz
(Hrsg.)

Medien-Räume

Eröffnen – Gestalten – Vermitteln

Springer VS

Hrsg.
Jörg Noller
Ludwig-Maximilians-Universität München
München, Deutschland

Christina Beitz-Radzio
Ludwig-Maximilians-Universität München
München, Deutschland

Melanie Förg
Christian-Albrechts-Universität zu Kiel
Kiel, Deutschland

Sandra Eleonore Johst
FernUniversität in Hagen
Hagen, Deutschland

Daniela Kugelmann
Ludwig-Maximilians-Universität München
München, Deutschland

Sabrina Sontheimer
Ludwig-Maximilians-Universität München
München, Deutschland

Sören Westerholz
Ludwig-Maximilians-Universität München
München, Deutschland

ISSN 2524-5864   ISSN 2524-5872 (electronic)
Perspektiven der Hochschuldidaktik
ISBN 978-3-658-43046-7   ISBN 978-3-658-43047-4 (eBook)
https://doi.org/10.1007/978-3-658-43047-4

Die Deutsche Nationalbibliothek verzeichnet diese Publikation in der Deutschen Nationalbibliografie; detaillierte bibliografische Daten sind im Internet über http://dnb.d-nb.de abrufbar.

© Der/die Herausgeber bzw. der/die Autor(en), exklusiv lizenziert an Springer Fachmedien Wiesbaden GmbH, ein Teil von Springer Nature 2024
Die Herausgebenden sind als Teil des „Münchner Dozierenden Netzwerks" (MDN) in der Hochschuldidaktik aktiv und veranstalten jährlich interdisziplinäre Symposien zu zentralen Themen der Hochschullehre mit dem Ziel der Vernetzung von Dozierenden (https://www.mdn-online.de).

Das Werk einschließlich aller seiner Teile ist urheberrechtlich geschützt. Jede Verwertung, die nicht ausdrücklich vom Urheberrechtsgesetz zugelassen ist, bedarf der vorherigen Zustimmung des Verlags. Das gilt insbesondere für Vervielfältigungen, Bearbeitungen, Übersetzungen, Mikroverfilmungen und die Einspeicherung und Verarbeitung in elektronischen Systemen.
Die Wiedergabe von allgemein beschreibenden Bezeichnungen, Marken, Unternehmensnamen etc. in diesem Werk bedeutet nicht, dass diese frei durch jedermann benutzt werden dürfen. Die Berechtigung zur Benutzung unterliegt, auch ohne gesonderten Hinweis hierzu, den Regeln des Markenrechts. Die Rechte des jeweiligen Zeicheninhabers sind zu beachten.
Der Verlag, die Autoren und die Herausgeber gehen davon aus, dass die Angaben und Informationen in diesem Werk zum Zeitpunkt der Veröffentlichung vollständig und korrekt sind. Weder der Verlag noch die Autoren oder die Herausgeber übernehmen, ausdrücklich oder implizit, Gewähr für den Inhalt des Werkes, etwaige Fehler oder Äußerungen. Der Verlag bleibt im Hinblick auf geografische Zuordnungen und Gebietsbezeichnungen in veröffentlichten Karten und Institutionsadressen neutral.

Planung/Lektorat: Frank Schindler
Springer VS ist ein Imprint der eingetragenen Gesellschaft Springer Fachmedien Wiesbaden GmbH und ist ein Teil von Springer Nature.
Die Anschrift der Gesellschaft ist: Abraham-Lincoln-Str. 46, 65189 Wiesbaden, Germany

Das Papier dieses Produkts ist recyclebar.

Einleitung

Lehren und Lernen, verstanden als komplexe Vermittlung und Verarbeitung von Inhalten, findet immer in räumlichen Kontexten statt, die hinderlich oder förderlich sein können. Diese Räume können von ganz verschiedener Art sein und sie müssen sich keineswegs auf den Hörsaal und Seminarraum beschränken. Der Sammelband, der aus zwei Symposien des Münchner-Dozierenden-Netzwerks in den Jahren 2020 und 2021 hervorgegangen ist, möchte diese Räume erkunden, medial reflektieren und zugleich neue Räume für die Lehre eröffnen. Folgende Fragen stehen dabei im Zentrum: Welche Lehr- und Lernräume innerhalb und außerhalb der Hochschule haben sich bislang bewährt? Wo liegen ihre Grenzen, wo ihre Möglichkeiten? Wie lassen sich Lehr- und Lernräume gestalten? Welche Materialien, welche Technik und welche Medien haben sich bewährt oder bieten neue Möglichkeiten?

Raum und Medium sind didaktisch aufs Engste verschränkt. Es entstehen komplexe „Medien-Räume", die auf verschiedene Weisen eröffnet, gestaltet und vermittelt werden können. Medien erleichtern das Lehren und Lernen in vielerlei Hinsicht. Denn sie vermitteln nicht nur Lerninhalte an Lernende, sondern auch zwischen Lehrenden und Lernenden. Die Vermittlungsleistung von Medien kann dabei auf ganz verschiedenen Ebenen erfolgen, und die Medien selbst können auch von ganz verschiedener Art sein. Hier stellen sich folgende Fragen: Welche Medien haben sich in der Hochschullehre bisher für fachspezifische Herausforderungen besonders bewährt? Wie verhalten sich Methoden zu Medien in der Hochschullehre? Welche Medien eignen sich am besten, um zwischen Lehrenden und Lernenden zu vermitteln?

Die Herausgeberinnen und Herausgeber bedanken sich vielmals bei allen Beitragenden sowie bei all denjenigen, die im Rahmen der beiden Symposien dazu beigetragen haben, einen didaktischen Diskurs über die Fächergrenzen der Hochschullehre hinweg zu etablieren.

Jörg Noller
Christina Beitz-Radzio
Melanie Förg
Sandra Eleonore Johst
Daniela Kugelmann
Sabrina Sontheimer
Sören Westerholz

Inhaltsverzeichnis

Teil I Definitionen

Lehr- und Lernorte – ihre Verortung in ausgewählten
pädagogischen Modellen 3
Melanie Förg

Virtuelle Lehr- und Lernräume: Was sie sind und was sie sollen 13
Jörg Noller

Teil II Dimensionen

Lernen und Lehren im Gedankenpalast: Erkundungsgang aus
rechtsdidaktischer Perspektive 27
Felix Aiwanger

Das Erklärvideo als Leistungsnachweis in der universitären
Lehrkräftebildung 39
Elisabeth Fuchs und Barbara Lenzgeiger

Fremdsprachenunterricht im digitalen Lernraum:
Internationalisierung zu Hause 61
Christian Alexander Gebhard

Das Spielelabor der Hochschule München als Lehr- und Lernraum ... 83
Albert Köhler und Dominik Hanakam

Nutzung von Le(e/h)rräumen für interdisziplinäre forschungsnahe
Lehre 105
Johannes Lang und Holger Repp

Seminarraum, Klassenzimmer, Konzertsaal: Lehr- und
Lernräume für Studierende des Lehramts Musik 119
Julia Lutz

Teil III Medien

**Mehr als Transportsysteme und Vermittler: Medien als Variable
in hochschulischen Lehr-Lern-Arrangements** 139
Julia Lutz

**Gestaltung einer digitalen Lernumgebung mit H5P für den
Arabischunterricht** 151
Julia Singer

**Von Null auf Hundert – Digitalisierung praktischer Lerneinheiten
in der Klinischen Pharmazie** 171
Yvonne Marina Pudritz, Ulrich Lächelt und Karin Bartel

Definitionen

Lehr- und Lernorte – ihre Verortung in ausgewählten pädagogischen Modellen

Melanie Förg

Zusammenfassung

Warum wird die Bedeutung von Lehr- und Lernorten (nicht nur) in der universitären Lehre oft übersehen? Eine mögliche Antwort und die These dieses Beitrags ist, dass Orte bereits in Lehr- und Lernmodellen oft fehlen; sie werden also schon in der theoretischen Darstellung nicht ‚verortet', wodurch ihre Bedeutung in der Praxis ebenfalls oft übersehen wird. In diesem Beitrag werden daher drei ausgewählte pädagogische Modelle vorgestellt, in denen Lernorte zumindest zusätzlich berücksichtigt werden können. Auch wenn hierbei kein Anspruch auf Vollständigkeit erhoben werden kann, wird dadurch eine einführende Kartographie des Lernorts möglich. Im Anschluss werden diejenigen Räume genannt, die meist übersehen werden, und es wird nach den Konsequenzen der vorangegangenen Überlegungen für die Lehre gefragt.

Schlüsselwörter

Bonbon-Modell · Erfahrung · Erlebnispädagogik · Raum · Themenzentrierte Interaktion

---

M. Förg (✉)
München, Deutschland
E-Mail: foergmelanie@gmail.com

1 Einleitung

Warum wird die Bedeutung von Lehr- und Lernorten (nicht nur) in der universitären Lehre oft übersehen? Eine mögliche Antwort und die These dieses Beitrags ist, dass Orte bereits in Lehr- und Lernmodellen oft fehlen; sie werden also schon in der theoretischen Darstellung nicht ‚verortet', wodurch ihre Bedeutung in der Praxis ebenfalls oft übersehen wird. In diesem Beitrag werden daher drei ausgewählte pädagogische Modelle vorgestellt, in denen Lernorte zumindest zusätzlich berücksichtigt werden können (2.): Die Erlebnispädagogik und ihr Lernzonenmodell (2.1), das Modell der Themenzentrierten Interaktion (TZI) (2.2) und das Bonbon-Modell aus der Philosophiedidaktik (2.3). Auch wenn hierbei kein Anspruch auf Vollständigkeit erhoben werden kann, wird dadurch eine einführende Kartographie des Lernorts möglich. Im Anschluss werden diejenigen Räume behandelt, die meist übersehen werden, nämlich die außeruniversitären und Zwischen-Räume (3). Abschließend wird nach den Konsequenzen der vorangegangenen Überlegungen für die Lehre gefragt (4).

2 Der Ort in drei einschlägigen Lehr- und Lernmodellen

2.1 Die Erlebnispädagogik und ihr Lernzonenmodell

Erlebnispädagogik ist in zweierlei Hinsicht für die Frage nach dem Ort als Lehr- und Lernmodell wichtig: Erstens setzt sie häufig auf besondere Orte und zweitens bietet sie mit dem sog. ‚Lernzonenmodell' ein Werkzeug, diese im Hinblick auf den Lernprozess der Gruppe wie auch einzelner Personen einschätzen zu können.

2.1.1 Kategorisierung erlebnispädagogischer Lehr- und Lernorte

Die Kategorisierung erlebnispädagogischer Orte hängt mit der Herkunft und Definition von ‚Erlebnispädagogik' zusammen. Einfach zu bestimmen ist die Herkunft: Sie stammt aus der Reformpädagogik um 1900. Theoretisch befassten sich mit der Bedeutung des Erlebnisses für ein ganzheitliches Menschenbild erstmals Ernst Mach, Georg Simmel, Wilhelm Dilthey und John Dewey. Praktisch-pädagogisch setzten dies u. a. Johann Heinrich Pestalozzi mit seiner Forderung nach einem ganzheitlichen Lernen mit „Kopf, Herz und Hand", Georg Kerschensteiner als Begründer der Arbeits- bzw. Berufsschule und Maria Montessori mit speziellen Materialien zum selbstgesteuerten Lernen um (vgl. Paffrath 2017, S. 34 f.). Letztgenanntes führt zu der wichtigen Unterscheidung, dass Erlebnispädagogik nicht notwendigerweise auf Orte und Aktivitäten in der Natur, z. B. Bergwanderung, Hochseilgarten, Höhlenbegehung, Iglubau, Kanufahrt, Nachtwanderung im Wald etc. beschränkt ist. Vielmehr ist neben den genannten Outdoor-Aktivitäten gerade in der hochschuldidaktischen Erlebnispädagogik die Bedeutung von Indoor-Aktivitäten zu betonen, z. B. Problemlöseaufgaben, Laborexperimente, Museums- und Theaterbesuche, Projekte, Plan-, Rollen-, Simulationsspiele etc.

Je nach Nähe zur ursprünglichen Form der Erlebnispädagogik lassen sich für die Hochschuldidaktik vier Untertypen unterscheiden: Erstens klassische erlebnispädagogische Outdoor-Aktivitäten wie Klettern und Segeln; zweitens erweiterte erlebnispädagogische Settings im Outdoor- und Indoorbereich wie City Bound[1] und künstlerische Aktivitäten; drittens neuere erlebnispädagogische Elemente, Indoor und im ortsnahen Gelände, wie Kooperations- und Interaktionsspiele; und viertens Erlebnisorientierung als didaktisches Prinzip der Hochschullehre, was alle Formen von entdeckendem und forschendem Lernen einschließt (vgl. Paffrath 2006, S. 57).[2] Dass dieses Prinzip grundsätzlich für alle Fächer gilt, zeigt etwa der Begriff des Experiments: Dem naturwissenschaftlichen Vorgehen entsprechen in den Geistes- und Sozialwissenschaften Gedankenexperimente oder Fallbeispiele.

Mit dieser Aufzählung verschiedener Formen von Erlebnispädagogik ist eine nur annähernde Definition geleistet. Eine genauere schlägt Hartmut F. Paffrath (2017, S. 21, Hervorhebungen MF) vor:

> Erlebnispädagogik ist ein *handlungsorientiertes* Erziehungs- und Bildungskonzept. Physisch, psychisch und *sozial herausfordernde*, nicht alltägliche, erlebnisintensive Aktivitäten dienen als Medium zur Förderung *ganzheitlicher Lern- und Entwicklungsprozesse*. Ziel ist es, Menschen in ihrer *Persönlichkeitsentfaltung* zu unterstützen und zur verantwortlichen Mitwirkung in der Gesellschaft zu ermutigen.

Für die Lehr- und Lernorte sind laut dieser Definition die folgenden Punkte wichtig: Die Orte oder auch Lernarrangements der Erlebnispädagogik sollen durch

---

[1] ‚City Bound' meint Outdoor-Aktivitäten in der Stadt wie z. B. Rallyes, Kriminalspiele und Schatzsuchen (vgl. Paffrath 2017, S. 130 f.).
[2] Zum forschenden Lernen vgl. auch das Symposium 2019 des Münchner Dozierenden Netzwerks: „Forschung und Lehre – Widerspruch oder Synergie?".

ihre Außergewöhnlichkeit *handlungsorientiert* und motivierend sein. Zudem sollen sie *sozial herausfordernd* sein, indem sie nicht nur für den Einzelnen, sondern insgesamt eine Herausforderung für die Lern- bzw. Seminargruppe darstellen. Dies ist ein erstes Ziel des Bildungskonzepts der Erlebnispädagogik: Gemeinsam statt einsam zu lernen, als Team zusammenwachsen und damit soziales Lernen zu ermöglichen.

Mit diesem ersten hängt das zweite Ziel eng zusammen: Das Ziel der ganzheitlichen Lern- und Entwicklungsprozesse und der Persönlichkeitsentfaltung. Wie diese gelingen kann, beschreibt anschaulich das Lernmodell der Erlebnispädagogik.

2.1.2 Lern- oder auch Komfortzonenmodell (Abb. 1)

Das Grundmodell, ursprünglich entwickelt von John L. Luckner und Reldan S. Nadler (vgl. Paffrath 2017, S. 60 f. und Senninger 2000, S. 21), besteht aus zwei oder auch drei konzentrischen Kreisen, von denen der engste die Komfortzone, der mittlere die Lernzone und der letzte Kreis oder auch der Rahmen das neue Territorium, die Risikozone, darstellen. Die Risikozone bezeichnet in der klassischen Erlebnispädagogik oft eine wirkliche Gefahr wie etwa das Abstürzen beim Klettern, im übertragenen Sinn ist hier auch an die Gefahr zu denken, dass nichts gelernt wird; dieser Gefahr wird in der Allgemeinen Didaktik mit der Sicherung der Ergebnisse begegnet. Die drei Zonen können die Herausforderung des jeweiligen Ortes für die Gruppe wie auch für jeden Einzelnen bestimmen: Beide sollen möglichst in der Lern- oder auch Wachstumszone bleiben.

Ziel ist damit eine Erweiterung von Komfort-, Lern- bzw. Wachstumszone durch immer neue Grenzerfahrungen. Kritisiert werden kann an diesem Modell u. a., dass Lernen nicht nur innerhalb von Grenzerfahrungen, sondern auch in der Komfortzone stattfindet – falls es eine solche überhaupt gibt. Denn schließlich findet Lernen stets unter gesellschaftlichen Rahmenbedingungen statt, die selten eine ideale Komfortzone darstellen; so ist mitunter auch kein organisches

Abb. 1 Das Lern- oder auch Komfortzonenmodell (eigene Graphik)

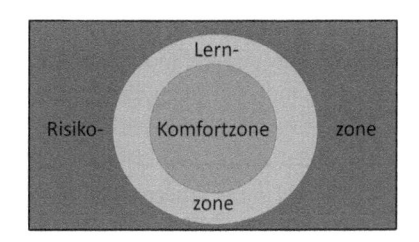

Wachstum der ‚Ringe' möglich oder es kann sogar eine Auflösung bestehender Denkmuster und Paradigmen erwünscht sein (vgl. Paffrath, 2017, S. 63 f.). Nichtsdestotrotz kann das Lernzonenmodell m. E. als einfaches Feedback- und Reflexionsmodell dienen, in das sich Lernorte und -Arrangements einordnen lassen: Als Feedback können etwa die Studierenden am Ende einer Seminarsitzung dazu aufgefordert werden zu ‚punkten', d. h. einen Punkt in die jeweilige Zone zu setzen, in der sie sich gerade befinden. Zur Reflexion können sich Lehrende z. B. fragen, welche Voraussetzungen im Sinne der ‚Komfortzone' gegeben sein müssen, damit für die Lerngruppe eine Exkursion zu außergewöhnlichen Orten sinnvoll ist. Dies führt zur interessanten Frage, ob Lernorte das Thema mitbestimmen können, was das nächste Modell z. T. behauptet.

2.2 Das Modell der Themenzentrierten Interaktion (TZI) (Abb. 2)

Das Handlungskonzept der Themenzentrierten Interaktion (TZI) stammt aus der Humanistischen Psychologie und wurde von Ruth Cohn entwickelt. Sie soll das Lernen in Gruppen nicht nur beschreiben, sondern kooperatives Verhalten und soziales Lernen fördern; somit ist die TZI wertgebunden und vertritt u. a. mit der Forderung nach ganzheitlichem Lernen, der Autonomie der Lernenden und einem grundsätzlichen Optimismus hinsichtlich menschlicher Entwicklungsmöglichkeiten ein ähnliches Menschenbild wie die schon genannte Reformpädagogik (vgl. weiterführend Vogel 2009).

Aus diesem wird hier das Strukturmodell oder auch Vier-Faktoren-Modell herausgegriffen. Aus Sicht Allgemeiner Didaktik ist es eine Erweiterung des sog. ‚Didaktischen Dreiecks' (vgl. z. B. Schröder 2001, S. 75 f.), nämlich um einen Kreis um das Dreieck herum: Die Basis des Dreiecks bilden die einzelnen Personen inklusive des/der Dozierenden, wobei jeder einzelne Teilnehmende (Ich) zur Interaktion innerhalb der Gruppe (Wir) beiträgt. Die Spitze des Dreiecks ist im Didaktischen Dreieck der Stoff oder das Thema, während in der TZI zwischen Sache oder Aufgabe (Es) und Thema unterschieden wird. Das Thema nämlich, so eine der Thesen der TZI, sollte sich aus den vier Faktoren des Modells ergeben, damit ganzheitliches Lernen gelingen kann. Zu den vier Faktoren zählen neben Ich, Wir und Es noch der sog. ‚Globe' (vgl. Schneider-Landolf 2009, 160–162).

‚Globe' – von lat. *globus*: Kugel – kann im Sinne des Modells mit ‚Erdkugel' wie ‚Augapfel' übersetzt werden (vgl. Langmaack 1991, S. 15): Die einzelnen Teilnehmenden (‚Ichs') bringen ihre individuelle Weltsicht mitsamt ihren Assoziationen zum Lernstoff zum jeweiligen Lernort mit. Weitere Bedeutungen des

Abb. 2 Das Vier-Faktoren-Modell (Ruth Cohn Institute for TCI-international, 2015, S. 9)

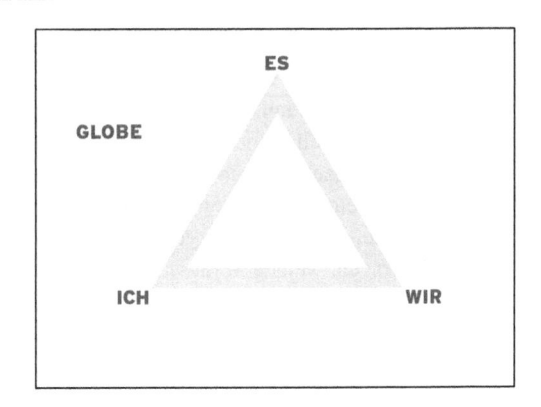

Globe-Begriffs sind Kontext, System und Kultur: Menschen sind nicht nur Teil eines bestimmten örtlichen und zeitlichen Zusammenhangs, sie sind auch Teil von Systemen wie ihrer Familie, der Institutionen, denen sie angehören, sowie ihrer jeweiligen Kultur (vgl. Nelhiebel 2009, S. 136–138).

Der ‚Globe' ist somit noch umfassender als in der Abbildung dargestellt und fungiert als eine Art Schirmbegriff *(umbrella term)* für alles, was das Lerngeschehen beeinflussen kann – also auch für die Orte, an denen Lernen stattfindet. Diesen weiten Begriffsumfang kann man natürlich kritisieren; inwieweit der Ort als Teil des ‚Globe' die anderen Faktoren tatsächlich beeinflusst, wird je nach Lerngruppe verschieden sein. Zudem ist der Einfluss des Ortes auch davon abhängig, in welcher Phase des Lernprozesses er eine Rolle spielt; ein Beispiel für ein Modell, das die Phasen des Lernprozesses berücksichtigt, ist das sog. ‚Bonbon-Modell'.

2.3 Das Bonbon-Modell aus der Philosophiedidaktik (Abb. 3)

Anders als die anderen beiden Modelle berücksichtigt dieses Modell weder explizit den Ort wie die Erlebnispädagogik noch implizit wie die Themenzentrierte Interaktion. Nichtsdestotrotz sind in diesem Modell Orte gut zu ‚verorten' – jedenfalls dann, wenn man die lehrpersonzentrierten Phasen als solche auffasst, in denen das Lernen an der Universität als gewöhnlichem Lehr- und Lernort stattfindet. Dementsprechend kann Lehren und Lernen in den übrigen Phasen auch andernorts, an *außer* gewöhnlichen Orten, stattfinden.

Das Bonbon-Modell der Philosophiedidaktik, ursprünglich entwickelt von Rolf Sistermann, wurde mittlerweile oft beschrieben und diskutiert (vgl. z. B. Sistermann 2017, bes. 126–133; Pörschke 2017). Zentral ist der Gedanke, dass die beiden Verdrehungen eines Papiers um ein Bonbon zwei Phasen im Lerngeschehen symbolisieren, an denen Dozierende besonders stark in den Lernprozess eingreifen sollen. Somit ist das Modell nicht nur für die Philosophie-, sondern für jede Art von Didaktik relevant, in der sich Frontalunterricht mit anderen Unterrichtsformen abwechselt.

Die sechs Phasen des Modells sind die folgenden: Auf der Hinführung als erster Phase baut die zweite auf, die der Problemstellung und -fokussierung dient. Dieser ersten lehrpersonzentrierten Phase folgt als dritte die selbstgesteuerte, intuitive Problemlösung und als vierte die angeleitete, kontrollierte Problemlösung. Auf diese folgt die fünfte, die der Festigung und Sicherung dient. Nach dieser zweiten lehrpersonzentrierten Phase rundet die Phase des Transfers und der Stellungnahme die Unterrichtseinheit ab (vgl. Sistermann 2017, bes. 129).

Grundsätzlich entspricht das Modell der Wissenschaftspropädeutik, wie sie beim angeleiteten wissenschaftlichen Arbeiten in Schule und Hochschule gelehrt wird: Die erste Phase dient der Themensammlung und der Klärung von Rahmenbedingungen wie der Literaturbeschaffung und dem korrekten Zitieren, die zweite Phase der konkreten Formulierung einzelner Themen in Absprache mit den Dozierenden, die dritte und vierte Phase dem individuell begleiteten Schreibprozess, die fünfte Phase der Sicherung im Sinne etwa der Klärung letzter offener Fragen und die sechste Phase der Abgabe der Qualifikationsarbeit. Ggf. kann sich, etwa im Falle einer Veröffentlichung, eine Weiterbearbeitung anschließen, wodurch sich wieder die erste Phase anschließt; denn das Bonbon-Modell kann grundsätzlich als Aufwärtsspirale im Sinne lebenslangen Lernens gedacht werden.

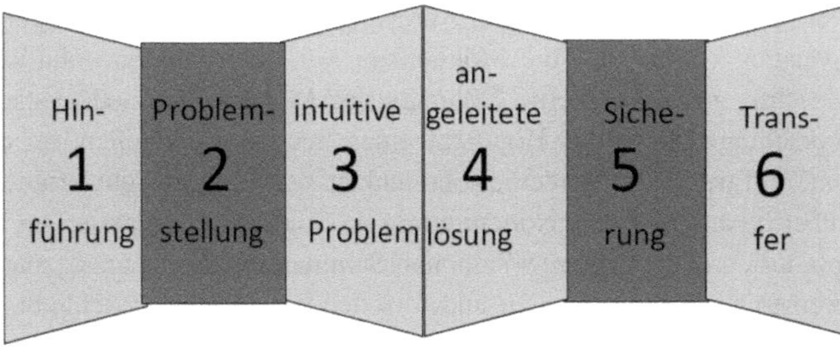

Abb. 3 Das Bonbon-Modell (eigene Graphik)

Auch wenn das Modell primär für den Philosophieunterricht in der Schule konzipiert ist, kann man die beiden lehrpersonzentrierten Phasen auf jede Art von projekt- oder freierem Unterricht an der Hochschule übertragen. Der gewöhnliche Ort ist dann (mindestens) in diesen beiden Phasen aufzusuchen. Dazwischen sind die anderen Orte wichtiger, was zu einer letzten Einteilung führt.

3 Der zusätzliche Ort: Außeruniversitäre und Zwischen-Räume

Grundsätzlich sollte man m. E. drei Typen von Orten unterscheiden: gewöhnliche Orte, außergewöhnliche (außeruniversitäre) Orte und Zwischenräume. Denn auch der gewöhnliche Hochschulort, der Seminarraum oder der Vorlesungssaal, lässt sich (um)gestalten. Und auch Pausen stellen (zeitliche) Zwischenräume dar, in denen ggf. der Ort gewechselt wird und in denen informelles Lernen stattfinden kann. Ebenso können virtuelle Orte Grenz- und Zwischenräume bilden.[3] Dieser Charakter virtueller Räume zeigt sich besonders an Blended-Learning-Szenarien, in denen zwischen Präsenz- und Online-Lehre abgewechselt wird; prominentes Beispiel hierfür ist der Flipped Classroom: Die Teilnehmenden einer Veranstaltung schauen sich – umgekehrt zum traditionellen Vorgehen – die Vorlesung zu Hause an, die dann in Präsenz diskutiert und nachbereitet wird.

4 Zusammenfassung: Konsequenzen für die Hochschullehre

Neben den Lehramtsstudiengängen, in denen die genannten Modelle und die Reflexion über Lernorte z. T. Lerngegenstand sind, können die dargestellten Modelle auch Hochschuldozierenden Anregungen für ihre Lehrpraxis geben: Die Erlebnispädagogik weist auf die Möglichkeit hin, auch außergewöhnliche Orte zu berücksichtigen; so kann eine Exkursion ins Museum, zu Gedenkstätten und ggf. in Forschungslabore das Highlight eines Seminars darstellen, an das sich Studierende aufgrund der Außergewöhnlichkeit des Lernorts gut erinnern werden. Darüber hinaus ist Erlebnisorientierung im Sinne eines didaktischen Prinzips der Hochschullehre auch im gewöhnlichen Seminarbetrieb gut umsetzbar, sofern es alle Formen von entdeckendem und forschendem Lernen einschließt, die mit dem Komfortzonenmodell reflektiert werden können (2.1). Die Themenzentrierte

---

[3] Zu virtuellen Lernorten vgl. auch den Beitrag von Jörg Noller in diesem Band.

Interaktion weist auf den Ort als Teil des Globe und damit als einen (von vielen) wichtigen Faktoren hin, die im Lernprozess wirksam werden und idealerweise zu berücksichtigen sind (2.2). Die Beschäftigung mit dem Bonbon-Modell weist auf den Zusammenhang zwischen Ort und Lernprozess hin (2.3). Darüber hinaus weist die Berücksichtigung von Zwischenräumen darauf hin, dass etwa in virtuellen Lernszenarien Ort und Zeit ineinander übergehen (3). Somit ist eine erste Kartographie des Ortes in der Hochschuldidaktik vorgenommen, an die weitere Modelle anschließen können.

Literatur

Langmaack, Barbara. 1991. *Themenzentrierte Interaktion. Einführende Texte rund ums Dreieck*. Weinheim: Psychologie Verlags Union.
Nelhiebel, Walter. 2009. Globe. In *Handbuch Themenzentrierte Interaktion (TZI)*. Hrsg. Mina Schneider-Landolf, Jochen Spielmann und Walter Zitterbarth, 134–140. Göttingen: Vandenhoeck & Ruprecht.
Paffrath, F. Hartmut. 2006. Auf dem Weg zu einer neuen Lernkultur? Erlebnispädagogik und Universität. In *Hochschule und Erlebnispädagogik*. Hrsg. Torsten Fischer, 49–60. Baltmannsweiler: Schneider Hohengehren.
Paffrath, F. Hartmut. 2017. *Einführung in die Erlebnispädagogik*. 2. Aufl. Augsburg: ZIEL.
Pörschke, Tim. 2017. Das Bonbonmodell verbessern. Tim Pörschke entwickelt Sistermanns Stundenmodell weiter. *Information Philosophie* 4: 110–112.
Ruth Cohn Institute for TCI-international. 2015. Was ist TZI? Themenzentrierte Interaktion. Abgerufen am 06. Oktober 2020. https://www.ruth-cohn-institute.org/files/content/zentra leinhalte/dokumente/TZI-Broschuere/WAS-IST-TZI.pdf.
Schneider-Landolf, Mina. 2009. Thema. In *Handbuch Themenzentrierte Interaktion (TZI)*. Hrsg. Mina Schneider-Landolf, Jochen Spielmann und Walter Zitterbarth, 157–163. Göttingen: Vandenhoeck & Ruprecht.
Schröder, Hartwig. 2001. Didaktisches Dreieck. In *Didaktisches Wörterbuch. Wörterbuch der Fachbegriffe von „Abbilddidaktik" bis „Zugpferd-Effekt"*. Hrsg. v. dems. 3., erw. und aktualisierte Aufl. München und Wien: Oldenbourg.
Senninger, Tom. 2000. *Abenteuer leiten – in Abenteuern lernen. Methodenset zur Planung und Leitung kooperativer Lerngemeinschaften für Training und Teamentwicklung in Schule, Jugendarbeit und Betrieb*. Münster: Ökotopia.
Sistermann, Rolf. 2017. Der experimentelle Empirismus John Deweys und die Problemorientierung nach dem Bonbonmodell. In *Empirie und Erfahrung im Philosophie- und Ethikunterricht*. Hrsg. Ekkehard Martens. Hannover: Siebert 114–133.
Vogel, Peter. 2009. Humanismus. In *Handbuch Themenzentrierte Interaktion (TZI)*. Hrsg. Mina Schneider-Landolf, Jochen Spielmann und Walter Zitterbarth, 59–64. Göttingen: Vandenhoeck & Ruprecht.

Melanie Förg (M. A., LAss.) promoviert zur neo-aristotelischen These der Einheit der Tugenden in philosophischen Bildungsprozessen an der Christian-Albrechts-Universität zu Kiel und arbeitet an der Technischen Universität München im Team der Talent- und Wissenschaftsförderung sowie freiberuflich als Lehrerin für Deutsch als Fremdsprache. Sie studierte Germanistik, Latinistik, Philosophie/Ethik und Erziehungs¬wissen¬schaften (Staatsexamina) sowie berufsbegleitend Philosophie (Master), Katholische Theologie (Staatsexamen) an der Ludwig-Maximilians-Universität München und Interkulturelle Erwachsenenbildung (Zertifikat) an der Hochschule für Philosophie München. Nach ihrem II. Staatsexamen 2012 unterrichtete sie bis 2014 ausschließlich, anschließend in Teilzeit neben den oben genannten Studiengängen. Sie hat Erfahrung im Unterrichten an verschiedenen Schulformen (Gymnasium, Realschule, Mittelschule; staatlich, städtisch und kirchlich) sowie in der universitären und außeruniversitären Erwachsenenbildung.

Virtuelle Lehr- und Lernräume: Was sie sind und was sie sollen

Jörg Noller

Zusammenfassung

Der Beitrag diskutiert die Frage, was virtuelle Lehr- und Lernräume sind und wie sie didaktisch sinnvoll in der Hochschullehre eingesetzt werden können. Dazu entwickelt der Beitrag im Anschluss an Luciano Floridis Begriff der Infosphäre einen kritischen Begriff virtueller Realität, der gleichermaßen von Illusion, Simulation und Fiktion unterschieden ist. Vor diesem begrifflichen Hintergrund werden verschiedene Formen und Typen virtueller Lehr- und Lernräume daraufhin untersucht, welche didaktischen Vorzüge sie bieten und welche Herausforderungen mit ihnen einhergehen.

Schlüsselwörter

Digitale Lehre · Raum · Virtualität · Didaktik · Digitalisierung · Digitalität

1 Einleitung

Die neuen Medien, zu denen wir vor allem das Internet, Computerspiele und Künstliche Intelligenz zählen können, werden immer mehr als zentrale Faktoren unserer Lebenswelt sichtbar. Darauf hat der Oxforder Philosoph Luciano Floridi in seinem Buch *Die 4. Revolution. Wie die Infosphäre unser Leben verändert* hingewiesen. Die neuen digitalen Informations- und Kommunikationstechnologien (IKT)

J. Noller (✉)
Ludwig-Maximilians-Universität, München, Deutschland
E-Mail: joerg.noller@lrz.uni-muenchen.de

schaffen und prägen unsere geistige und materielle Wirklichkeit, verändern unser Selbstverständnis, modifizieren, wie wir miteinander in Beziehung treten und uns auf uns selbst beziehen, und sie bringen unsere Weltdeutung auf einen neuen, besseren Stand, und all das tun sie ebenso tief greifend wie umfassend und unablässig. (Floridi 2015, 7)

Diese transformative Bedeutung der Digitalisierung lässt sich nun aber auch auf den Bereich von Lehren und Lernen übertragen. Denn die neuen Medien finden immer mehr Eingang in Lehr- und Lernszenarien und werden selbst als Lehr- und Lernräume relevant.[1] Als zentral erweist sich dabei Floridis Begriff der Infosphäre. Darunter versteht Floridi eine Form von Realität, die nicht physisch, sondern medial zu verstehen ist: „[W]as wirklich ist, ist informationell, und was informationell ist, ist wirklich" (Floridi 2015, 64). Die Infosphäre ist eine „informationelle Umwelt, die von sämtlichen informationellen Entitäten, ihren Eigenschaften, Interaktionen, Prozessen und Wechselbeziehungen gebildet wird" und die „den Offline- und den analogen Informationsraum mitumgreift" (Floridi 2015, 64). Wie aber können wir die Infosphäre nicht nur allgemein als einen Informations-, sondern auch speziell als einen Lehr- und Lernraum verstehen? Wie können wir die Infosphäre didaktisch so konzipieren, dass sie auch als ein Handlungsraum erkennbar wird, in welchem Lehren und Lernen stattfinden kann? Um diese Fragen zu beantworten, soll im Folgenden der Begriff virtueller Realität eingeführt und von verwandten Begriffen wie Simulation, Illusion und Fiktion abgegrenzt werden. Vor diesem begrifflichen Hintergrund werden dann verschiedene Formen und Typen virtueller Lehr- und Lernräume daraufhin untersucht, welche didaktischen Vorzüge sie bieten und welche Herausforderungen mit ihnen einhergehen.

2 Realität, Simulation, Fiktion und Virtualität

Der Begriff virtueller Realität lässt ganz verschiedene und teils widersprüchliche Assoziationen zu. Zu denken ist hier etwa an VR-Brillen, an Digitalisierung, Computertechnologie, aber auch an Illusion, Fiktion, Simulation und Künstlichkeit, die der ‚wirklichen' Welt entgegengesetzt ist. Diese Künstlichkeit, die oft mit virtueller Realität begrifflich assoziiert wird, ist Produkt jener neuen Medien,

---

[1] Ich beziehe mich in diesem Beitrag an verschiedenen Stellen auf meine bisherigen Untersuchungen zur didaktischen Bedeutung der Digitalität, fokussiere dabei jedoch stärker auf das Phänomen virtueller Lehr- und Lernräume. Vgl. Noller (2019), Noller und Ohrenschall 2021, Noller (2022a) und Noller (2022b).

die mit der Digitalisierung einhergehen. Nun ist Künstlichkeit jedoch begrifflich nicht notwendigerweise mit Illusion, Fiktion oder bloßer Simulation zu identifizieren. Vielmehr kann auch dasjenige real und präsent sein, was künstlich ist. Gerade digitale Technologien und Medien erlauben es, eine Form von Künstlichkeit zu generieren, die selbst realen Charakter hat. Zu denken ist hier etwa an das Medium Internet, durch welches sich viele, vormals analoge Medien, nun auf digitale Weise neu realisieren lassen. Dies zeigt, dass das Internet nicht analog zu bestimmten einzelnen Medien verstanden werden darf, sondern vielmehr ein Meta- oder Hyper-Medium ist, welches verschiedene andere Medien miteinander verbindet (vgl. Noller 2022b, 65). Der Begriff virtueller Realität lässt sich also durchaus realistisch verstehen, auch wenn in ihn Momente von Illusion, Fiktion und Simulation eingehen. Denn virtuelle Realität kann sich gerade dort entwickeln, wo mittels digitaler Technik nach anfänglicher Simulation und Fiktion der Realität eine neue, künstliche Form von Verbindlichkeit erzeugt wird, die sich selbst erhält und in keiner Abhängigkeit von ihrem analogen Vorbild mehr steht. Virtuelle Realität ist also nicht mit Simulation zu verwechseln, sondern eröffnet künstliche Realitäten, die lebensweltliche Bedeutung erlangen:

> Virtualität hat im 21. Jahrhundert eine Normalisierung in zahlreichen gesellschaftlichen Bereichen erfahren. War das Virtuelle noch bis zum Ende des 20. Jahrhunderts von euphorischen bis apokalyptischen Reaktionen um den Menschen im Cyberspace begleitet, hat es inzwischen Eingang in zahlreiche standardisierte Praktiken gefunden. (Kasprowicz und Rieger 2020, S. 1)

Diese „standardisierte[n] Praktiken" können insbesondere auch Praktiken des Lernens und Lehrens sein. Wie aber können wir den Begriff virtueller Realität didaktisch fruchtbar gebrauchen und anwenden? Hierfür bietet es sich an, jene Raumlogik zu untersuchen, durch welche virtuelle Realitäten gegenüber ihren analogen Gegenstücken ausgezeichnet sind. Vor diesem Hintergrund können dann nicht nur virtuelle Lehr- und Lernräume definiert und eröffnet, sondern auch neue Formen des Lehrens und Lernens als virtuelle Handlungen bestimmt werden.

3 Zur Raum- und Zeitlogik virtueller Realität

Virtuelle Realitäten gehorchen einer anderen Raum- und Zeitlogik als physische Realitäten.[2] Am Beispiel von virtuellen Gegenständen des Internets, wie etwa digitalen Kommunikationsplattformen, können wir erkennen, das digitale Objekte, wie etwa Lerngegenstände, ubipräsent sind. Wir können zu jeder Zeit von jedem beliebigen Ort aus darauf zugreifen, und zwar nicht nur individuell, sondern auch kollektiv. Diese permanente (Re-)Präsentierbarkeit von Lehr- und Lerngegenständen im virtuellen Raum bedingt eine andere Zeitlogik, die nicht so sehr sukzessiv, sondern relational zu verstehen ist. Entscheidend ist in der virtuellen Lehre immer weniger, was wann behandelt wurde, sondern wie es mit dem anderen Behandelten in einer Verbindung steht. Dies zeigt sich gerade in asynchronen Lehr- und Lernszenarien, die es den Teilnehmenden erlauben, nach individuellen Bedürfnissen Wissen zu generieren, zu verarbeiten und zu teilen. Die Sukzession der Zeit, wie sie für das physisch stärker gebundene analoge Seminar charakteristisch ist, tritt gegenüber der relationalen Logik der Begriffe didaktisch in den Hintergrund. Hierbei erweist sich insbesondere die Struktur des Internets als zentral, welche nicht so sehr zeitlich-sukzessiv, sondern vielmehr präsentistisch didaktisch fruchtbar gemacht werden kann. Das Internet ist weniger ein Medium als ein virtueller Handlungsraum, in welchem virtuelle Objekte und Prozesse durch die Relation der Reibungslosigkeit verbunden sind, welche Luciano Floridi sehr treffend als „Daten-Supraleitfähigkeit" (Floridi 2015, 65) bestimmt hat. Die Reibungslosigkeit des virtuellen Raumes ist eine qualitative Auszeichnung vor dem analogen Raum, die gewichtige didaktische Konsequenzen hat. Hier tritt die sukzessive Zeitlichkeit immer mehr in den Hintergrund, und der logisch-didaktische Zusammenhang der Lehr- und Lerngegenstände gewinnt an Bedeutung.

Wie aber können wir virtuelle Lehr- und Lernräume genauer verstehen? Virtuelle Räumlichkeit, wie sie durch die Digitalisierung ermöglicht wird, ist nicht in diesem Sinne ausgedehnt, dass sie physisch dimensioniert wäre. Ihre Dimensionen bestehen vielmehr in Verbindungen und Verknüpfungen digitaler Objekte und Informationen, sodass sich der virtuelle Raum als ein Vernetzungs- und Verweisungssystem verstehen lässt. Die Besonderheit des virtuellen Raumes besteht gegenüber den physischen Raum darin, dass er nicht statisch ist, sondern sich vergrößern und verkleinern kann, je dichter und bedeutungsvoller die Verbindungen seiner Gegenstände sind. Aus didaktischer Perspektive lässt sich der virtuelle

---

[2] Ich knüpfe im Folgenden an Noller (2022a, 38) und Noller (2022b, 81–94) an, fokussiere dabei aber vor allem auf das Problem des virtuellen Raumes.

Raum dadurch vergrößern, dass seine Verbindungen (neue) Erkenntnisse ermöglichen und Verbindungen zu bislang getrennten Informationen zulassen. Es kommt zu einer virtuellen Horizontverschmelzung, insofern bloß lokale Intranetze einzelner Lehrender und Lernender global zu einem Internet verbunden werden. Ein virtueller Handlungsraum wird dadurch verkleinert, dass er keine externen Verweise mehr erlaubt, die zu einer Horizontverschmelzung beitragen könnten, sondern nur noch selbstreferentiell ist. Als Beispiel mag hierfür das Phänomen der digitalen Filterblase (*filter bubble*) dienen. Filterblasen verkleinern den virtuellen Wissens- und Handlungsraum dadurch, dass sie uns mittels Künstlicher Intelligenz nur diejenigen Informationen präsentieren, die bereits innerhalb unseres eigenen Horizontes bewusst oder latent sind:

> Prognosemaschinen entwerfen und verfeinern pausenlos eine Theorie zu Ihrer Persönlichkeit und sagen voraus, was Sie als Nächstes tun und wollen. Zusammen erschaffen diese Maschinen ein ganz eigenes Informationsuniversum für jeden von uns […] und verändern so auf fundamentale Weise, wie wir an Ideen und Informationen gelangen. (Pariser 2012)

Neue, irritierende und provozierende Informationen, die unser bisheriges Wissen infrage stellen und die zu produktiver Selbstkritik führen könnten, werden uns so systematisch vorenthalten. Filterblasen stellen damit, metaphorisch gesprochen, ‚schwarze Löcher' der Infosphäre dar. Sie bringen den virtuellen Wissens- und Handlungsraum zum kollabieren. Filterblasen verhindern unsere informationelle Autonomie im Internet. Sie stellen eine Form virtueller epistemischer Heteronomie dar:

> Da man die Kriterien, mit denen Websites Informationen filtern, nicht selbst festgelegt hat, hält man die Informationen, die in die Filter Bubble gelangen, für neutral, objektiv und wahr. So ist es aber nicht. Wenn man einmal in der Filter Bubble steckt, ist es beinahe unmöglich zu erkennen, wie vorgefasst sie ist. (Pariser 2012)

Virtuelle Lehr- und Lernräume müssen daher so konzipiert sein, dass sie dem Akteur informationelle Autonomie erlauben, und dass diese Autonomie immer auch mit der Autonomie anderer Akteure interferiert, sodass einerseits Verbindungen mit anderen Akteuren möglich werden, aber auch Konfrontationen und Kollisionen, die zur kritischen Korrektur eigener Auffassungen führen können.

Auf die Bedeutung des virtuellen Ortes hat Tobias Holischka in seiner Studie *Cyberplaces* hingewiesen:

Virtuelle Orte sind technisch erzeugte Erweiterungen der Wirklichkeit. Sie grenzen sich als eigenständiges Phänomen von den immateriellen Verortungen der rein logischen Denkmöglichkeit, der phantastischen Imagination und der literarischen und filmischen Fiktion ab, insofern sie durch spezifische Setzungen und technische Restriktionen der Erzeugung und Darstellung eine ihnen eigentümliche Beschränkung erfahren, sich dabei jedoch durch die Möglichkeit der freien Wahl des perspektivischen Standpunkts und insbesondere durch ihre Interaktivität, die wiederum eine direkte, aktuelle und konkrete Referenzierung ermöglicht, auszeichnen." (Holischka 2016, 21)

Virtuelle Orte und Räume als künstliche Erweiterung der Wirklichkeit lassen sich unter dem Gesichtspunkt ihrer spezifischen Interaktivität didaktisch weiter auslegen. Diese didaktischen Konsequenzen, die sich aus der Raumlogik virtueller Realität ergeben, sollen im Folgenden näher dargestellt werden.

4 Zur Didaktik des virtuellen Raumes

Das Internet wird immer weniger als ein technologisches Phänomen wahrgenommen, das nur wenigen Expertinnen und Experten offensteht, sondern als ein lebensweltliches Phänomen:

Der Umgang mit dem Internet wird zunehmend zur Selbstverständlichkeit – ob nun als Medium der Kommunikation, als Einkaufsparadies, als Lieferant von Unterhaltungsangeboten oder aber als Plattform der Informationsbeschaffung und der Wissensaneignung. (Pscheida 2010, 10)

Mit der lebensweltlichen Bedeutung des Internets – Luciano Floridi spricht davon, dass wir ein „Onlife" (Floridi 2015, 67) leben – gehen auch neue Formen seines Mediengebrauchs einher, wobei „die Nutzer von reinen Konsumenten immer stärker zu aktiven Produzenten der Netzinhalte werden." (Pscheida 2010, 11) Man kann deswegen von einem Übergang des Internets „vom hypertextuellen Rezeptions- zum kollaborativen Partizipationsmedium" (Pscheida 2010, 247) sprechen. Diese Transformation der Mediennutzung hat gewichtige didaktische Implikationen und Potentiale. Aus didaktischer Sicht können wir das Internet als einen virtuellen Raum verstehen, der sich genauer als ein virtueller Handlungsraum erweist. Nach diesem Verständnis ist das Internet kein bloßes Medium, welches Informationen vermittelt – so wie es Luciano Floridis Begriff der „Infosphäre" nahelegt, sondern eine Form virtueller Realität, die als Lehr- und Lernraum genutzt werden kann. Ein virtueller Lehr- und Lernraum ist deswegen nicht mit einer bloßen Infosphäre zu verwechseln, da es dabei nicht um das bloße Präsentieren und Rezipieren von Informationen und Lerngegenständen geht, sondern um deren virtuelle Verarbeitung. Die virtuelle Verarbeitung didaktischer Informationen und Gegenstände kann nun gerade darin erblickt werden, dass sie miteinander auf eine sinnvolle Weise vernetzt, modifiziert und geteilt werden.

Für die Vernetzung des virtuellen Lehr- und Lernraums ist der Begriff des Hypertextes von zentraler Bedeutung.[3] Ein Hypertext stellt keine beliebige Vernetzung von Inhalten dar, sondern ist durch sinnvolle Verknüpfungen semantisch strukturiert:

> Verknüpfungen sind [...] auch in Hypertexten durchaus nicht nur formal definiert, d. h. legen nicht nur bloße Reihenfolgen fest und erbringen nicht nur assoziative Leistungen, sondern können explizit in semantischer und argumentativer Hinsicht spezifiziert werden. (Kuhlen 1991, viii)

Zwar ist das Phänomen des Hypertextes auch abseits virtueller Realität zu finden, etwa in Form von Verweisungssystemen innerhalb eines Buches oder eines traditionellen Zettelkastens oder mehrbändigen Enzyklopädien. Diderot und d'Alembert, die Herausgeber der berühmten *Encyclopédie*, betonen, dass Verweise den „wichtigsten Teil der enzyklopädischen Ordnung" (Diderot und d'Alembert 2013, 141) darstellen:

> Die Verweise von Dingen (*renvois de choses*) erhellen den Gegenstand, geben seine nahen Verbindungen (*liaisons*) mit denen an, die ihn unmittelbar berühren, und seine entfernten Verbindungen mit anderen, die man für von ihm isoliert halten könnte. Sie erinnern an gemeinsame Begriffe und analoge Prinzipien. Sie verstärken die Folgerungen. Sie verknüpfen den Zweig mit dem Stamm und verleihen dem Ganzen jene Einheit, welche der Durchsetzung der Wahrheit und der Überzeugung so förderlich ist. Doch wenn es sein muß, dann rufen sie auch eine ganz gegensätzliche Wirkung hervor: Sie bringen die Begriffe in Opposition zueinander, sie lassen die Prinzipien kontrastieren; insgeheim greifen sie lächerliche Meinungen an, die man offen zu schelten nicht wagen würde, erschüttern sie, stürzen sie um. (Diderot und d'Alembert 2013, 141)

Doch unterliegt der Hypertext eines gedruckten Mediums immer der raumzeitlichen Reibung. Die *Encyclopédie* etwa besteht aus 17 voluminösen Bänden mit mehreren Tausend Artikeln. Verweisen darin zu folgen bedeutet, sie raum-zeitlich zu vermitteln. Auch ist eine gedruckte Enzyklopädie nur ein abgeschlossener Wissensraum, der, einmal gedruckt, nicht mehr strukturell, sondern nur noch additiv,

---

[3] Vgl. zur didaktischen Bedeutung des Hypertextes Noller (2019) und Noller (2022a, 39–42).

etwa durch Ergänzungsbände, erweitert werden kann. Die Verweise der *Encyclopédie* sind von ihren Autoren gesetzt. Man kann ihnen rezeptiv und reflexiv folgen, jedoch selbst keine neuen Verweise herstellen. Anders hingegen verhält es sich bei kollaborativen digitalen Enzyklopädien wie etwa Wikipedia. Denn hier genügt ein einziger Klick, um dem jeweiligen Verweis nachzugehen. Im virtuellen Raum lassen sich Enzyklopädien strukturell und kollaborativ weiter entwickeln, wie dies am Beispiel von Wikis noch näher erläutert werden soll.

Die raumzeitliche Reibungslosigkeit der neuen Medien ist jedoch didaktisch nicht nur als ein quantitativer Vorzug zu verstehen, sondern als ein qualitatives Strukturmerkmal, welches der Form vernetzten Denkens gleicht. Der flexible und kommunikative Charakter des virtuellen Hypertextes erlaubt es, Begriffe relational zu bestimmen und Lerngegenstände holistisch zu erschließen. Sie erhalten ihre Bedeutung nur im semantischen Kontext, in dem sie stehen, und dieser Kontext lässt sich insbesondere durch mehrere beteiligte Subjekte weiter dynamisieren. Zwar lässt sich ein solcher intersubjektiver hypertextueller Austausch prinzipiell auch in Form eines schriftlichen Briefverkehrs realisieren. Doch ist dieser, wie ein gedrucktes Buch und ein Zettelkasten, der raumzeitlichen Reibung ausgesetzt. Die raumzeitliche Reibung erscheint so nicht als etwas nur Akzidentelles, sondern ist für virtuelle Lehr- und Lernräume essentiell.

Der mehrbändige Brockhaus etwa, der in größeren zeitlichen Auflagen aktualisiert wird und bis dahin zunehmend an Aktualität verliert, der mehrere Regalmeter einnimmt und sich an einem bestimmten Ort in räumlicher imposanter Ausdehnung erstreckt, kann ebenso virtualisiert werden. Zu denken ist hier etwa an Wikipedia, die freie Internet-Enzyklopädie, die von einigen Seiten gar als neues „Weltwunder" (Richter 2020) bezeichnet wird. Die Virtualisierung des Wissens und die Erzeugung eines virtuellen Wissensraums, wie wir sie im Phänomen der Wikipedia finden, bedeutet im Gegensatz zum Brockhaus verschiedene Neuerungen, die sich auch in räumlicher Dimension manifestieren. Zunächst fällt auf, dass Wikipedia nicht mehr an einem bestimmten Ort physisch existiert, wie es der Brockhaus tut. Wir können nicht mittels von Koordinaten die Lage von Wikipedia angeben, sondern greifen über eine zentrale Domain gemeinsam darauf zu. Wir greifen aber nicht nur auf Wikipedia gemeinsam zu, sondern tragen selbst zum Informationsgehalt bei, erweitern, kommentieren und verknüpfen das Wissen in Echtzeit. Hier zeigen sich die Dimensionen der Gemeinschaftlichkeit und Referentialität, von denen Stalder mit Blick auf die Kultur der Digitalität spricht.[4]

---

[4] Stalder (2016, 13).

Der physische Raum wird im digitalen virtuellen Raum zu einer komplexen Orientierungsrelation. Denn der Begriff des Raumes lässt sich über den Begriff der Ausdehnung weiter explizieren, die auf ganz verschiedene Weise realisiert werden kann, etwa dort, wo Verbindungen hergestellt und aufrecht erhalten werden, wie auch der „Raum der Gründe" *(space of reasons)*.[5] Ein Raum ist also immer ausgedehnt, wobei die Ausdehnung in verschiedenen Weisen verstanden und realisiert werden kann. Im Gegensatz zum physischen Raum erweitern wir diesen selbst im virtuellen (Wissens-)Raum durch sinnvolle Verknüpfungen, oder wir verringern ihn, indem wir Verbindungen (zer)stören. Das Internet ist also nicht nur informationell, sondern auch performativ ein Raum.

Durch die gegenüber analogen Medien veränderte Raumlogik des Internets rücken Lerngegenstände immer näher zusammen und ergeben in ihrer Relationalisierung einen Kontext des Wissens, der durch weitere Verbindungen immer mehr an Komplexität gewinnt. Diese Komplexität ist nicht im Sinne einer rein quantitativen Steigerung, wie etwa im Sinne einer Zunahme an Information oder Dateigröße zu verstehen. Entscheidend sind vielmehr jene qualitativen Dimensionen, die sich durch die reibungslose Vernetzung und Verdichtung von Informationen ergeben. Die Reibungslosigkeit der Digitalität ist nicht nur einfach eine technische Nebenerscheinung bzw. ein Epiphänomen, sondern ein wesentliches Strukturmerkmal ihrer Realität. Durch die virtuelle Reibungslosigkeit lassen sich Gedanken und Gegenstände des Wissens und Lernens immer flexibler in ein Verhältnis zueinander bringen, und dieses Verhältnis erlaubt eine neue Form von Nähe, die nicht so sehr raumzeitlich als semantisch-inhaltlich zu verstehen ist. Von Bedeutung sind damit nicht mehr nur die einzelnen Inhalte des Lehrens und Lernens, sondern auch die nicht-linearen Wege und Formen ihrer Verbindung. Lernen bedeutet im Rahmen von virtuellen Räumen nicht so sehr Ansammlung und Rezeption von Information als vielmehr die sukzessive Erschließung von Bedeutung durch Vernetzung, Modifizierung und Teilung. Diese Aktivitäten konstituieren einen virtuellen Bildungsprozess, der zu einer immer stärkeren Verdichtung eines Wissensnetzes führt. Wissen unterscheidet sich im virtuellen Bildungsraum gerade dadurch von bloßer Information, dass es performativ mitvollzogen und nicht nur passiv rezipiert wird. Wissen setzt immer ein Wissensnetz voraus, welches selbst in seiner holistischen Struktur aktiv nachvollzogen oder gar mitkonstituiert wurde. Diese Konstitution des Wissensnetzes erfolgt im virtuellen

---

[5] Diesen Begriff hat Wilfrid Sellars geprägt (Sellars 1991, 169): „The essential point is that in characterizing an episode or a state as that of knowing, we are not giving an empirical description of that episode or state; we are placing it in the logical space of reasons [Hervorh. J.N.], of justifying and being able to justify what one says."

Raum nicht über vorgezeichnete, sukzessive Wege, sondern erlaubt und erfordert vielmehr flexible, d. h. nicht-lineare Gedankengänge. Verstehen wir das Internet als einen virtuellen Lehr- und Lernraum, dann ermöglicht es seine Raumlogik, mentale Gehalte wie Gedanken auf eine besondere Weise zu externalisieren, die nicht mehr allein an das sie erzeugende Subjekt gebunden sind. Vielmehr entsteht ein Gedankenraum und -kontext, in welchen sich jedes lehrende und lernende Subjekt einschalten kann, was bei prinzipiell abgeschlossenen, gedruckten Medien nicht der Fall ist. Der Lehr- und Lernkontext erweist sich damit als eine Netzstruktur, die immer weiter entwickelt werden kann, unabhängig vom Träger der Gedanken. Auch die traditionelle Unterscheidung von Lehrendem und Lernendem wird durch die Vernetzungsstruktur immer mehr verflüssigt, wenn auch nicht gänzlich aufgehoben. Die Lernsituation des virtuellen Raumes ist nicht die einer Frontalität, sondern einer reibungslosen Horizontalität. Diese Formen des Lehrens und Lernens lassen sich zweifellos auch ansatzweise in herkömmlichen Lernräumen wie etwa Lerngruppen oder Plenumsdiskussionen realisieren, doch fehlt ihnen jene verbindende flexible hypertextuelle Struktur, die das Internet darstellt.

Diese didaktische Horizontalität kann insbesondere durch ein interaktives semantisches Wiki realisiert werden. Kollaborative semantische Wikis dürfen als eine besonders interessante Form von didaktischen Lehr- und Lernräumen gelten, da sie durch ihre Struktur der Gemeinschaftlichkeit ausgezeichnet sind:

> Wikis unterscheiden sich von anderen Sozialen Medien dadurch, dass die Teilnehmer den gesamten Inhalt einer Seite verändern können, dürfen und sollen – auch denjenigen Inhalt, den jemand anders hinzugefügt hat. Auf diese Weise kann nicht nur eine Ansammlung von vielen Einzelbeiträgen entstehen, sondern ein tatsächlich gemeinschaftlicher Inhalt. Andere Soziale Medien mögen insulare oder schwache Kollaboration erlauben oder fördern, also ein gemeinsames Beitragen, in dem man nebeneinander seine eigenen Inhalte erstellt oder einander Feedback gibt. Typisch für Wikis ist zusätzlich die Möglichkeit starker Kollaboration, bei der die Teilnehmer gleichberechtigt auch fremde Inhalte verändern" (van Dijk 2021, 32).

Wikis sind jedoch mehr als nur ein „Medium für die Produktion und Rezeption von gemeinschaftlichem Inhalt" (van Dijk 2021, 35). Ein Seminarinhalt etwa wird so zu einem kooperativen Projekt, in welches sich Lehrende und Lernende gleichermaßen interaktiv einbringen. Entscheidend ist dabei, dass die Inhalte der Diskussion auf vernetzte Weise präsent gehalten werden, was bei protokollierten Seminardiskussionen nicht der Fall ist. Vielmehr stellt das Internet einen gemeinsamen Referenzrahmen dar, welcher die individuellen Lehr- und

Lernleistungen transsubjektiv externalisiert und permanent präsent hält, gewissermaßen die Teilnehmenden um die Präsenzleistung entlastet und darüber die Inhalte stärker ins Zentrum rückt. Eine Beteiligung der Lernenden im Sinne des hypertextuellen Vernetzens von Inhalten mit anderen Inhalten ist also nicht als ein bloßer formaler technischer Akt zu verstehen als vielmehr selbst integraler Teil des Lernprozesses im virtuellen Raum. Als ein ursprüngliches Intranet kann sich ein solches Seminar-Wiki mit der Zeit auch mit anderen, externen Wikis vernetzen und zu einem Hyper-Wiki fusioniert werden.[6] Diese anderen Medien können Texte, Audio- und Videodokumente sein und in ihrer Multimedialität einen eigenen Lehr- und Lernraum konstituieren.[7] Eine solche Flexibilität der reibungslosen Vernetzung mit anderen Lehr- und Lernkontexten ist in herkömmlichen Lehrräumen nicht möglich.

5 Ausblick

Die neuen Medien, insbesondere das Internet, verlieren immer mehr ihren technologischen und medialen Charakter und werden so zu virtuellen Handlungsräumen, die didaktisch als Lehr- und Lernraume ausgestaltet werden können. Die technologische Entwicklung der neuen Medien ist dabei gerade so ausgerichtet, dass physische Grenzen immer mehr an Bedeutung verlieren und die interne Vernetzung der Medien im Hypermedium des Internets immer weiter voranschreitet. Diese hochkomplexe und flexible virtuelle Struktur ist durch eine Raumlogik charakterisiert, die reibungsloses Verbinden von Lehr- und Lerngegenständen zu einem interaktiven, semantischen Hypertext ermöglicht, wie er insbesondere durch Wikis repräsentiert wird. Damit besteht eine Strukturanalogie von virtueller Realität und der Verfasstheit unseres Denkens, die sich didaktisch fruchtbar machen lässt. Digitale und analoge Lehre sind freilich nicht als Gegensätze zu verstehen, sondern als verschiedene Ausformungen einer im Grunde identischen Aktivität des bedeutungsvollen Vernetzens und Verstehens. So verstanden lassen sich schließlich auch physische und virtuelle Räume in Gestalt hybrider Lehre furchtbar verbinden.

---

[6] Vgl. zum Projekt eines „Wikiseminars" Noller (2019).
[7] Zur didaktischen Bedeutung von YouTube als einem virtuellen Lehr- und Lernraum vgl. Noller und Ohrenschall 2021.

Literatur

Bohlmann, Markus, et al. 2023. On the Use of YouTube, Digital Games, Augmented Maps, and Digital Feedback in Teaching Philosophy. *Journal of Didactics of Philosophy* 7: 1–20. https://ojs.ub.rub.de/index.php/JDPh/issue/view/315.

Diderot, Denis, und Jean-Baptiste le Rond d'Alembert, Hrsg. 2013. *Enzyklopädie. Eine Auswahl von Günter Berger*. Frankfurt/M.: Fischer.

Floridi, Luciano. 2015. *Die 4. Revolution. Wie die Infosphäre unser Leben verändert*. Berlin: Suhrkamp 2015.

Holischka, Tobias. 2016. *CyberPlaces – Philosophische Annäherungen an den virtuellen Ort*. Bielefeld: transcript.

Kasprowicz, David, und Stefan Rieger. 2020. Einleitung. In *Handbuch Virtualität*, Hrsg. D. Kasprowicz und S. Rieger, 1–22. Wiesbaden: Springer VS.

Kuhlen, Rainer. 1991. *Hypertext. Ein nicht–lineares Medium zwischen Buch und Wissensbank*. Berlin: Springer.

Noller, Jörg. 2019. Blogseminar und Wikiseminar: Hypertextuelle Strukturen in der philosophischen Lehre. In *Methoden in der Hochschullehre. Interdisziplinäre Perspektiven aus der Praxis*, Hrsg. Jörg Noller et al., 295–317. Wiesbaden: Springer VS.

Noller, Jörg, und Marcel Ohrenschall. 2021. „PhiloCast": Konzeption und Entwicklung eines philosophischen YouTube-Kanals. In: *Studierendenzentrierte Hochschullehre. Von der Theorie zur Praxis*, Hrsg. Jörg Noller et al., 247–264. Wiesbaden: Springer VS.

Noller, Jörg. 2022a. Didaktik der Digitalität: Philosophische Perspektiven. In *Philosophiedidaktik 4.0? Chancen und Risiken der digitalen Lehre in der Philosophie*, Hrsg. M. Kim, T. Gutmann und S. Peukert, 33–44. Wiesbaden: Springer VS.

Noller, Jörg. 2022b. *Digitalität: Zur Philosophie der digitalen Lebenswelt* (= reflexe, Bd. 75). Basel: Schwabe.

Pariser, Eli. 2012. *Filter Bubble. Wie wir im Internet entmündigt werden*. München: Hanser.

Pscheida, Daniela. 2010. *Das Wikipedia-Universum. Wie das Internet unsere Wissenskultur verändert*. Bielefeld: transcript.

Richter, Pavel. 2020. *Die Wikipedia–Story. Biografie eines Weltwunders*. Frankfurt/M. und New York: campus.

Sellars, Wilfrid. 1991. Empiricism and the Philosophy of Mind. In *Science, perception and reality*, Hrsg. Wilfrid Sellars, 127–196. Atascadero: Ridgeview.

Stalder, Felix. 2016. *Kultur der Digitalität*. Berlin: Suhrkamp.

van Dijk, Ziko. 2021. *Wikis und die Wikipedia verstehen. Eine Einführung*. Bielefeld: transcript.

Jörg Noller ist Privatdozent für Philosophie an der Ludwig-Maximilians-Universität München. Nach seiner Habilitation war er Lehrstuhlvertreter für Praktische Philosophie an den Universitäten Konstanz und Augsburg. Er ist Begründer und Mitherausgeber der Reihe „Perspektiven der Hochschuldidaktik" (SpringerVS) sowie der Reihe „Digitalitätsforschung" (Metzler).

Dimensionen

Lernen und Lehren im Gedankenpalast: Erkundungsgang aus rechtsdidaktischer Perspektive

Felix Aiwanger

Zusammenfassung

Traditionell ist der Gedankenpalast als Mittel untersucht worden, um einzelne Begriffe oder Texte als in einem Raum platzierte Artefakte auswendig zu lernen – als *Gedächtnis*palast. Der vorliegende Beitrag wendet Designprinzipien, die für reale Räume gelten, in drei Zonen auf gedankliche Räume an: Sie sollen sich auf die wesentlichen Inhalte konzentrieren, Verknüpfungen zwischen Objekten aufdecken und in einem kontinuierlichen Entwurfsprozess flexible Anpassungen erlauben. Dadurch erhält das traditionelle Modell des Gedächtnispalastes eine moderne Architektur als Gedankenpalast. Beispiele aus der rechtsdidaktischen Praxis zeigen, wie davon eine Methodik profitiert, die auf hohe Abstraktion angewiesen ist. Ein Gedankenpalast dient nicht nur dazu, sich an bestimmte Inhalte zu erinnern, sondern auch dazu, sie besser zu verstehen, besser darstellen zu können und mit einer anregenden Faszination zu versehen.

Schlüsselwörter

Gedankenpalast · Gedächtnispalast · Rechtsdidaktik · Rechtsphilosophie · Mnemotechnik · Visualisierung · Design · Architektur

---

F. Aiwanger (✉)
Max-Planck-Institut für ausländisches und internationales Privatrecht, Hamburg, Deutschland
E-Mail: felix.aiwanger@lmu.d

1 Eingang

Wenn wir Räume im traditionellen, topischen Sinn – Zimmer, Kammern, Säle – hinter uns lassen, stehen wir davor, die Grenze zu einem zwar nicht atopischen, aber doch utopischen Raumkonzept zu überschreiten – virtuelle, vorgestellte Räume zu betreten. Genau diese Grenze möchte ich im Folgenden nicht nur überschreiten, sondern auch näher betrachten. Dabei sind die beiden Bereiche diesseits und jenseits der Grenze keineswegs voneinander so isoliert und hermetisch abgeriegelt, wie es die Grenzziehung zwischen realen und vorgestellten Räumen suggeriert. Wir überformen die der Realität zugeordneten Räume ständig mit gedanklichen Konstrukten und speisen unsere Vorstellungen wiederum aus den Erfahrungen dieser Realität. Die Idee eines Gedankenpalastes öffnet sich zu beiden Bereichen hin, transportiert uns wie Pendler zwischen ihnen hin und her und unterläuft damit in besonderem Maße die Grenze zwischen topischem und utopischem Raum.

Traditionell ist der Gedankenpalast als Mittel untersucht worden, um Begriffe und Texte auswendig zu lernen – als *Gedächtnis*palast. Seit Jahrtausenden beschreiben Autoren die Praxis, in Gedanken Räume zu entwerfen, dort Informationen in materialisierter Form abzulegen und diese Informationen abzurufen, indem man das Gedankengebäude durchschreitet (Cicero 1902, S. 173 ff. [II, 354–360]; Quintilian 1970, S. 645 ff. [XI, 2, 17–31]; Hugo 2001; Spence 1984). Das Ziel ist dabei also, Informationen im Gedächtnis zu speichern. Bei diesem herkömmlichen Modell möchte ich ansetzen und versuchen, Designprinzipien, die für reale Räume gelten, auf gedankliche Räume zu übertragen. Über eine Mnemotechnik hinaus trägt dieser Ansatz dazu bei, dass wir abstrakte Inhalte besser verstehen und besser darstellen können. Meine Vorschläge illustriere ich mit Beispielen aus der Jurisprudenz, die stets in hohem Maße zur Abstraktion gezwungen ist.[1] Ansätze für eine moderne Architektur des Gedankenpalastes ergeben sich an drei Grenzübergängen: *Erstens* bewegen wir uns zwischen verschiedenen Ebenen und Etagen nach oben und unten. *Zweitens* ergeben Blicke nach vorne und hinten Verbindunglinien und Achsen. *Drittens* verfließen Innen und Außen, Interieur und Exterieur unseres Gedankenpalastes.

---

[1] Jenseits textueller Umschreibung finden sich multisensuelle Beispiele und Entwürfe auf meiner Website unter signumsectionis.com/palast.

2　Oben/Unten

Die gedanklichen Ebenen, die sich in einem Gedankenpalast übereinanderlegen, sind Codierungsschichten. So werden für einen *Gedächtnis*palast die zu speichernden Informationen mehrfach codiert. Anleitungen und Beschreibungen gehen davon aus, dass eine Wortliste oder ein Text zu memorieren ist (Quintilian 1970, S. 645 f. [XI, 2, 20 f.]; Spence 1984, S. 7 ff.), Informationen also bereits verbalisiert und damit – auf einer ersten Ebene – sprachlich codiert sind. Dieser Sprachcode wird anschließend ein weiteres Mal codiert, indem mit bestimmten äußeren Eigenschaften des Sprachcodes eine visuelle Wahrnehmung assoziiert wird. In der Regel handelt es sich dabei um akzidentielle Eigenschaften des Sprachcodes, etwa das Schriftbild, eine Mehrdeutigkeit oder Assoziationen in Bezug auf die Aussprache. Bei Giordano Bruno finden wir zum Beispiel die Technik, ein zu memorierendes Wort erst in seine Buchstaben zu zerlegen; sodann mit jedem Buchstaben einen Namen zu verbinden, der mit demselben Buchstaben beginnt; und sich schließlich eine Gruppe berühmter Personen vorzustellen, die die jeweiligen Namen tragen (Bruno 1962, S. 83 f., 130 f.). Hier haben wir es also mit insgesamt drei Codierungsschichten zu tun. In ähnlicher Weise wird etwa das Schriftbild in ein Sinnbild transformiert (das S als Schlange) oder Wörter werden in einigermaßen alberne Geschichten eingebaut, die man dann vor dem inneren Auge abrufen soll – manche Juristen erinnern sich auf diese Art an das Geschehen einer Hochzeitsnacht, um sich zu vergegenwärtigen, auf welche Arten über ein Recht verfügt werden kann.

Der Reiz einer solchen Codierung mag darin bestehen, eine lebhafte Erinnerung durch ungewöhnliche Verbindungen oder sogar obszöne Anklänge zu fördern und dieser Weg mag bei der Speicherung einzelner Informationseinheiten noch praktikabel sein. Sobald jedoch größere Strukturen und gedankliche Zusammenhänge in räumliche Formen übersetzt werden sollen, stehen zusätzliche Codierungsschichten nur im Weg. Rechtliche Begriffe wie etwa Übertragung, Anwartschaft oder Rechtsschein bedienen sich einer verblassten Metaphorik, die nur allzu leicht ein Eigenleben entwickelt, sodass Argumente aus dem verwendeten Bild statt aus der dahinterstehenden Wertung abgeleitet werden. Wie können wir solche Codierungsschichten daher aufbrechen und, wenn nicht eliminieren, so doch zumindest auf ein Minimum mit hoher Durchsichtigkeit reduzieren?

Wir können uns zunächst von einer *negativen* Seite nähern: Außen vor bleiben sollte die sprachliche Ebene, zumal sie selbst häufig mehrere Ebenen beinhaltet. Indem die Sprache nämlich abstrakte Vorgänge mit konkreten Wahrnehmungen bis zur Abnutzung – zur Katachrese – verknüpft, verweist sie selbst auf – notwendigerweise räumliche – Vorstellungsbilder. Man kann somit die sprachliche

Ebene überspringen und sich sogleich auf die visuelle Ebene begeben. Hinzu kommt, dass es heutzutage – anders als vielleicht noch vor Erfindung des Buchdrucks, geschweige denn des Internets – weniger darauf ankommt, Texte wörtlich abzuspeichern.

Weiterhin aus einer negativen Perspektive sollte eine Verräumlichung spontanen Assoziationen mit Vorsicht begegnen. Jede Information, die wir wahrnehmen, insbesondere jeden Text, projizieren wir unwillkürlich und meist unmerklich in einen konstruierten räumlichen Kontext (Fauconnier 1994; Aicher 2015a, S. 60 ff.). Gerade das Recht projiziert eine ganze Parallelwelt, da es sich in seinem normativen Charakter des Sollens stets gegen eine vorgegebene Realität des Seins wendet. Gedanklicher wie räumlicher Kontext sind jedoch in hohem Grad variabel und manipulierbar. So lässt uns Adelbert Ames in seinen berühmten Versuchen (Ames-Raum) einen räumlichen Kontext konstruieren, in dem wir akzeptieren, dass Menschen gegen jede physiognomische Erfahrung verzerrt sind, statt unser perspektivisches Kontextkonstrukt anzuzweifeln (Ittelson 1952, S. 39 ff.). Ein Gedankenpalast kann demgegenüber den Kontext von Informationen bewusst konstruieren und so eine spätere Rekontextualisierung erleichtern.

Was damit *positiv* bleibt, ist das Ziel, abstrakte Konzepte so in eine räumliche Vorstellungswelt zu übersetzen, dass ihr räumlicher Repräsentant möglichst dieselben Eigenschaften und dieselben Beziehungen zu anderen Elementen aufweist. Für das Grafikdesign spricht Otl Aicher davon, „daß es um eine strukturelle affinität geht, nicht um einen symbolischen, mehr oder weniger an den haaren herbeigezogenen bildvergleich" (Aicher 2015b, S. 167). Idealerweise nimmt der Nutzer bei einer derart eingängigen und stimmigen Codierung den Inhalt seiner Gedankenräume gar nicht mehr als Code wahr, den er erst entschlüsseln muss, sondern erfasst intuitiv mit einem Blick alle relevanten Merkmale, die sprachlich viel mühsamer zu ver- und entschlüsseln wären. Das Design des Gedankenpalastes informiert über die Sache selbst, für Schmuck und Dekor ist kein Platz. Um dabei möglichst viele Optionen zu haben, sollte aus einem möglichst großen Repertoire an Gestaltungselementen, Bauteilen, Requisiten geschöpft werden. Auch braucht sich ein Gedankenpalast keineswegs auf visuelle Erfahrungen zu beschränken, sondern sollte gleichfalls für andere – etwa akustische oder olfaktorische – Sinneseindrücke offenstehen (vgl. dazu Ward 2014). In einer zeitlichen Dimension lässt sich seine zunächst statische Anlage noch dynamisieren.

Die eigene juristische Anwendung hat folgende Beispiele hervorgebracht:

- Zwei Akrobaten hängen mit den Beinen jeweils an einem Trapez, halten sich an den Armen und spannen so eine fast horizontale Linie auf. Lässt einer der

beiden den anderen los, fällt nicht nur er, sondern auch der andere (automatischer Wegfall der Gegenleistungspflicht bei Wegfall einer Leistungspflicht, § 326 Absatz 1 Satz 1 BGB).
- Ein Fußballer spielt einen Fehlpass. Bevor der Ball in den Aktionsradius des gegnerischen Spielers gelangt, hat ein herbeieilender Teamkollege die Chance, den Ball noch abzufangen (Widerruf einer Willenserklärung bis zu ihrem Zugang im Machtbereich des Empfängers, § 130 Absatz 1 Satz 2 BGB).
- An einem Apfelbaum wird ein Ast abgeschlagen und der Baum dadurch so geschwächt, dass an einem anderen Ast keine Früchte wachsen und ein weiterer Ast gar nicht erst wächst, womit auch dessen Früchte ausbleiben. Zuvor war der Baum täglich gegossen worden (Arten des Schadensersatzes: Restitution, Ersatz entgangenen Gewinns, Ersatz vergeblicher Aufwendungen, §§ 249 Absatz 1, 252, 284 BGB; Beispiel nach Pollack 1912, S. 138 ff.).
- Eine Kiste hat drei Schlösser, die sich mit jeweils eigenen Schlüsseln aufsperren lassen. Die Schlüssel tragen drei Personen bei sich, jeder einen, sodass keiner allein aufsperren kann. Seinen Schlüssel kann jeder dagegen nach eigenem Belieben weitergeben (Prinzip der Gesamthandsgemeinschaft, insbesondere § 719 BGB).
- In größeren Zusammenhängen (dazu sogleich unter 3) können Rechtsakte zu Spielkarten werden oder einer rechtlichen Regelung zugrunde liegende Prinzipien und Interessen zu Düften, die anderen Elementen kurz-, mittel- oder langfristig anhaften und sich verdrängen oder überlagern.

Eine solche Sensualisierungstechnik zwingt dazu, zum inhaltlichen Kern eines Konzepts vorzudringen, einen Weg einzuschlagen, der über Diskussionen, Skizzen, Prototypen führt. Statt an vorgegebenen Formen und an einer vorgegebenen Ästhetik orientiert sich das gedankliche Design vollkommen an der Sache selbst, an dem, was sie ausmacht. Hat man die Funktionsweise eines abstrakten Konzepts einmal auf den Punkt gebracht, ergeben sich sensuelle Modelle oft von selbst.

3 Vorne/Hinten

Bei der zweiten Grenze, die es zu überschreiten gilt, geht es um die Art der zu speichernden Information oder vielmehr darum, ob Informationsspeicherung überhaupt der richtige Ansatz ist. Der traditionelle Gedächtnispalast suggeriert, dass es abgeschlossene Informationseinheiten gibt, die wir in säuberlich abgeschnürten Paketen separat deponieren können (vgl. Spence 1984, S. 10 f.). Diese abstrahierende Vorstellung verdeckt, dass Informationen im Grunde nichts anderes sind als Beziehungen – Beziehungen zu einem Empfänger der Information sowie Beziehungen zwischen solchen Beziehungen. Ohne in ein ganzes Gewebe an Beziehungen eingebettet zu sein, verlieren Informationen daher ihren Sinn, das heißt, wir können keine weiteren Operationen an sie anschließen (Breidbach 2008, S. 11 f.). Je weiter dieses Gewebe reicht, je mehr Informationen es miteinander verknüpft, je besser es dem gespeicherten Wissen eine Struktur verleiht, desto ergiebiger können wir damit arbeiten.

Wollen wir einen Gedankenpalast in diese Richtung nutzbar machen, müssen wir räumliche Verknüpfungen herstellen, offene statt geschlossene Raumkonzepte entwickeln, Sichtachsen eröffnen, den Blick also um uns herum – nach vorne und hinten – erweitern. Einzelne Gegenstände stehen nicht als voneinander isolierte Exponate in einem zerstückelten Grundriss, sondern treten miteinander in Kontakt, sind aufeinander abgestimmt und bilden größere Strukturen. In gemeinsamen Gestaltungselementen werden dann Ähnlichkeitsbeziehungen sichtbar und einzelne ineinander verflochtene Gedanken lassen sich entflechten. Eine modulare Bauweise mag es uns sogar ermöglichen, gedankliche Elemente einfacher zu neuen Strukturen zusammenzusetzen und auf diese Weise neue Sinnzusammenhänge zu entdecken.

Gerade in der Begriffswelt juristischer Konstruktionen lagern oft mehrere Schichten an Begründungsmustern übereinander, deren Trennung und Zusammenhänge sprachlich nur sehr mühsam fassbar sind:

- In einem Irrgarten haben wir die Wahl zwischen mehreren Wegen, die uns am anderen Ende herausführen können, möglicherweise aber auch in einer Sackgasse enden. Manche Wege sind beschwerlicher oder länger als andere. Vielleicht gibt es auch mehrere Ausgänge und ein Weg führt uns zwar näher zum einen aber weiter weg vom anderen Ausgang. Am Rande des Gartens erhebt sich ein Schloss, aus dessen Fenstern man das Wegenetz von oben betrachten kann. Allerdings gibt jedes Fenster eine bestimmte Perspektive vor, aus der sich nicht der gesamte Garten einsehen lässt. Manche Bereiche sind weiter entfernt als andere und daher schwerer zu sehen. Vor manchen Fenstern steht bereits ein anderer Beobachter, der die Sicht versperrt, oder die Fensterläden sind verschlossen (rechtliche Abwägung zwischen alternativen Maßnahmen, um Interessen und Ziele zu verwirklichen, aus Sicht eines Prüfers und Entscheiders in einem Verfahrenskontext mit beschränkten Mitteln).
- Auf dem offenen Meer steuern Schiffe unterschiedlichen Typs ihren Zielen entgegen, machen an mehreren Etappen Halt und haben Besatzungen, die sie auf Kurs halten. Auf dem Weg lauern zahlreiche Gefahren, manche Gebiete

sind nicht schiffbar und es drohen Irrfahrten, wenn man vom Kurs abkommt. Ohne Schiff zu schwimmen ist bedeutend gefährlicher und man erreicht allenfalls bestimmte Ziele. Werden Schwimmer entdeckt, können sie gerettet und an Bord geholt werden (Schuldverhältnisse mit Haupt- und Nebenleistungen, bei deren Abwicklung – ggf. durch Erfüllungsgehilfen – Leistungsrisiken bestehen, deren Inhalt unzulässig oder von Irrtümern verzerrt sein kann und die ein höheres Haftungsniveau gewähren als die universelle Haftung gegenüber jedermann, aber Dritte ohne Schuldverhältnis in diese Schutzwirkung einbeziehen können).

- Sie spielen zu zweit ein Kartenspiel. Sie und Ihr Gegner haben verschiedene Karten auf der Hand. Sie sitzen an einem Tisch, zu Ihrer Rechten können sie eine Uhr aktivieren, die die Bedenkzeit Ihres Gegners beschränkt. Um Sie herum befinden sich noch weitere Spieltische, an denen Partien ausgetragen werden. Einige Personen haben sich um Ihren Tisch gruppiert und beobachten das Spielgeschehen (privates oder staatliches Verfahren als Plattform, auf der die beteiligten Parteien Rechtsakte vornehmen, unter Umständen Fristen setzen und auf einer Seite oder als neutrale Instanz weitere Personen beteiligen).

Untrennbar mit jedem Gedankeninhalt verwoben ist ebenso der Denkprozess, der zu diesem Inhalt führt, die Abfolge von gedanklichen Schritten, die wir gehen müssen, um etwa ein Problem zu lösen. Materie steht „nicht nur einfach da", sondern ist „in prozesse eingespannt" und steuerbar (Aicher 2015a, S. 105). Auch diese prozedurale Seite kann ein gedankenräumliches Setting implementieren und dadurch Routen und Routinen etablieren, die die Lösung gedanklicher Aufgaben erleichtern.

- Juristische Klausuren bestehen aus einer Textmasse, die man gedanklich in Sektoren aufspalten und neu sortieren kann, um daraus die Lösung zu bauen.
- Sportler trainieren körperliche Abläufe mental; Pianisten spielen auf einer gedanklichen Klaviatur; Sänger nutzen räumliche Vorstellungen, um ihre Darbietung zu beeinflussen; Physiker gewinnen Erkenntnisse aus Gedankenexperimenten.

Schließlich liefert der räumliche *Gesamt*zusammenhang einen *Gesamt*eindruck, der sich zwar nicht in einem konkreten Inhalt niederschlägt, aber den psychischen Grundzustand berührt. Die räumliche Umgebung hat Einfluss auf unser Wohlbefinden (Ulrich 2001), auf unsere mentale Leistungsfähigkeit und unsere Konzentrationsreserven (Crossan und Salmoni 2021). Sich gedanklich eine vertraute und stimulierende Umgebung anzulegen und sich bei Bedarf in diese

Umgebung zu versetzen, hat daher das Potenzial, äußere Ablenkungen auszublenden, sich von geistiger Anstrengung zu erholen oder sogar Prüfungsangst abzumildern.

4 Innen/Außen

Die dritte Richtung, die wir einschlagen, führt uns an die Grenze zwischen Innen und Außen, die jeder Raum konstituiert. Unser Alltagsblick trennt einen Raum von seinem Inhalt, einen Palast von seinem Inventar, eine Hülle von ihrer Füllung. Diese Trennung erleichtert es zwar, die Architektur des Gedankenpalastes zu entwerfen, da sie ohne Rücksicht auf seine spätere Inneneinrichtung gestaltet werden kann und man deshalb ohne Weiteres auch auf reale Vorlagen zurückgreifen kann. Bei genauerem Hinsehen hängt die Innen-Außen-Grenze aber von einem Bezugspunkt ab, den wir beliebig wählen können, wobei wir uns im Alltag mit konventionalisierten Bezugspunkten behelfen. Innen und Außen, Hülle und Inhalt verfalten sich damit dergestalt, dass jeder Inhalt Hülle und jede Hülle Inhalt sein kann (vgl. zur Parallele in der Architektur Aicher 2015b, S. 136). Deshalb sind auch Interieur und Exterieur eines Gedankenpalastes nicht voneinander zu trennen, bedingen sich vielmehr gegenseitig und wirken aufeinander ein: Jeder Inhalt stellt Anforderungen an seinen räumlichen Kontext und umgekehrt lässt sich in eine bestimmte räumliche Struktur nicht jeder beliebige Inhalt einpassen.

Die Dichotomie zwischen Innen und Außen verfließt auch dimensional zwischen unendlicher Weite des Raums und unendlicher Enge der Atomwelt. So können wir einen Gedankenpalast ausbauen zu gedanklichen Gärten und Straßen bis hin zu Städten, Gebirgen oder Meeren, ohne ein Innen und Außen zu unterscheiden. Wir können an vorhandene Strukturen in alle Richtungen immer weiter anbauen, einzelne Komponenten auch wieder abreißen und durch einen verbesserten Entwurf ersetzen. Ein Gedankenpalast wird damit zum fortwährenden Entwurf von Modellen, die sich im Gebrauch bewähren müssen: „ein entwurf […] hält sich an die sache und an forderungen, er greift auf fakten zurück und öffnet neue denkräume" (Aicher 2015b, S. 194). Eine gedankliche Kartographie, die keine endgültige Orientierung bietet, sondern laufend Neues verortet und Altes überschreibt, wird sowohl dem heutigen Bild unserer Hirnstruktur als auch dem der modernen Speichertechnologie gerecht (Assmann 2018, S. 20).

- In einem Liniennetz markiert jede Station einen Straftatbestand, durch den die Linien verschiedener geschützter Interessen führen. Von Station zu Station kann man diesen Linien in diverse Bezirke folgen. Jeder Bezirk widmet sich einem anderen Ausschnitt aus der Lebenswirklichkeit wie Straßenverkehr, Geschäftsleben oder Familiensphäre. An den Raummaßen der einzelnen Stationen lassen sich Parameter der Strafbarkeit ablesen wie das Gewicht beeinträchtigter Interessen, die Wahrscheinlichkeit der Beeinträchtigung und bereits bestehende Verwirklichungshindernisse. An manchen Stationen hält eine Linie nur, wenn man mit einem Strafantrag einen Haltewunsch signalisiert hat. Andere Stationen werden zeitweise nur mit dem Ersatzverkehr einer Privatklage bedient.

Entrücken wir unseren Außenblick noch weiter, kehren wir wieder zu der Grenze zurück, die uns eingangs begegnet ist: der Gedankenpalast selbst als Innenwelt zur Außenwelt des Alltags. Wie können wir diese Grenze überwinden? Wie können wir den Gedankenpalast mit dem universitären Lern- und Lehralltag verbinden?

Klare gedankliche Strukturen können wir begünstigen, indem wir unsere Lernumgebung bewusst gestalten, sie von unnötigem Ballast befreien und auf ihre Funktionen ausrichten. Mit der Auswahl von Tischen, Stühlen, Tafeln, Pulten und elektronischen Geräten aus einem Katalog, ihrer Anschaffung und Verteilung ist noch kein Unterrichtsraum gestaltet. In Joanne Rowlings Romanwelt gibt es in der Zauberschule *Hogwarts* einen sogenannten *Room of Requirement,* der sich den Bedürfnissen seiner jeweiligen Nutzer anpasst. Nach diesem Prinzip sollte eine Lernumgebung möglichst flexibel gestaltbar und frei von Ablenkungen sein, um sie je nach Bedarf tatsächlich oder gedanklich ausfüllen zu können. Denn jeder Gegenstand, jedes Verhältnis von Gegenständen zueinander kommuniziert bereits eine Stimmung, eine Erwartung oder sogar konkrete Inhalte.

- Gerichtssäle bringen als zeremonielle Kulisse ein ganz bestimmtes formalisiertes Verfahren mit unpersönlichen, überindividuellen Rollen zum Ausdruck und sperren alles aus, was nicht in irgendeiner Form hineingetragen wird. Wenn man das Spielfeld des Gerichtssaals betritt, akzeptiert man in gewissem Maße bereits seine Spielregeln und legitimiert die resultierende Entscheidung unabhängig vom eigenen Standpunkt (vgl. Luhmann 1969, S. 115 ff.).

Dagegen baut jeder Gedankenpalast auf individuellen Vorstellungen auf und ist einzigartig. Sein Architekt und Bewohner kann Außenstehende nicht autoritär hindurchführen, sondern nur dazu anregen, einen eigenen Gedankenpalast zu bauen und zu erkunden. Abwechslungsreiche oder technologisch neuartige Sinneseindrücke können die Neugier stimulieren, selbst gedankliche Pfade anzulegen. In diesem Sinne dient bereits das Bild eines Palastes – und nicht das eines Raumes, Zimmers oder Hauses – allein dazu, eine ästhetische Faszination zu wecken. In ähnlich anregender Geste haben antike Philosophenschulen ihre – dann auch namensgebenden – Wirkungsstätten zu einer gedanklichen Plattform zementiert: die *Akademie*, den *Peripatos*, die *Stoa* und den *Kepos*.

5 Ausgang

Weder die Impulse dazu noch ein Gedankenpalast selbst dürfen unnötig komplex oder überfrachtet sein. Im Gegenteil besteht seine Funktion gerade darin, zu vereinfachen, ein Erlebnis kognitiver Leichtigkeit hervorzurufen, das regelmäßige Durchschreiten zu automatisieren. So ist denn auch das architektonische Ideal, unsere drei Grenzübergänge zu überbrücken – Codierungsschichten übereinander, Informationsbeziehungen nebeneinander, Hülle und Inhalt ineinander – darauf ausgerichtet, Komplexität zu reduzieren. Ansonsten kippt der Gedanken*palast* zum Gedanken*ballast*.

Literatur

Aicher, Otl. 2015a. *analog und digital*. Berlin: Ernst & Sohn.
Aicher, Otl. 2015b. *die welt als entwurf*. Berlin: Ernst & Sohn.
Assmann, Aleida. 2018. *Erinnerungsräume. Formen und Wandlungen des kulturellen Gedächtnisses*. München: C.H.Beck.
Breidbach, Olaf. 2008. *Neue Wissensordnungen. Wie aus Informationen und Nachrichten kulturelles Wissen entsteht*. Frankfurt am Main: Suhrkamp.
Bruno, Giordano. 1962. *Opera Latine Conscripta*. Bd. II, Teil 2. Stuttgart: frommann-holzboog.
Cicero (Marcus Tullius Cicero). 1902 (Original: ca. 55 v. Chr.). M. Tulli Ciceronis Rhetorica, Bd. 1, Libros de Oratore Tres Continens. Buchreihe *Oxford Classical Texts*, Hrsg. Michael Winterbottom. Oxford: Oxford University Press.
Crossan, Corey und Alan Salmoni. 2021. A Simulated Walk in Nature: Testing Predictions From the Attention Restoration Theory. *Environment and Behavior* 53: 277–295.
Fauconnier, Gilles. 1994. *Mental Spaces. Aspects of Meaning Construction in Natural Language*. Cambridge: Cambridge University Press.
Hugo (Hugo de Sancto Victore). 2001. De archa Noe. Libellus de formatione arche. Buchreihe *Corpus Christianorum Continuatio Mediaevalis, Bd. 176*, Hrsg. Patricius Sicard. Turnhout: Brepols.
Ittelson, William H. 1952. *The Ames Demonstrations in Perception. A Guide to Their Construction and Use*. Princeton: Princeton University Press.
Luhmann, Niklas. 1969. *Legitimation durch Verfahren*. Neuwied/Berlin: Luchterhand.

Pollack, Walter. 1912. *Perspektive und Symbol in Philosophie und Rechtswissenschaft*. Berlin/ Leipzig: Dr. Walther Rothschild.
Quintilian (Marcus Fabius Quintilianus). 1970 (Original: ca. 95 n. Chr.). Institutionis Oratoriae: Libri Duodecim, Bd. 2. Buchreihe *Oxford Classical Texts*, Hrsg. Augustus Samuel Wilkins. Oxford: Oxford University Press.
Spence, Jonathan D. 1984. *The Memory Palace of Matteo Ricci*. New York: Viking Penguin.
Ulrich, Roger S. 2001. Effects of interior design on wellness: theory and recent scientific research. *Journal of Health Care Interior Design* 3: 97–109.
Ward, Jamie. 2014. Multisensory Memories. How Richer Experiences Facilitate Remembering. In *The Multisensory Museum. Cross-Disciplinary Perspectives on Touch, Sound, Smell, Memory, and Space*, Hrsg. N. Levent und A. Pascual-Leone, 273–284. Lanham: Rowman & Littlefield.

Dr. iur. Felix Aiwanger ist Wissenschaftlicher Referent bei Professorin Anne Röthel am Max-Planck-Institut für ausländisches und internationales Privatrecht in Hamburg. Nach dem Studium der Rechtswissenschaft in München und dem Rechtsreferendariat im Bezirk des Oberlandesgerichts München promovierte er bei Professor Anatol Dutta am Institut für Internationales Recht der Ludwig-Maximilians-Universität München, wo er als wissenschaftlicher Mitarbeiter umfangreiche Lehrerfahrung sammelte. Forschungsaufenthalte führten Felix Aiwanger nach Rom und auf die Britischen Jungferninseln.

Das Erklärvideo als Leistungsnachweis in der universitären Lehrkräftebildung

Elisabeth Fuchs und Barbara Lenzgeiger

Zusammenfassung

Leitungsnachweise sind zentrale Elemente universitärer Ausbildung. Ausgehend vom Constructive-Alignment-Ansatz werden in diesem Artikel inhaltliche und prozessbezogene Anforderungen an Leistungsnachweise in der Lehrkräftebildung zuerst theoretisch hergeleitet und anschließend in einem Modell zusammengefasst. Daraufhin wird diskutiert, ob das Erklärvideo eine Ergänzung zu klassischen Leistungsnachweisen darstellen kann. Dazu werden Qualitätskriterien, Merkmale und technische Umsetzungsmöglichkeiten von Erklärvideos erläutert und ein Seminarkonzept vorgestellt, in dem Erklärvideos als Leistungsnachweis eingesetzt werden. Schließlich wird an diesem Beispiel diskutiert, inwiefern inhaltliche und prozessbezogene Anforderungen an Leistungsnachweise in der Lehrkräftebildung durch den Einsatz von Erklärvideos als Leistungsnachweis erfüllt werden können.

Schlüsselwörter

Erklärvideos • Lehrkraftprofessionalität • Leistungsnachweis • Lehrkräftebildung • Digitale Prüfungen • Hochschullehre

---

E. Fuchs (✉)
München, Deutschland
E-Mail: Elisabeth.Fuchs@ku.de

B. Lenzgeiger
Jettingen, Deutschland
E-Mail: Barbara.Lenzgeiger@ku.de

1 Einleitung

„Is it time to ditch the traditional university exam?" (Muldoon 2012, S. 263). Diese Frage, die Robyn Muldoon bereits im Jahr 2012 stellte, ist heute – gerade aufgrund der durch die Corona-Pandemie veränderten Rahmenbedingungen für die universitäre Lehrkräftebildung – wohl aktueller denn je.

So stellt sich die Frage, inwieweit den Leistungserhebungen durch verschiedene Leistungsnachweise in der Lehrkräftebildung ein eher prozessorientiertes oder ein produktorientiertes Leistungsverständnis zugrunde liegt: Haben die Studierenden die Möglichkeit, ihre Produkte zu überarbeiten? Bekommen die Studierenden fortlaufend Rückmeldungen zu ihren Produkten?

Selten thematisiert wird darüber hinaus, inwieweit die in den Leistungsnachweisen geforderten Kompetenzen, den Kompetenzen entsprechen, die sich in der Lehrkraftprofessionalitätsforschung theoretisch und empirisch als bedeutsam für die Unterrichtsqualität und damit – vermittelt über das Handeln der Lehrperson – auch für die Leistungen der Schülerinnen und Schüler erwiesen haben: Motivieren die Leistungsnachweise Studierende, sich mit den Inhalten auseinanderzusetzen? Werden auch übergreifende Kompetenzen, wie der Umgang mit Medien/Digitalisierung, berücksichtigt? Haben Studierende die Möglichkeit, ihre Kompetenzen ausreichend darzustellen? Indirekt müssen sich die Dozierenden in der Lehrkräftebildung dadurch auch die Frage gefallen lassen, inwieweit den Studierenden durch die universitäre Lehre die Entwicklung entscheidender Kompetenzen ermöglicht wird.

Nachdem diese Überlegungen im Folgenden theoretisch eingebettet und erörtert werden, wird im Anschluss die Frage diskutiert, wie Erklärvideos als Leistungsnachweise eine Ergänzung zu „klassischen" Leistungsnachweisen darstellen können.

2 Constructive Alignment

In der universitären Ausbildung nehmen Leistungsnachweise eine zentrale Stellung ein: Sie bestimmen die Qualität der Lehre maßgeblich, indem sie sowohl die Lehre als auch das Lernen der Studierenden steuern (Prenzel 2015). Neben dieser Steuerungsfunktion erfüllen Leistungsnachweise zahlreiche weitere Funktionen. Dabei kann zwischen eher didaktischen Funktionen wie beispielsweise Rückmeldefunktion oder Motivierungsfunktion und gesellschaftlichen Funktionen wie Kontrollfunktion, Selektionsfunktion oder Sozialisierungsfunktion unterschieden werden (z. B. Walzik 2012; Macke et al. 2016; Frölich-Steffen und den Ouden 2019; Macke et al. 2012).

Um diese Funktionen berücksichtigen zu können, wird für die folgende theoretische Grundlegung das Konzept des Constructive Alignments (Biggs und Tang 2011) herangezogen. Diesem Konzept liegt die konstruktivistische Lerntheorie zugrunde, in der davon ausgegangen wird, dass das Lernen von den Studierenden selbst gesteuert und erworbenes Wissen an vorhandene eigene Schemata angepasst wird. Auf Grundlage dieser lerntheoretischen Annahme wird postuliert, dass Leistungsnachweise an die Lehre angeglichen werden: Kompetenzen, deren Entwicklung in universitären Lehrveranstaltungen forciert wird, müssen Grundlage für Leistungsnachweise sein und berücksichtigt werden. Dabei werden unter Kompetenzen die Fähigkeiten verstanden, „Kenntnisse, Fertigkeiten sowie persönliche, soziale und/oder methodische Fähigkeiten in Arbeits- oder Lernsituationen und für die berufliche und persönliche Entwicklung zu nutzen" (ECTS Users Guide 2015, S. 22). Für das universitäre Vorgehen gibt diese theoretische Grundlage eine klare Reihenfolge vor: Erst nachdem klar ist, welche Kompetenzen angestrebt werden, wird die Prüfungsform bestimmt (Frölich-Steffen und den Ouden 2019).

Welche Kompetenzen aus der Perspektive der Lehrkraftprofessionalitätsforschung im Rahmen von Leistungsnachweisen herangezogen werden sollten und welche prozessbezogenen Aspekte es zu beachten gilt, wird im Folgenden geklärt.

2.1 Inhaltliche Anforderungen: Lehrkraftprofessionalität

In den vergangenen Jahrzehnten wurden verschiedene Konzepte entwickelt, die sich mit der Frage beschäftigt haben, wie eine erfolgreiche Lehrkraft im Idealfall denken und handeln sollte und was sie wissen muss. In der Forschung zur Lehrkraftprofessionalität im deutschsprachigen Raum werden vor allem Standard- und Kompetenzmodelle herangezogen (Frey 2014; Herzmann und König 2016). Die Autorinnen und Autoren der Modelle haben den Anspruch, zentrale Merkmale mit größtmöglicher wissenschaftlicher Fundierung zu benennen, die zur Bewältigung unterschiedlicher Aufgaben im Beruf als Lehrkraft notwendig sind und auf welchen der Fokus in der Lehrkräftebildung liegen soll (Frey 2014). Dabei variieren die in den Modellen formulierten Anforderungen je nach Perspektive (Weinert und Helmke 1996). So werden in verschiedenen Modellen beispielsweise Standards in den Bereichen Lehren und Lernen, Inhalt, Instruktion und professionelle Verantwortung (z. B. CCSSO 2013) sowie Kompetenzen wie Sozial-, Methoden-, Personal- und Fachkompetenzen (z. B. Frey 2004) formuliert.

In der Lehrkraftprofessionalitätsforschung wurde in den letzten Jahrzehnten neben den Standardmodellen von Oser (2001) und Terhart (2002) vor allem das Modell professioneller Handlungskompetenz von Baumert und Kunter (2013) für Forschungsvorhaben herangezogen. Die Kompetenzen des Modells wurden theoretisch hergeleitet und die angenommenen Strukturen empirisch überprüft. Die Dimensionen Professionswissen, motivationale Orientierungen und Überzeugungen bzw. Werthaltungen bilden den Kern des Modells (siehe Abb. 1), wobei die besondere Bedeutung des Professionswissens hervorgehoben wird (Baumert und Kunter 2006). Die selbstregulativen Fähigkeiten, also die Fähigkeiten zum Engagement und zur Distanzierung, werden im Folgenden nicht eingehender berücksichtigt, da diese Fähigkeiten sehr stark an die praktischen Erfahrungen gekoppelt sind. Baumert und Kunter gliedern Professionswissen in die Dimensionen pädagogisches Wissen, Fachwissen, fachdidaktisches Wissen, Organisationswissen und Beratungswissen. Auf Grundlage weiterer Theorien, empirischer Erkenntnisse und daraus resultierender Überlegungen ordnen sie auch den anderen Dimensionen Unterfacetten zu. So werden unter Motivationale Orientierungen die Konstrukte Selbstwirksamkeitsüberzeugungen und Enthusiasmus verortet, die Überzeugungen umfassen unter anderem Zielsysteme für Curriculum und Unterricht, Subjektive Theorien über das Lehren und Lernen und epistemologische Überzeugungen (Baumert und Kunter 2006).

Durch ein weites Kompetenzverständnis, das dem Modell zugrunde liegt, werden kognitive und emotional-motivationale Merkmale gleichermaßen berücksichtigt (Kunter et al. 2006). Aufgrund dieser Offenheit besteht sowohl die Möglichkeit, weitere Kompetenzaspekte in das Modell aufzunehmen als auch,

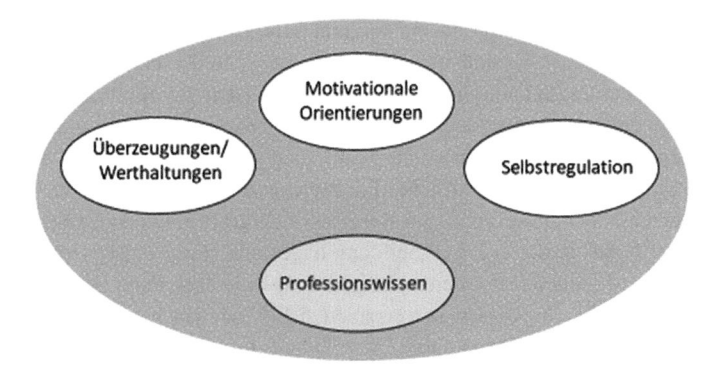

Abb. 1 Modell professioneller Lehrkraftkompetenz. (Nach Baumert und Kunter 2013)

die Grundstruktur des Modells auf verschiedene Fachbereiche zu übertragen. So kann das Modell mit fachlichen Kompetenzen (z. B. Professionswissen über politische Theorien) sowie überfachlichen Kompetenzen (z. B. Professionswissen zu Qualitätskriterien von Erklärvideos) gefüllt werden.

Dem Modell professioneller Handlungskompetenz liegt die Annahme zugrunde, dass sich verschiedene Kompetenzen durch Erfahrungen im Laufe des Lebens entwickeln. Gerade die Dimensionen Professionelle Handlungskompetenz, Motivationale Orientierungen und Überzeugungen/Werthaltungen können durch Interventionen, wie den Besuch von Seminaren oder Fortbildungen, gezielt verändert werden. Diese Annahme konnte durch zahlreiche Studien bestätigt werden (z. B. Sunder et al. 2016; Kleickmann et al. 2017; Reichhart 2017). Die Studierenden sollen daher im Rahmen ihres Studiums die Möglichkeit erhalten, die Kompetenzen zu entwickeln, die die Dimensionen repräsentieren. Diese Kompetenzen sollen Inhalt der jeweiligen Prüfungsform sein.

2.2 Prozessbezogene Anforderungen

Je nachdem welche Anforderungen an die Prüfungsform gestellt werden, gilt es unter zahlreichen Methoden und Formen auszuwählen, im Rahmen derer die beschriebenen (über-)fachlichen Kompetenzen erhoben bzw. überprüft werden können (Futter 2011; Winter 2016). Bei der Auswahl geeigneter Prüfungsformate sollten verschiedene Kriterien berücksichtigen werden, welche für Prüfungsformen im Hochschulkontext formuliert wurden. Eines der wichtigsten Qualitätsmerkmale ist die Inhaltsvalidität (Lindner et al. 2021). Sie zeichnet sich durch die Auswahl relevanter Kompetenzen aus (siehe Abschn. 2.1) und soll sicherstellen, dass im Rahmen der gewählten Prüfungsform tatsächlich die intendierten (über-)fachlichen Kompetenzen überprüft werden. Aber auch Reliabilität, Ökonomie und Kriterientransparenz müssen in den Blick genommen werden (Metzger und Nüesch 2004; Frölich-Steffen und den Ouden 2019; Walzik 2012; Schaper et al. 2012). So muss berücksichtigt werden, dass bei der Ablegung der Prüfungen für alle Studierenden möglichst gleiche Bedingungen vorherrschen (Reliabilität), sich der Aufwand der Prüfungen in einem vertretbaren Rahmen befindet (Ökonomie) und klar ist, nach welchen Kriterien und Maßstäben die Leistungsnachweise beurteilt werden (Kriterientransparenz). Neben diesen grundlegenden, eher allgemeinen Anforderungen sollen im Folgenden zudem die Anforderungen Feedback, forschendes Lernen und Kooperation in den Blick genommen werden, die in der Lehrkräftebildung besonders relevant erscheinen.

Konstruktives Feedback wirkt in zwei Richtungen: Sowohl die Lernenden als auch die Lehrenden profitieren davon (Hattie 2010). Geben die Studierenden den Dozierenden zu Lehre und Prüfung Feedback, können die Dozierenden das Lehren auf das Lernen der Studierenden abstimmen. Auf der anderen Seite haben die Studierenden die Möglichkeit, ihr Lernen anzupassen und lernen so, sich selbst einzuschätzen (Macke et al. 2016; Frölich-Steffen und den Ouden 2019). Da die Art des Feedbacks zentral für das Lernen ist, haben die zukünftigen Lehrkräfte die Möglichkeit, wahrzunehmen, wie qualitätvolles Feedback aussehen sollte und welche Bedeutung dieses im Lernprozess einnimmt (Görts 2012).

Durch den Fokus auf forschendes Lernen in der Lehre und in den Leistungsnachweisen soll den Studierenden die Teilnahme an Wissenschaft ermöglicht werden (Pasternack 2018). Dabei wird unter Forschung nicht nur aufwendige Großforschung verstanden, sondern diese vielmehr als Strategie zur Bearbeitung komplexer Probleme betrachtet (Huber 2006). Die „Produkte" der einzelnen Forschungsetappen können als Leistungsnachweise verwendet werden (Tremp und Hildbrand 2018). In der Lehrkräftebildung bietet sich das forschende Lernen in Lehre und Prüfung außerdem an, um mit dem schulischen Praxisfeld in Berührung zu kommen und auch hier erste Erfahrungen zu sammeln. So ist es den Dozierenden möglich, praktische Bezüge für die theoriegeleitete und selbstreflexive Gestaltung von Lehr-Lernprozessen zu nutzen (Baumgardt 2014).

Im späteren Berufsleben als Lehrkraft spielt die Kooperation zwischen Lehrkräften aber auch die multiprofessionelle Kooperation, beispielsweise mit externen Ansprechpartnern, eine wichtige Rolle. So ist das Qualitätsmerkmal Kooperation Element verschiedener Modelle zur Schulqualität (z. B. Ditton 2000; Fend 2001). Die Bereitschaft zur Kooperation sollte bereits in der Lehrkräfteausbildung gefördert werden. Die Prüfungsformen sollten also dahingehend überprüft werden, ob sie Studierenden ermöglichen, mit Kommilitoninnen und Kommilitonen zusammenzuarbeiten. Kooperative Nachweise, wie das gemeinsame Erstellen eines Referats, können hier eine Ergänzung zu den klassischen Prüfungsformaten bilden (Tremp und Reusser, 2007). Dabei muss sich die Zusammenarbeit nicht auf das finale Produkt beziehen. Es ist – zugunsten einer größeren Reliabilität – auch möglich, die Kooperation in den Entstehungsprozess zu verlagern. Das Stichwort Kooperation führt außerdem zu der Frage, ob die Leistungsnachweise gegenüber Kommilitoninnen und Kommilitonen oder einem weiteren Personenkreis öffentlich gemacht werden. Oftmals hat lediglich der betreuende Dozent oder die betreuende Dozentin Einsicht in die Produkte, in die die Studierenden zahlreiche Stunden Arbeit investiert haben. Ziel wäre es, dass möglichst viele Studierende von den jeweiligen Erkenntnissen profitieren, indem sie Einsicht in die Arbeit ihrer Kommilitonen erhalten (Tremp und Reusser 2007).

2.3 Herleitung eines Arbeitsmodells

Fasst man die unter Gliederungspunkt 2.1. beschriebenen inhaltlichen Anforderungen und die unter 2.2. beschriebenen prozessbezogenen Anforderungen zusammen, ergibt sich ein Arbeitsmodell (Abb. 2), welches die Grundlage für die folgenden Überlegungen bildet. Die inhaltlichen Anforderungen, die aus dem Modell professioneller Handlungskompetenz von Baumert und Kunter (2006, 2013) abgeleitet wurden, gilt es mit fachlichen Kompetenzanforderungen zu füllen. Dabei müssen sich die Kompetenzen nicht auf einen Fachbereich beziehen, es können auch mehrere Fachbereiche berücksichtigt werden. Grundsätzlich gilt: Die im Rahmen der inhaltlichen Anforderungen formulierten Kompetenzen sollten sich in den Prüfungen widerspiegeln. Einschränkend muss berücksichtigt werden, dass auch bei den Dimensionen der inhaltlichen Anforderungen differenziert werden muss. So gibt es Dimensionen, die klar geprüft und gewertet werden können, wie Professionswissen. Es gibt aber auch Dimensionen, deren Entwicklung zwar im Rahmen der Lehre und des Prüfens gefördert werden sollen, die allerdings nicht Teil der Prüfung sein können. Konkret ist es zwar möglich, als Rückmeldung für den Dozenten Aspekte der Motivationalen Orientierungen zu messen, diese Erhebung sollte aber aus ethischen Gründen nicht in die Bewertung im Rahmen einer Prüfung eingehen.

Die prozessbezogenen Anforderungen setzen sich aus den theoretischen Überlegungen verschiedener Autorinnen und Autoren zusammen und wurden aufgrund ihrer Bedeutung für angehende Lehrkräfte ausgewählt.

Abb. 2 Arbeitsmodell Anforderungen an Leistungsnachweise. (Eigene Darstellung)

3 Erklärvideos

Mit dem Strategiepapier „Bildung in der digitalen Welt" (2016) und dessen Ergänzung „Lehren und Lernen in der digitalen Welt" (2021) formulierte die Kultusministerkonferenz Kompetenzen, die als Voraussetzung zur Teilhabe und als Erfordernis für einen erfolgreichen Bildungsweg zu sehen sind. Unter Berücksichtigung einer Kultur der Digitalität (Stalder 2016) müssen bisherige Lehr- und Lernformen sowie Bildungsziele kritisch geprüft werden. Ziel ist, dass Schülerinnen und Schüler am Ende der Schulzeit die Fähigkeiten besitzen, die sie brauchen, um mündig und selbstständig in der digitalen Welt leben zu können. Als neue Kulturtechnik wird dabei der „kompetente Umgang mit digitalen Medien" (KMK, 2016, S. 13) bezeichnet. Damit einher geht, dass der Unterricht in seiner Gestaltung angepasst werden muss. Ein mögliches Gestaltungsbeispiel für zeitgemäße Medien sind Erklärvideos. Die Anzahl an Erklärvideos z. B. auf der Plattform.

YouTube nimmt täglich zu und diese werden von Studierenden genutzt, um ihre Fertigkeiten zu verbessern und ihr Wissen zu erweitern (Wen Ying et al. 2021). So ist das Erklärvideo eine Praxis der Aneignung von Wissen, die sowohl Schülerinnen und Schüler als auch Studierenden aus dem Freizeitbereich bekannt ist. Unter Erklärvideos werden im Folgenden Filme verstanden, in denen Inhalte, Konzepte und Zusammenhänge in kurzer Zeit möglichst effektiv erklärt werden und die überwiegend von den Erklärenden selbst produziert werden (Wolf, 2015b; Findeisen et al., 2019; Zander et al., 2020). Erklärvideos gibt es sowohl thematisch als auch gestalterisch in vielfältiger Form. Unter den Autorinnen und Autoren sowie Produzentinnen und Produzenten sind sowohl Laien als auch Experten zu finden (Wolf 2015b; Zander et al. 2020). Erklärvideos zeichnen sich durch eine positive Lernatmosphäre aus, die durch einen informellen Kommunikationsstil unterstützt wird (Wolf 2015b).

Damit Erklärvideos als Teil digitaler Lernarrangements didaktisch reflektiert zum Einsatz kommen, muss deren Einsatz bereits in der Lehrkräftebildung thematisiert und erprobt werden (Dorgerloh und Wolf 2020). Erklärvideos können nicht nur Inhalt universitärer Seminare sein, sie können auch eine alternative Prüfungsform darstellen, die beschriebene inhaltliche und prozessbezogene Anforderungen an Leistungsnachweise erfüllen kann. Erklärvideos bieten den Vorteil, dass durch den gezielten Einsatz statischer oder dynamischer Visualisierungen und die Verknüpfung dieser mit sprachlichen Informationen, umfassende Inhalte präsentiert und veranschaulicht werden können (Schmidt-Borcherding 2019). Im Sinne des Blended Learning und hier genauer im Rahmen des Flipped Classroom (Straw et al. 2015; Frei et al. 2020) zielen Erklärvideos auf eine vertiefte, wiederholte Auseinandersetzung mit einer Thematik. Sie bieten die Möglichkeit, dass Sie genau dann abgerufen werden können, wenn ein Erklärungsbedarf besteht. Sie sind flexibel einsetzbar – unabhängig von Zeit und Ort (Anders 2019). Was qualitätsvolle Erklärvideos ausmacht und was bei der technischen Umsetzung berücksichtigt werden muss, wird im Folgenden geklärt.

3.1 Qualitätskriterien von Erklärvideos

Für die Qualität von Erklärvideos ist die Qualität der Erklärung maßgebend. Erklären ist „ein zeitlich begrenzter und klar auf ein Ziel orientierter Kommunikationsprozess" (Asen-Molz und Rank 2021). Dabei können verschiedene Kriterien ausgemacht werden, die qualitätsvolle Erklärungen auszeichnen (Lindl et al. 2019). Ein erstes Kriterium bildet die Strukturiertheit. Eine qualitätsvolle Erklärung muss in sich sinnvoll und nachvollziehbar gegliedert sein und die Kernaussagen beinhalten (Findeisen 2017; Kulgemeyer 2018; Lindl et al. 2019). Adressatenadaptivität bzw. Adressatenorientierung gilt als weiteres Merkmal einer qualitätvollen Erklärung. Die Passung der Erklärung zu den Präkonzepten und weiteren (z. B. motivationalen) Merkmalen der Adressatinnen und Adressaten ist demnach zu beachten (Findeisen, 2017; Kulgemeyer, 2020). Auch die Sprache bildet ein zentrales Qualitätskriterium einer guten Erklärung (Gaubitz 2021b). Dabei ist auf Merkmale der gesprochenen Sprache und Schriftsprache auf phonetischer, grammatischer und lexikalischer Ebene zu achten (Gaubitz 2021b). Beispiele für Merkmale auf der phonetischen Ebene sind eine angemessene Sprachgeschwindigkeit und Lautstärke und auf der grammatischen Ebene eine angemessene syntaktische Komplexität. Dies schließt mit ein, dass nicht zu viele Fragen hintereinander gestellt werden (Kulgemeyer 2020; Gaubitz 2021b). Auf der lexikalischen Ebene ist es unter anderem notwendig, auf einen gendergerechten Sprachgebrauch zu achten. Neben der gesprochenen Sprache und Schriftsprache sind auch relevante Aspekte der Bildsprache zu bedenken, wobei besonders die sinnvolle Visualisierung zentraler Begriffe wichtig ist, damit der Verstehensprozess angemessen unterstützt werden kann (Gaubitz 2021b). Zentral sind darüber hinaus fachspezifische Qualitätsaspekte, die sich je nach Disziplin unterscheiden können (Lindl et al. 2019).

Neben den aufgeführten Kriterien einer guten Erklärung ist bei der Gestaltung von Erklärvideos auf weitere Aspekte zu achten. Eine minimalistische Gestaltung ist anzuraten, damit der Cognitive Load durch den Einsatz von medialen Effekten nicht zu hoch wird (Kulgemeyer 2018). Außerdem muss eine angemessene Darstellungsform gewählt werden. Die eingesetzten grafischen oder schriftlichen Repräsentationen, Gegenstände, Animationen oder Experimente sollen das Gesagte illustrieren (Kulgemeyer 2018). Empfehlenswert sind möglichst wenig ablenkende Elemente, sodass der Inhalt im Fokus stehen kann (Schön und Ebner 2013). Die angemessene Länge eines Erklärvideos beträgt maximal fünf Minuten (Gaubitz 2021b), da zu lange Videos häufig abgebrochen werden (Schön und Ebner 2013; Guo et al. 2014; Krämer und Böhrs 2016). Je nach möglicher Reichweite des Videos sind Hinweise zur Lizenzierung empfehlenswert, damit klar wird, wie dieses Video verwendet werden darf (Schön und Ebner 2013). Empirisch belegt ist die Bedeutung interaktiver Elemente für nachhaltiges Lernen mit Videos (Zhang et al. 2006; Delen et al. 2014; Findeisen et al. 2019). Interaktive Elemente können beispielsweise Pausen sein, die Lernenden Zeit geben, das Erlernte zu verarbeiten (Gaubitz 2021a). Diese Pausen können auch strukturierend wirken. Auch sinnvolle Anschlussaufgaben, die die vermittelte Information in einer Verständnisaufgabe aufgreifen, können solche interaktiven Elemente darstellen (Kulgemeyer 2018).

Ästhetik und Nutzerfreundlichkeit als weitere Kriterien beeinflussen das emotionale Befinden der Rezipientinnen und Rezipienten – genauer gesagt deren intrinsische Motivation (Findeisen et al. 2019). Ein Erklärvideo muss nicht mit einer professionellen Filmproduktion konkurrieren können, die spezielle Animationen einschließt (Persike 2020). Vielmehr gibt es Hinweise darauf, dass reale Lehrpersonen als Teil der Erklärvideos von Studierenden als akademisch authentischer wahrgenommen werden. So wird das Verständnis aufseiten der Lernenden mehr von didaktischer als von technischer Qualität beeinflusst (Morales et al. 2001; Thompson 2003).

3.2 Technische Umsetzung

Die Auswahl der passenden Technik zur Umsetzung eines Erklärvideos ist abhängig von Inhalt und Vorwissen der Lernenden, den strukturellen Rahmenbedingungen, der verfügbaren Technik und nicht zuletzt von finanziellen Ressourcen (Zander et al. 2020). Im Folgenden werden ausgewählte, sinnvolle Möglichkeiten der technischen Umsetzung von Erklärvideos im Bildungskontext vorgestellt.

Ein Screencast ist eine kommentierte Aufzeichnung von beliebigen Bildschirminhalten. Dabei nehmen Erklärende Inhalte mit einem Screen Recorder auf. Oft entstehen Screencasts ohne Drehbuch. Sie kommen mit einer einzigen Bildschirmeinstellung aus (Anders 2019; Zander et al. 2020). Eine Variante des Screencasts ist der Slidecast (Persike 2020). Hierbei werden eine Präsentation und der dazugehörige Sprechtext aufgenommen. Dabei ist besonders auf urheberrechtliche Fragen zu achten, falls beispielsweise auf Material zurückgegriffen wird, das online bereits existiert. Alternativ können selbsterstellte Folien und Bilder verwendet werden (Anders, 2019). Es besteht auch die Möglichkeit, während eines Screencasts Inhalte auf einem Whiteboard live zu gestalten und somit ein dynamisches Video zu erstellen (Zander et al. 2020).

Ähnlich der Screencast-Methode mit dynamischer Whiteboardgestaltung wird bei der Legetechnik oder Schiebetechnik gearbeitet. Bei dieser Methode werden einzelne gestaltete Elemente, wie gezeichnete Bilder, einzelne Sprechblasen oder Wörter, per Hand in Position gebracht. So entsteht eine Einzeleinstellung, die durch die Veränderung dieses Bildes, z. B. durch das Einfügen eines weiteren Bildes durch eine Hand, zu einem animierten Film wird (Anders 2019; Zander et al. 2020). Die Legetechnik ist die grundlegendste Form der 2D-Stop-Motion-Technik (Zander et al. 2020). Erklärvideos lassen sich auch sehr aufwendig mit 2D- und 3D-animierter Stop-Motion-Technik umsetzen. Gestalterisch und inhaltlich sind den 3D-animierten Videos keine Grenzen gesetzt. Auch komplexe Vorgänge, die mit dem bloßen Auge nicht zu erkennen sind, sind mit dieser Methode möglich. Allerdings ist bei dieser Art von Video der enorme Produktionsaufwand zu bedenken.

Eine weitere gängige Methode, die schon vor der Pandemie z. B. in der Hochschullehre etabliert war, ist der Videopodcast, also eine Kamera-Aufzeichnung eines Vortragenden z. B. per Webcam. Diese einfache Form des Erklärvideos beinhaltet meist keine Nachbereitung (Zander et al., 2020). Eine bekannte Form des Videopodcast ist z. B. die Vortragsaufzeichnung via ZOOM. Dem Videopodcast sehr nahe kommt die Aufzeichnung von Live-Vorträgen oder Konferenzen.

4 Praxisbeispiel: Erklärvideos als Leistungsnachweise in einem Seminar der Grundschuldidaktik (Sachunterricht – sozialwissenschaftlicher Seminarschwerpunkt)

Im Folgenden wird das hochschuldidaktische Konzept zum Seminar „Die sozialwissenschaftliche Perspektive im Sachunterricht: Politisches Lernen" beschrieben. Im Rahmen des Seminars werden Erklärvideos erstellt, die als Leistungsnachweise dienen. Das Seminarkonzept gliedert sich in drei Phasen mit den Schwerpunkten: Sache, Kind und Methode.

In Phase 1 (Sache) werden mit Studierenden fachliche Inhalte erarbeitet, die die Grundlage für Erklärungen bilden. Ausgehend von allen Inhaltsbereichen der sozialwissenschaftlichen Perspektive im Perspektivrahmen Sachunterricht (GDSU – Gesellschaft für Didaktik des Sachunterrichts 2013; Gläser und Richter 2015), dem LehrplanPlus (Bayerisches Staatsministerium für Bildung und Kultus, Wissenschaft und Kunst 2014) und dem Modell von Weißeno et al. (2010) wählen Studierende eigenverantwortlich Schwerpunkte aus. Mit diesen setzen sie sich im Rahmen einer Sachanalyse vertieft auseinander.

In Phase 2 (Kind) stehen die Schülerinnen und Schüler im Fokus. Um dem Kriterium Adressatenorientierung gerecht zu werden (Lindl et al. 2019), recherchieren die Studierenden zu typischen Präkonzepten (Lohrmann und Hartinger 2012; Adamina et al. 2018) von Schülerinnen und Schülern und erheben zudem die Präkonzepte einzelner Grundschulkinder. Dadurch kann in den Erklärvideos, die von den Studierenden erstellt werden, gezielt auf vorhandene Präkonzepte eingegangen werden.

In Phase 3 (Methode) werden anschließend die passenden Erklärvideos individuell gestaltet. Kooperationen zwischen den Studierenden sind dabei ausdrücklich erwünscht.

Gemeinsam mit den Studierenden werden in dieser Phase zuerst Kriterien einer guten Erklärung und technische Möglichkeiten zur Umsetzung von Videos erarbeitet. Es folgt die Analyse vorhandener Erklärvideos, die Auswahl geeigneter technischer Umsetzungsmöglichkeiten, die Produktion der individuellen Erklärvideos zu den gewählten Schwerpunktthemen und als Abschluss eine gemeinsame Reflexionsphase im Seminar. Daraufhin sind die Studierenden aufgefordert, ihr eigenes Video sinnvoll in eine Unterrichtseinheit einzubauen und im Praktikum zu erproben. Als Leistungsnachweis wird das Erklärvideo als fertiges Produkt herangezogen.

Im Weiteren wird diskutiert, welche inhaltlichen und prozessbezogenen Anforderungen das Erklärvideo als Leistungsnachweis erfüllt.

4.1 Kompetenzen und inhaltliche Anforderungen an den Leistungsnachweis

In der sozialwissenschaftlichen Perspektive im Sachunterricht der Grundschule stehen (angehende) Lehrkräfte vor der Herausforderung, komplexe fachliche Konzepte zu thematisieren und dabei an die Präkonzepte und Interessen der Schülerinnen und Schüler anzuknüpfen (Kalcsics und Raths 2012; Götzmann 2015; Richter 2015). Um diese komplexen sozialwissenschaftlichen Konzepte zu entwickeln, fachliche politische Probleme lösen zu können und politische Urteile anzubahnen, brauchen Schülerinnen und Schüler tragfähige grundlegende Begriffe und Konzepte. Neben dem Erleben demokratischer Prozesse, der Diskussion und dem Austausch der eigenen Konzepte mit Mitschülern und Mitschülerinnen oder Lehrkräften bilden insbesondere vorbereitete Erklärungen von Lehrkräften und anderen Expertinnen und Experten eine Möglichkeit zur kognitiven Auseinandersetzung mit ebendiesen grundlegenden Begriffen und Konzepten. Ausgehend von der Bedeutung des Erklärens im Unterricht und der Komplexität, sozialwissenschaftliche Inhalte an bestehende Präkonzepte von Schülerinnen und Schüler anzupassen, scheinen Erklärvideos ein geeignetes Medium zu sein, wie die beschriebenen Anforderungen erfüllt werden können.

Die Studierenden können im Seminar medienbezogene Kenntnisse entwickeln, indem sie sich mit geeigneter Software für die Videoerstellung auseinandersetzen. Medienbezogene pädagogisch-psychologische Kenntnisse können erweitert werden, da die Studierenden sich mit lernförderlichen Qualitätskriterien von Erklärvideos beschäftigen. Medienbezogene fachdidaktische Kenntnisse können erworben werden, weil Studierende die lernförderlichen Potentiale von Erklärvideos am Beispiel der sozialwissenschaftlichen Perspektive im Sachunterricht der Grundschule erproben.

Ausgehend von den beschriebenen Kompetenzen, die Studierende im Rahmen des Seminars entwickeln sollen, werden diese Kompetenzen im Erklärvideo als Leistungsnachweis geprüft und bewertet. Auf inhaltlicher Ebene (Abb. 2) können die beschriebenen Kompetenzanforderungen in der Dimension Professionswissen in den Bereichen Fachwissen und Fachdidaktisches Wissen zusammengefasst werden. Dabei werden aus den Kompetenzen im Bereich der sozialwissenschaftlichen Perspektive des Sachunterrichts sowie im Bereich des Lehrens und Lernens in der digitalen Welt Kriterien abgeleitet, anhand derer die Erklärvideos bewertet werden. Die Ableitung von Kriterien für die Leistungsbewertung aus den Bereichen Motivation und Überzeugungen/Werthaltungen erscheint aus verschiedenen Gründen nicht sinnvoll: Motivation und Überzeugungen/Werthaltungen können nicht gelernt/erzwungen werden. Zudem erscheint die Gefahr groß, dass Studierende sozial erwünscht antworten. Außerdem können Motivation und Überzeugungen/Werthaltungen zwar im Rahmen von Tests überprüft werden, im Erklärvideo sind sie nicht zwingend sichtbar. Die Entwicklung beider Dimensionen sollte trotzdem durch die Erstellung der Erklärvideos gefördert werden. Enthusiasmus und Selbstwirksamkeit als Konstrukte motivationaler Orientierungen gilt es sowohl im Bereich der sozialwissenschaftlichen Perspektive des Sachunterrichts sowie im Bereich des Lehrens und Lernens in der digitalen Welt durch die Erstellung des Erklärvideos zu fördern. Die Studierenden sollen zudem ihre konstruktivistischen Überzeugungen vertiefen.

4.2 Prozessbezogene Anforderungen an den Leistungsnachweis

Die von den Studierenden erstellten Erklärvideos dienen als Leistungsnachweis im Seminar mit dem Ziel einer Standortbestimmung und gezielten Rückmeldung zum Lernprozess der angehenden Lehrkräfte (siehe: prozessbezogene Anforderungen in Abb. 2). Die Studierenden bekommen bereits während der Arbeit an den Erklärvideos zu mehreren Zeitpunkten Rückmeldung zu ihrer Arbeit (Anforderung: Feedback) durch die Dozierenden. In einem ersten Schritt sollen sich die Studierenden zunächst inhaltlich mit dem zu erklärenden Begriff auseinandersetzen. Diese Erkenntnisse werden dann mit den Dozierenden besprochen und bei Bedarf überarbeitet. Nachdem die Studierenden Präkonzepte von Schülerinnen und Schülern erhoben haben, passen sie ihre Erklärungen an die Präkonzepte an. Auch hier erhalten die Studierenden Rückmeldung. Eine weitere Feedbackrunde durch die Kommilitoninnen, Kommilitonen und Dozierenden, in der die Studierenden ihr Erklärvideo präsentieren, ermöglicht eine finale Überarbeitung des Erklärvideos.

Die Studierenden entscheiden selbst, ob sie das Video gemeinsam mit ihren Kommilitoninnen und Kommilitonen (Anforderung: Kooperation) erstellen. Sie werden im Seminar dazu aufgefordert, immer wieder gemeinsam eigene und fremde Arbeitsergebnisse zu diskutieren. Außerdem erhalten alle Studierenden Einsicht in die Arbeiten ihrer Kommilitoninnen und Kommilitonen.

Indem die Studierenden selbst Präkonzepte bei Schülerinnen und Schülern erheben, versuchen sie sich in einer ersten eigenständigen Forschung (Anforderung: forschendes Lernen). Sie informieren sich über den Forschungsstand zum Erheben von Präkonzepten, entwickeln Forschungsfragen und führen die Erhebung eigenständig durch.

5 Ausblick

Die theoretischen Überlegungen und praktischen Erfahrungen deuten an, dass Erklärvideos eine Ergänzung zu bisherigen Leistungsnachweisen darstellen können. Verschiedene der beschriebenen Anforderungen an Leistungsnachweise können durch Erklärvideos erfüllt werden. Gerade im Bereich der prozessbezogenen Anforderungen scheinen Erklärvideos viele Aspekte abzudecken, die für angehende Lehrkräfte bedeutsam zu sein scheinen. Dabei gilt einschränkend zu berücksichtigen, dass die Annahmen bisher nicht empirisch überprüft wurden. Erste Ergebnisse einer Pilotierungsstudie ($N = 25$) mit Studierenden deuten darauf hin, dass die Studierenden Erklärvideos in verschiedenen Bereichen signifikant besser bewerten als Seminararbeiten. So scheinen die Studierenden vor allem die Möglichkeiten zur Kooperation und die Einblicke in die Werke ihrer Kommilitonen zu schätzen, die Ihnen durch die Erstellung von Erklärvideos ermöglicht wird. Zudem empfinden die Studierenden, dass durch Erklärvideos mehr Möglichkeiten entstehen, Feedback zu bekommen. Diese ersten Ergebnisse sollten aber im Rahmen größerer Studien und unter Berücksichtigung weiterer Anforderungen repliziert werden, um stichhaltige Aussagen treffen zu können.

Die Corona-Pandemie hat vor Augen geführt, dass sich die Rolle der Lehrenden an Hochschulen im Sinne der Flipped Academics verändert. Aber nicht nur die Rolle der Lehrenden verändert sich, auch die Leistungsnachweise können hinterfragt werden. So sollte inhaltlich reflektiert werden, welche Kompetenzen in den Leistungsnachweisen tatsächlich überprüft werden sollen. Dabei muss klar sein, dass der Umgang mit digitalen Lernformaten eine größere Rolle spielen sollte, denn ein Großteil der Lehrkräfte sieht einen Verbesserungsbedarf bei den eigenen Kompetenzen zum Umgang mit digitalen Lernformaten (Kuhn 2021). Zudem müssen prozessbezogene Anforderungen an Leistungsnachweise überdacht werden. Prüfungen verändern sich: Sowohl die rechtlichen Rahmenbedingungen als auch veränderte didaktische Annahmen tragen dazu bei.

Daher gilt es, neue Wege zu gehen und zusätzlich alternative Leistungsnachweise wie Erklärvideos in Betracht zu ziehen. Die empirische Forschung muss ihren Beitrag dazu leisten, diese theoretischen Überlegungen zu überprüfen und damit Alternativen in der Bewertung von Leistungen an Hochschulen zu schaffen.

Literatur

Adamina, M., M. Kübler, K. Kalcsics, S. Bietenhard, und E. Engeli, Hrsg. 2018. *„Wie ich mir das denke und vorstelle…". Vorstellungen von Schülerinnen und Schülern zu Lerngegenständen des Sachunterrichts und des Fachbereichs Natur, Mensch, Gesellschaft.* Bad Heilbrunn: Verlag Julius Klinkhardt.

Anders, P. 2019. Erklärvideos. In *Einführung in die Filmdidaktik. Kino, Fernsehen, Video, Internet,* 1st ed. 2019, Hrsg. P. Anders, M. Staiger, C. Albrecht, M. Rüsel und C. Vorst, 255–268. Stuttgart: J.B. Metzler; Imprint: J.B. Metzler.

Asen-Molz, K., und A. Rank. 2021. Demokratie erklären. Die Rolle der Sprache im politischen Sachunterricht. In *Probleme und Perspektiven des Sachunterrichts: Sache und Sprache*, Hrsg. U. Franz, H. Giest, M. Haltenberger, A. Hartinger, J. Kantreiter und K. Michalik, 24–31. Bad Heilbrunn: Verlag Julius Klinkhardt.
Baumert, J., und M. Kunter. 2006. Stichwort: Professionelle Kompetenz von Lehrkräften. *Zeitschrift für Erziehungswissenschaft*, 9(4): 469–520.
Baumert, J., und M. Kunter. 2013. Professionelle Kompetenz von Lehrkräften. In *Stichwort: Zeitschrift für Erziehungswissenschaft*, Hrsg. I. Gogolin, H. Kuper, H. Krüger und J. Baumert, 277-337. Springer VS: Wiesbaden.
Baumgardt, I., Hrsg. 2014. *Forschen, Lehren und Lernen in der Lehrerausbildung. Fachdidaktische Beiträge aus der universitären Praxis*. Baltmannsweiler: Schneider Verl. Hohengehren.
Bayerisches Staatsministerium für Bildung und Kultus, Wissenschaft und Kunst. 2014. *LehrplanPLUS Grundschule. Lehrplan für die bayerische Grundschule*. München.
Biggs, J. B., und C. S.-K. Tang. 2011. *Teaching for quality learning at university. What the student does*, 4th ed. Maidenhead: McGraw-Hill/Society for Research into Higher Education/Open University Press.
CCSSO. 2013. *Interstate teacher assessment and support consortium InTASC. Model core teaching standards and learning progressions for teachers 1.0. Resource for ongoing teacher development*. Zugegriffen: 5. August 2021.
Delen, E., J. Liew, und V. Willson. 2014. Effects of interactivity and instructional scaffolding on learning: Self-regulation in online video-based environments. *Computers & Education* 78: 312–320.
Ditton, H. 2000. Qualitätskontrolle und Qualitätssicherung in Schule und Unterricht. Ein Überblick zum Stand der empirischen Forschung. *Zeitschrift für Pädagogik - 34. Beiheft - Qualität und Qualitätssicherung im Bildungsbereich; Schule, Sozialpädagogik, Hochschule*: 73–92.
Dorgerloh, S., und K. D. Wolf. 2020. Mehr Erklärvideos in die Lehrerbildung. In *Pädagogik: Lehren und Lernen mit Tutorials und Erklärvideos*, Hrsg. S. Dorgerloh und K. D. Wolf, 161–163. Weinheim, Grünwald: Beltz; Content-Select.
ECTS Users Guide. 2015. ECTS Leitfaden. https://ec.europa.eu/assets/eac/education/ects/users-guide/docs/ects-users-guide_de.pdf. Zugegriffen: 9. August 2021.
Fend, H. 2001. *Juventa-Paperback: Qualität im Bildungswesen. Schulforschung zu Systembedingungen, Schulprofilen und Lehrerleistung*, 2. Aufl. Weinheim i.: Juventa-Verl.
Findeisen, S. 2017. *Fachdidaktische Kompetenzen angehender Lehrpersonen. Eine Untersuchung zum Erklären im Rechnungswesen*. Wiesbaden.
Findeisen, S., S. Horn, und J. Seifried. 2019. Lernen durch Videos – Empirische Befunde zur Gestaltung von Erklärvideos. *MedienPädagogik: Zeitschrift für Theorie und Praxis der Medienbildung*: 16–36.
Frei, M., K. Asen-Molz, S. Hilbert, A. Schilcher, und S. Krauss. 2020. Die Wirksamkeit von Erklärvideos im Rahmen der Methode Flipped Classroom. In *Bildung, Schule, Digitalisierung*, Hrsg. K. Kaspar, M. Becker-Mrotzek, S. Hofhues, J. König und D. Schmeinck, 278–290. Münster, New York: Waxmann.
Frey, A. 2004. Die Kompetenzstruktur von Studierenden. Eine internationale Studie. *Zeitschrift für Pädagogik* 50(6): 903–925.

Frey, A. 2014. Kompetenzmodelle und Standards in Lehrerbildung und Lehrerberuf. In *Handbuch der Forschung zum Lehrerberuf*, 2., überarbeitete und erweiterte Auflage, Hrsg. E. Terhart, H. Bennewitz und M. Rothland, 540–572. Münster, New York: Waxmann.

Frölich-Steffen, S., und H. den Ouden. 2019. Hochschulprüfungen im Fokus. Vom autodidaktischen Abschauen zu didaktisch-gereifter Prüfungskompetenz. In *Kompetenzorientiert prüfen und bewerten. Didaktische Grundannahmen, rechtliche Rahmenbedingungen und praktische Handlungsempfehlungen*, 1. Auflage, Hrsg. H. den Ouden, S. Frölich-Steffen und U. Gießmann, 11–27. Leverkusen: Verlag Barbara Budrich.

Futter, K. 2011. *Leistungsnachweise in modularisierten Studiengängen*. Zugegriffen: 18. August 2021.

Gaubitz, Sarah. 2021a. Analysen von Erklärvideos für den sozialwissenschaftlichen Sachunterricht. Ein Entwicklungsfeld für die Lehrer*innenausbildung. In *Lehrvideos – das Bildungsmedium der Zukunft? Erziehungswissenschaftliche und fachdidaktische Perspektiven*, Hrsg. Eva Matthes, Stefan T. Siegel und Thomas Heiland, 213–222. Bad Heilbrunn: Verlag Julius Klinkhardt (klinkhardt forschung. Beiträge zur historischen und systematischen Schulbuch- und Bildungsmedienforschung).

Gaubitz, S. 2021b. Sache und Sprache in Erklärvideos für den Sachunterricht. Möglichkeiten, Grenzen und Bedingungen. In *Probleme und Perspektiven des Sachunterrichts: Sache und Sprache*, Hrsg. U. Franz, H. Giest, M. Haltenberger, A. Hartinger, J. Kantreiter und K. Michalik, 133–141. Bad Heilbrunn: Verlag Julius Klinkhardt.

GDSU - Gesellschaft für Didaktik des Sachunterrichts. 2013. *Perspektivrahmen Sachunterricht*, 2. Aufl. Bad Heilbrunn: Klinkhardt.

Gläser, E., und D. Richter, Hrsg. 2015. *Schriftenreihe der Gesellschaft für Didaktik des Sachunterrichts e.V. Band 1: Die sozialwissenschaftliche Perspektive konkret. Begleitband 1 zum Perspektivrahmen Sachunterricht*. Bad Heilbrunn: Verlag Julius Klinkhardt.

Görts, Wim. 2012. Feedback geben anders – Rückmeldung in Seminaren und Trainings nicht als Beurteilung, sondern als Dialogelement. *Das Hochschulwesen* 60 (4): 94–101.

Götzmann, A. 2015. *Entwicklung politischen Wissens in der Grundschule*. Wiesbaden: Springer.

Guo, P. J., J. Kim, und R. Rubin. 2014. How video production affects student engagement. In *Proceedings of the first ACM conference on Learning scale conference*, Hrsg. M. Sahami, 41–50. New York, NY: ACM.

Hattie, J. 2010. *Visible learning. A synthesis of over 800 meta-analyses relating to achievement*, Reprinted. London: Routledge.

Herzmann, P., und J. König. 2016. *Studientexte Bildungswissenschaft. Bd. 4337: Lehrerberuf und Lehrerbildung*. Bad Heilbrunn: Verlag Julius Klinkhardt.

Huber, L. 2006. Forschendes Lernen in deutschen Hochschulen. Zum Stand der Diskussion. In *Forschendes Lernen. Theorie und Praxis einer professionellen LehrerInnenausbildung*, 2., aktualisierte Aufl., Hrsg. A. Obolenski und H. Meyer, 15–36. Oldenburg: Didaktisches Zentrum Univ.

Kalcsics, K., und K. Raths. 2012. Schülervorstellungen zum Regieren und Wählen. In *Politische Bildung in der Schweiz. Bd. 1: Forschungstrends in der politischen Bildung. Beiträge zur Tagung „Politische Bildung Empirisch 2010"*, Hrsg. D. Allenspach und B. Ziegler, 63–75. Zürich: Rüegger.

Kleickmann, T., S. Tröbst, A. Heinze, A. Anschütz, R. Rink, und M. Kunter. 2017. Teacher knowledge experiment. Conditions of the development of pedagogical content knowledge. In *Methodology of Educational Measurement and Assessment: Competence assessment in education. Research, models and instruments*, Hrsg. D. Leutner, J. Fleischer, J. Grünkorn, und E. Klieme, 111–129. Cham: Springer International Publishing.

Krämer, A., und S. Böhrs. 2016. How Do Consumers Evaluate Explainer Videos? An Empirical Study on the Effectiveness and Efficiency of Different Explainer Video Formats. *Journal of Education and Learning*, 6(1): 254.

Kuhn, Anette. 2021. Sind Schulen jetzt besser auf den Fernunterricht vorbereitet? Hg. v. Das Deutsche Schulportal. https://deutsches-schulportal.de/unterricht/lehrer-umfrage-deutsches-schulbarometer-spezial-corona-krise-folgebefragung/, Zugegriffen: 26. August 2021.

Kulgemeyer, C. 2018. Wie gut erklären Erklärvideos? Ein Bewertungs-Leitfaden. *Computer + Unterricht* 109: 8–11.

Kulgemeyer, C. 2020. Didaktische Kriterien für gute Erklärvideos. In *Pädagogik: Lehren und Lernen mit Tutorials und Erklärvideos*, Hrsg. S. Dorgerloh und K. D. Wolf 70–75. Weinheim, Grünwald: Beltz; Content-Select.

KMK. 2016. *Bildung in der digitalen Welt: Strategie der Kultusministerkonferenz.* https://www.kmk.org/fileadmin/Dateien/veroeffentlichungen_beschluesse/2018/Strategie_Bildung_in_der_digitalen_Welt_idF._vom_07.12.2017.pdf, Zugegriffen: 14. August 2021.

Kultusministerkonferenz. 2021. Lehren und Lernen in der digitalen Welt. Die ergänzende Empfehlung zur Strategie „Bildung in der digitalen Welt". Berlin. https://www.kmk.org/fileadmin/veroeffentlichungen_beschluesse/2021/2021_12_09-Lehren-und-Lernen-Digi.pdf., Zugegriffen: 24 März 2022.

Kunter, M., U. Klusmann, und J. Baumert. 2006. Professionelle Kompetenz von Mathematiklehrkräften. Das COACTIV-Modell. In *Untersuchungen zur Bildungsqualität von Schule. Abschlussbericht des DFG-Schwerpunktprogramms*, Hrsg. M. Prenzel, L. Allolio-Näcke und Prenzel-Allolio-Näcke, 153–165. Münster: Waxmann.

Lindl, A., L. Gaier, M. Weich, M. Frei, C. Ehras, M. Gastl-Pischetsrieder, M. Elmer, K. Asen-Molz, A.-M. Ruck, J. Heinze, R. Murmann, E. Gunga, und S. Röhrl. 2019. Gruppenspezifische Unterschiede in der Beurteilung von Erklärqualität – erste Ergebnisse aus dem interdisziplinären Forschungsprojekt FALKE. In *Lehrer. Bildung. Gestalten. Beiträge zur empirischen Forschung in der Lehrerbildung*, 1. Auflage, Hrsg. T. Ehmke, P. Kuhl und M. Pietsch, 128–141. Weinheim: Beltz Juventa.

Lindner, Marlit A., Jörn, R. Sparfeld, Olaf Köller, Josef Lukas, und Detlev Leutner. 2021. Ein Plädoyer zur Qualitätssicherung schriftlicher Prüfungen im Psychologiestudium. *Psychologische Rundschau* 72 (2): 93–105.

Lohrmann, K., und A. Hartinger. 2012. Kindliche Präkonzepte im Sachunterricht. Empirische Forschung und ihr praktischer Nutzen. *Grundschulzeitschrift*, 26(252/253): 16–21.

Macke, G., U. Hanke, P. Viehmann-Schweizer, und W. Raether. 2016. *Beltz Pädagogik: Kompetenzorientierte Hochschuldidaktik. Lehren - vortragen - prüfen - beraten. Mit überarbeiteter Methodensammlung „Besser lehren", auch als Download, 3., völlig überarbeitete und erweiterte Auflage.* Weinheim: Beltz.

Macke, Gerd, Ulrike Hanke, Pauline Viehmann. 2012. *Hochschuldidaktik. Lehren-vortragen-prüfen-beraten.* Weinheim: Beltz.

Metzger, C., und C. Nüesch. 2004. *Hochschuldidaktische Schriften. Bd. 6: Fair prüfen. Ein Qualitätsleitfaden für Prüfende an Hochschulen*. St. Gallen: IWP-HSP Univeristät Inst. für Wirtschaftspädagogik.

Morales, C., C. Cory, und D. Bozell. 2001. A Comparative Efficiency Study between a Live Lecture and a Web Based Live-Switched Multi-Camera Streaming Video Distance Learning Instructional Unit. In *Managing information technology in a global environment*, Hrsg. M. Khosrow-Pour, 63–66. Hershey, Pennsylvania (701 E. Chocolate Avenue, Hershey, Pa., 17033, USA): IGI Global.

Muldoon, R. 2012. Is it time to ditch the traditional university exam? *Higher Education Research & Development*, 31(2): 263–265.

Oser, F. 2001. Standards: Kompetenzen von Lehrpersonen. In *Nationales Forschungsprogramm 33 - Wirksamkeit unserer Bildungssysteme: Die Wirksamkeit der Lehrerbildungssysteme. Von der Allrounderbildung zur Ausbildung professioneller Standards*, Hrsg. F. Oser, 215–342. Chur: Rüegger.

Pasternack, P. 2018. Kompetenzorientierung. Eine hochschulreformerische Anstrengung. In *Zukunftslabor Lehrentwicklung. Perspektiven auf Hochschuldidaktik und darüber hinaus*, Hrsg. M. Weil, 35–57. Münster, New York: Waxmann.

Persike, M. 2020. Videos in der Lehre: Wirkungen und Nebenwirkungen. In *Handbuch Bildungstechnologie: Handbuch Bildungstechnologie. Konzeption und Einsatz digitaler Lernumgebungen*, Hrsg. H. M. Niegemann und A. Weinberger, 271–301. Berlin, München: Springer; Ciando.

Prenzel, M. 2015. Institutionelle Strategien zur Verbesserung der Lehre an Hochschulen: Ein Beispiel. https://www.wissenschaftsrat.de/download/archiv/VS-Bericht_Okt_2015.pdf%3F__blob%3Dpublicationfile%26v%3D3. Zugegriffen: 26. August 2021.

Reichhart, B. 2017. *Empirische Forschung in den gesellschaftswissenschaftlichen Fachdidaktiken: Lehrerprofessionalität im Bereich der politischen Bildung*. Dissertation.

Richter, D. 2015. Politische Aspekte. In *UTB Schulpädagogik. Bd. 8621: Handbuch Didaktik des Sachunterrichts*, 2., aktualisierte und erweiterte Auflage, Hrsg. J. Kahlert, M. Fölling-Albers, M. Götz, A. Hartinger, S. Miller und S. Wittkowske, 159–162. Bad Heilbrunn: Verlag Julius Klinkhardt.

Schaper, Niclas, Oliver Reis und Johannes, Wildt. 2012. Fachgutachten zur Kompetenzorientierung in Studium und Lehre. Hg. v. Hochschulrektorenkonferenz. 2012. Bonn. Zugegriffen: 27. Februar 2022.

Schmidt-Borcherding, F. 2019. Zur Lernpsychologie von Erklärvideos. Theoretische Grundlagen. In *Tutorials - Lernen mit Erklärvideos*, Hrsg. S. Dorgerloh und K. D. Wolf, 63–70. Weinheim: Julius Beltz.

Schön, S., und M. Ebner. 2013. Was ist ein gutes Lernvideo? https://www.medienpaedagogik-praxis.de/2013/03/11/was-ist-ein-gutes-lernvideo/. Zugegriffen 26. August 2021.

Stalder, Felix. 2016. *Kultur der Digitalität*. Berlin: Suhrkamp.

Straw, S., O. Quinlan, J. Harland, und M. Walker. 2015. *Flipped learning research report*. London: Nesta.

Sunder, C., M. Todorova, und K. Möller. 2016. Verbessert der Einsatz von Videos im Bachelor-Lehrveranstaltungen das professionelle Wahrnehmen von Szenen aus dem naturwissenschaftlichen Sachunterricht? In *Probleme und Perspektiven des Sachunterrichts. Band 26: Sachunterricht - zwischen Kompetenzorientierung, Persönlichkeitsentwicklung, Lebenswelt und Fachbezug*, Hrsg. H. Giest, T. Goll und A. Hartinger, 158–166. Bad Heilbrunn: Verlag Julius Klinkhardt.

Terhart, Ewald. 2002. Standards für die Lehrerbildung. Eine Expertise für die Kultusministerkonferenz. Münster. Online verfügbar unter https://d-nb.info/1141683334/34. Zugegriffen: 05. August 2021.

Thompson, S. E. 2003. Text-structuring metadiscourse, intonation and the signalling of organisation in academic lectures. *Journal of English for Academic Purposes*, 2(1): 5–20.

Tremp, P., und T. Hildbrand. 2018. Forschungsorientierung und Berufsbezug. Studiengangentwicklung mit dem „Züricher Framework". In *Schriften zur allgemeinen Hochschuldidaktik. Band 3: Forschendes Lernen. The wider view eine Tagung des Zentrums für Lehrerbildung der Westfälischen Wilhelms-Universität Münster vom 25. bis 27.09.2017*, Hrsg. N. Neuber, W. D. Paravicini und M. Stein, 175–178. Münster: WTM Verlag für wissenschaftliche Texte und Medien.

Tremp, P., und K. Reusser. 2007. Leistungsbeurteilung und Leistungsnachweise in Hochschule und Lehrerbildung. Trends und Diskussionsfelder. *Beiträge zur Lehrerinnen- und Lehrerbildung* 25: 5–13.

Walzik, S. 2012. *Kompetent lehren. Bd. 4: Kompetenzorientiert prüfen. Leistungsbewertung an der Hochschule in Theorie und Praxis*. Opladen: Budrich.

Weinert, F. E., und A. Helmke. 1996. Der gute Lehrer. Person, Funktion oder Fiktion? *Zeitschrift für Pädagogik – 34. Beiheft – Die Institutionalisierung von Lehren und Lernen*: 223–233.

Weißeno, G., J. Detjen, I. Juchler, P. Massing, und D. Richter. 2010. *Konzepte der Politik - ein Kompetenzmodell*. Bonn: Bundeszentrale für politische Bildung.

Wen Ying, L., C. Yuin Xian, C. Cyn Ye, L. Shyir Khie, S. B. Mohamad Rozlan, W. Junior Yong, und N. Mohd Suki. 2021. YouTube for Procedural Learning. In *Advances in Marketing, Customer Relationship Management, and E-Services: Advanced Digital Marketing Strategies in a Data-Driven Era*, Hrsg. E. Li und J. R. Saura, 179–196: IGI Global.

Winter, F. 2016. *Grundlagen der Schulpädagogik. Band 49: Leistungsbewertung. Eine neue Lernkultur braucht einen anderen Umgang mit den Schülerleistungen*, 7., unveränderte Auflage. Baltmannsweiler: Schneider Verlag Hohengehren GmbH.

Wolf, K. D. 2015a. Bildungspotenziale von Erklärvideos und Tutorials auf YouTube. Audiovisuelle Enzyklopädie, adressatengerechtes Bildungsfernsehen, Lehr-Lern-Strategie oder partizipative Peer Education? *Medien + Erziehung* 59(1): 30–36.

Wolf, K. D. 2015b. Video-Tutorials und Erklärvideos als Gegenstand, Methode und Ziel der Medien- und Filmbildung. In *Mediale Impulse. Bd. 2: Filmbildung im Wandel*, Hrsg. A. Hartung-Griemberg, T. Ballhausen, C. Trültzsch-Wijnen, A. Barberi und K. Kaiser-Müller, 121–131. Wien: new academic press.

Zander, S., A. Behrens, und S. Mehlhorn. 2020. Erklärvideos als Format des E-Learnings. Handbuch Bildungstechnologie. In *Handbuch Bildungstechnologie: Handbuch Bildungstechnologie. Konzeption und Einsatz digitaler Lernumgebungen*, Hrsg. H. M. Niegemann und A. Weinberger, 247–258. Berlin, München: Springer; Ciando.

Zhang, D., L. Zhou, R. O. Briggs, und J. F. Nunamaker. 2006. Instructional video in e-learning: Assessing the impact of interactive video on learning effectiveness. *Information & Management* 43(1): 15–27.

Elisabeth Fuchs ist seit 2023 Akademische Rätin am Lehrstuhl für Grundschulpädagogik und Grundschuldidaktik an der Katholischen Universität Eichstätt-Ingolstadt (Prof. Dr. Klaudia Schultheis). Sie studierte Lehramt für Grundschulen an der Universität Regensburg und arbeitete anschließend einige Jahre als Grundschullehrerin in der Oberpfalz und in Oberbayern. Berufsbegleitend absolvierte sie das Studium zur Beratungslehrkraft. Sie war als Lehrbeauftragte an der Universität Regensburg (Lehrstuhl von Prof. Dr. Astrid Rank) und als abgeordnete Lehrerin an der Ludwig-Maximilians-Universität München (Lehrstuhl von Prof. Dr. Katrin Lohrmann) tätig. In ihrer Promotion beschäftigt sie sich mit der multiprofessionellen Kooperation im gebundenen Ganztag. Neben Ganztag und Kooperation bildet das Lehren und Lernen in der digitalen Welt einen weiteren Forschungsschwerpunkt.

Jun.-Prof. Dr. Barbara Lenzgeiger studierte an der Universität Regensburg Lehramt für Grundschulen sowie das Erweiterungsfach Deutsch als Zweitsprache. Ihre Promotion (Titel: Lehrerprofessionalität im Bereich der politischen Bildung) schloss sie im Jahr 2016 an der Universität Augsburg (Doktorvater: Prof. Dr. Andreas Hartinger) ab. 2018 beendete sie ihr Referendariat mit dem 2. Staatsexamen und arbeitete anschließend als Grundschullehrerin im Ganztag an der Grundschule Burgau sowie als Akademische Rätin am Lehrstuhl für Grundschulpädagogik und Grundschuldidaktik an der Ludwig-Maximilians-Universität München (Prof. Dr. Katrin Lohrmann). Seit 2023 ist Barbara Lenzgeiger Juniorprofessorin für Grundschulpädagogik und Grundschuldidaktik an der Katholischen Universität Eichstätt-Ingolstadt. Ihre Forschungsschwerpunkte liegen in den Bereichen Lehrkraftprofessionalität, Lehren und Lernen in der digitalen Welt und Grundlegende Bildung.

Fremdsprachenunterricht im digitalen Lernraum: Internationalisierung zu Hause

Christian Alexander Gebhard

Zusammenfassung

Zur Ausschöpfung der Individualisierung von Lernprozessen fordert die moderne Lehre eine Unabhängigkeit von Zeit und Ort. Digitale Medien kommen dieser Forderung nach und ermöglichen im Fremdsprachenunterricht das Erleben einer Zielkultur zu Hause. Folgende Formen des Lernens haben sich in der Lehre an Hochschulen als erfolgreich erwiesen: Problemorientiertes Lernen mit Fotos aus dem Alltagsleben der Zielkultur, die Einbindung von Kommunikation mit Personen, die die Zielsprache als Erstsprache sprechen, über soziale Medien in die Leistungserhebung, Videotandems mit Partnerhochschulen, digitale Tandemprogramme mit Personen aus der Zielkultur sowohl im Zielland als auch im Heimatland der Lernenden und die Verwendung eines Fehlerwikis im Unterricht. Diese Methoden werden im Beitrag knapp vorgestellt.

Schlüsselwörter

Digitalisierung · Internationalisierung · Fremdsprachenunterricht · Blended Learning · Fernunterricht · Tandem · Interkulturelles Lernen

C. A. Gebhard (✉)
Ansbach, Deutschland
E-Mail: c.gebhard@hs-ansbach.de

© Der/die Autor(en), exklusiv lizenziert an Springer Fachmedien Wiesbaden GmbH, ein Teil von Springer Nature 2024
J. Noller et al. (Hrsg.), *Medien-Räume*, Perspektiven der Hochschuldidaktik,
https://doi.org/10.1007/978-3-658-43047-4_5

1 Einleitung

Dem Begriff ‚Lernen' liegt in diesem Beitrag ein konstruktivistisches Verständnis zugrunde: Subjektives Wissen und aus deklarativem Wissen (faktenbasiertem Wissen und Regelkenntnissen) abgeleitete Fertigkeiten werden durch Erfahrungen individuell erschaffen. Es wird davon ausgegangen, dass deklaratives Wissen in prozedurales Wissen (in der Praxis anwendbare Fertigkeiten) überführt werden kann. Auf die Einwände von Stephen Krashen (1981, 1982), der zwischen unbewusstem Erwerb in natürlichen Kontexten und bewusstem Lernen in gesteuerten Lernumgebungen unterscheidet und davon ausgeht, dass zwischen diesen beiden Formen kein Transfer von Wissen stattfindet, hierzu soll an dieser Stelle nicht eingegangen werden. Für das Erlernen von Fremdsprachen und den Erwerb kommunikativer Fähigkeiten und Fertigkeiten wird außerdem von der besonderen Bedeutung interaktionistischer Herangehensweisen an den Lernprozess ausgegangen. Dies soll ausdrücklich auch für den gesteuerten Fremdsprachenerwerb im Fremdsprachenunterricht an Bildungseinrichtungen gelten.

Der digitale Raum ist ein Handlungsraum, der erlebendes Lernen ermöglicht, das außerhalb von Restriktionen der örtlichen und zeitlichen Gebundenheit stattfindet. Er eröffnet das Lernen durch Handeln in einer grenzüberschreitenden Dimension, im politischen Sinne über Landesgrenzen hinweg, die besonders für den Fremdsprachenunterricht von Bedeutung ist. In diesem werden nämlich kommunikative Fertigkeiten mit Handelnden aus der Zielkultur geübt, Lernende eignen sich kulturelles Wissen an und wenden dieses in der Interaktion mit Gesprächspartnern an. Im digitalen Raum kann Lernen in den gleichen Sozialformen wie an anderen Lernorten stattfinden: in Form von Einzelarbeit, z. B. Rezipieren und Produzieren von Texten; Partnerarbeit, z. B. Chatten im Nachrichtendienst; Gruppenarbeit, z. B. Erstellen eines Wikis, und vieles mehr. Der digitale Raum schränkt Handelnde nicht auf bestimmte Methoden ein; mögliche Methoden sind problemorientiertes Lernen, spielerisches Lernen, kooperatives Lernen, entdeckendes Lernen, aber auch Frontalunterricht, *Flipped Classroom* usw.

Das Lernen im digitalen Raum macht den physischen Ortswechsel an Orte der Zielkultur keineswegs hinfällig. Das persönliche Erleben der Zielkultur im Zielland erfährt aber einige Einschränkungen, z. B. zeitlicher, finanzieller oder anderer Art. Da es für viele Lernende nur stark eingeschränkt realisierbar ist, kommt dem digitalen Raum als Ort für die Repräsentation der Zielkultur im

Ausgangsland[1] eine Schlüsselfunktion zu. Die hier dargestellten Begegnungen im digitalen Raum werden unter dem Begriff der ‚Internationalisierung zu hause' beschrieben.

Der Beitrag soll einige Beispiele vorstellen, wie der Fremdsprachenunterricht von der Nutzung digitaler Lernräume profitieren kann. Darunter ist eine Verwendung digitaler Medien zu verstehen, die außerhalb des Unterrichtsraums eingesetzt werden können. Ebenso ist der zielgerechte Einsatz dieser Medien im Präsenzunterricht an einem physischen Lernort möglich und damit sowohl in die synchrone Online-Lehre als auch in die teilweise asynchrone Mischform des *Blended Learnings* integrierbar.

2 Voraussetzungen für Lernen und ihre Berücksichtigung im digitalen Raum

Für eine konstruktivistische an Stelle einer instruktivistischen Herangehensweise im Fremdsprachenunterricht spricht die Beobachtung, dass nicht alle Inhalte, die in einer bestimmten Form gelehrt werden, auch so aufgenommen werden. Um die Aufnahme im Unterricht präsentierter Inhalte zu ermöglichen und damit effektives Lernen anzustoßen, ist Aufmerksamkeit seitens der Lernenden notwendig. Allgemeine grundlegende Aufmerksamkeit, auch als *noticing* bezeichnet, soll im Unterricht als vorausgesetzt gelten und wird ergänzt durch eine fokussierte Aufmerksamkeit *(focal attention)*. Diese wird gezielt gelenkt, um den Erwerb bestimmter sprachlicher Strukturen herbeizuführen (vlg. Donnerstag 2007). Durch eine Kombination form- und inhaltsbezogener Herangehensweisen im Unterricht kann deklaratives Wissen unter Berücksichtigung der Phasen des *noticing* (der bewussten Beachtung sprachlichen Inputs, der dann zu Gelerntem verarbeitet werden kann) und der *awareness* (der allgemeinen und für den Lernprozess steuerbaren Aufmerksamkeit) in prozedurales Wissen transformiert werden (vgl. Lyster 2007, S. 64 ff.). Bei der Gestaltung digitaler Lernräume sollte darauf geachtet werden, dass die begrenzte Aufmerksamkeit der Lernenden auch zielgerichtet gelenkt werden kann und nicht von lernprozessexternen Aspekten erschöpft wird. Hierunter fallen technische Aspekte (z. B. durch Fehlerbehebung bei technischen Komplikationen) und die des Medieneinsatzes (z. B. eine Reizüberflutung durch einen zu häufigen Medienwechsel). Medien müssen sinnvoll

---

[1] Die Begriffe Ziel- und Ausgangsland und analog gebildete Begriffe werden in Anlehnung an in der Translationswissenschaft gebräuchliche Bezeichnungen wie Ausgangstext und Zieltext verwendet.

ausgewählt und zielgerecht eingesetzt werden und keinen Selbstzweck darstellen. Aufmerksamkeit für den eigenen Lernprozess kann auch durch das Beschreiten der metakognitiven Ebene geschaffen werden, wenn Lernende z. B. feststellen, wann sie aufnahmefähig sind oder welchem Lerntyp sie angehören. Die Förderung der Lernautonomie (vgl. 4.2) und das Stimulieren der Reflexion von Lernprozessen, auch durch Rückmeldung durch Gleichgestellte und Lehrkräfte, sollten daher im Unterricht nicht fehlen (vgl. 4.5).

Besonders effektiv kann gelernt werden, was subjektiv als bedeutungsvoll und relevant empfunden wird. Auf diese Weise wird an Vorwissen angeknüpft. Für den erfolgreichen Erwerb von Fremdsprachenkompetenzen ist das kommunikative Bedürfnis eine grundlegende Voraussetzung. Um dieses grundlegende Bedürfnis als Voraussetzung für die Aneignung sprachlicher Strukturen überhaupt erst zu erzeugen, muss eine Interaktionssituation geschaffen werden (vgl. 4.2; 4.3; 4.4). Im digitalen Raum wiederum, der von manchen Lernenden tendenziell als virtuell und damit fiktiv, also unwirklich empfunden wird, ist die Authentizität von Lerngegenständen (vgl. 4.1) und von Interaktionen von besonderer Bedeutung. Authentische Interaktionssituationen nehmen in den hier dargestellten Beispielen eine zentrale Rolle ein.

Die genannten begünstigenden Faktoren für den Fremdsprachenerwerb lassen sich, auch in einer digitalen Form, nicht nur während des Lernprozesses, sondern auch in der Leistungserhebung berücksichtigen (vgl. Gebhard 2020, zum Lernportfolio als Leistungsnachweis im Chinesischunterricht).

3 Warum den Fremdsprachenunterricht in den digitalen Raum verlegen?

Die ansprechende Gestaltung von Fremdsprachenunterricht unter Einbezug moderner Medien und Kommunikationskanäle bietet das Potenzial der Steigerung der Beliebtheit von Fächern, was gerade bei distanten Sprachen wie Chinesisch, die als schwieriger empfunden werden, relevant ist. Auch eine positive Auswirkung zeitgemäßer Gestaltung des Unterrichts auf die (Lern-) Motivation wird beobachtet.

Dabei ist darauf zu achten, dass eine ansprechende Form nicht zum Unterhaltungszweck verwendet, sondern zielgerecht eingesetzt wird, weil sie in der Lage ist, einen gewissen Inhalt adäquat zu vermitteln. Der digitale Raum nimmt beim Lernen einer Fremdsprache die Rolle des Begegnungsraums als „Fenster zur Welt" ein (Legutke 2017, S. 204), ist aber nicht wie dort beschrieben als Bühne für Simulation zu verstehen, sondern soll den ‚Ernstfall' tatsächlicher Kommunikation darstellen. Im Ausgangsland verankerter Präsenzunterricht, der im digitalen Raum stattfindet, ist dazu fähig, auf tatsächliche Kommunikationssituationen vorzubereiten und diese wiederum als (autonome) Weiterführung des vorbereitenden Unterrichts in den Lernprozess innerhalb und außerhalb des Unterrichts zu integrieren. Ein Ziel des Fremdsprachenunterrichts ist die erfolgreiche Kommunikation in der Zielsprache und Gegenstand des Unterrichts die reale Welt des Ziellandes oder der Zielkultur. Da sich diese in der Regel außerhalb der unmittelbaren Reichweite der Lernenden befindet, muss die örtliche Distanz überbrückt werden, wozu es gewisser Hilfsmittel bedarf. Ein flexibles, ständig aktualisierbares und individualisierbares Hilfsmittel ist das Internet, das nicht nur Zugang zu Ressourcen aus der Zielkultur ermöglicht, sondern an sich durch die globale Vernetzung einen Teil der realen Welt der Zielkultur darstellt: Seine Form, Funktion und Anwendung können in der Zielkultur ganz anders beschaffen sein, wie das z. B. in der hochdigitalisierten Volksrepublik China mit ihrer ganz eigenen Medienlandschaft der Fall ist.

Einen Mehrwert erfährt die Nutzung von Online-Lernangeboten, wenn diese z. B. den Einsatz einer bestimmten Methode oder Sozialform in Ihrer Effizienz verstärkt. Dies ist der Fall, wenn Kontakt zu Menschen mit der Zielsprache als Muttersprache für Partnerarbeit hergestellt wird; wenn dieser Austausch auf der Ebene Gleichgestellter geschieht; oder wenn die authentische Kommunikation in sozialen Medien asynchron erfolgt und damit Zeit für Vorbereitung und Reflexion von Nachrichten gibt.

Die Digitalisierung von Lehrmaterialien und die Ergänzung des Unterrichts durch digitale Werkzeuge schreiten schon seit einigen Jahren voran, und aus einem Panorama an online verwendbaren Lösungen kann für die meisten Unterrichtsvorhaben die passende ausgewählt werden. Seit kurzem sehen sich Bildungseinrichtungen weltweit dazu gezwungen, neue Wege zu gehen. Welche Form auch immer der Fremdsprachenunterricht der Zukunft annehmen mag, so sind die Vorschläge dieses Beitrags flexibel anpassbar und ermöglichen konstruktive individuelle Lernprozesse.

4 Internationalisierung zu Hause – digitale Methoden für den Fremdsprachenunterricht

Anhand der folgenden Beispiele werden die obigen Ausführungen verdeutlicht. Die Beispiele stammen überwiegend aus dem Spanisch- und Chinesischunterricht an einer Hochschule für Angewandte Wissenschaften, die sich in Form einer studienbegleitenden Fremdsprachenausbildung an Interessierte aller Fachrichtungen wenden.

4.1 Digital gestütztes problemorientiertes Lernen

Autonomiefördernde Formen, die zu unterschiedlichen Graden kooperative Ansätze berücksichtigen und Wissensaneignung anstreben, schließen aufgabenorientiertes, projektorientiertes und problemorientiertes (oder -basiertes) Lernen ein. Im Folgenden wird stellvertretend der Begriff „problemorientiertes Lernen" verwendet. Er beschreibt ein Konzept, nach dem Lernende anhand von authentischen Fotos eigene Fragen über die Zielkultur stellen und die Antworten dazu eigenständig recherchieren. Die Arbeitsanweisung hierfür kann wie im angegebenen Beispiel formuliert werden. Bei den zeitlichen Vorgaben handelt es sich um Vorschläge, die in Abhängigkeit der konkreten Umsetzung, Zielgruppe und Rahmenbedingungen angepasst werden müssen.

Arbeitsanweisung für problemorientiertes Lernen:
Sie werden ein Bild aus/über China erhalten und über die Hintergründe recherchieren.

1. Schritt:
Information zum Fall und Klärung von Verständnisfragen: Betrachten Sie Ihr Bild. Was ist abgebildet? Worum geht es? (3 min.)
2. Schritt:
Definition des Lerngegenstands: Was kann hier vermittelt und über China herausgefunden werden? (5 min.)
3. Schritt:
Definition des Lerninhaltes: Formulieren Sie mindestens drei konkrete Fragen zu dem Bild, die Sie beantworten werden. (6 min.)
4. Schritt:
Bearbeitung: Finden Sie Antworten auf diese Fragen. Alle Medien und Mittel sind bei der Recherche erlaubt. Wählen Sie Ihre Quellen sorgfältig und prüfen Sie Ihre Antworten. Besprechen Sie Ihre Ergebnisse mit Muttersprachlern.

Gehen Sie auf sprachliche Besonderheiten ein und stellen Sie mindestens drei neue Wörter vor. (30 min.)
5. Schritt:
Formulierung der Antworten auf Ihre selbst gestellten Fragen und der Dokumentation Ihrer Recherche. (10 min.)
6. Schritt:
Aufbereitung einer Kurzpräsentation. (15 min.)
7. Schritt:
Präsentation der Ergebnisse. Zeigen Sie ihr Bild im Kurs. Stellen Sie Ihre Fragen vor und beantworten Sie sie. Wie haben Sie die Antworten gefunden? Sind Fragen offengeblieben? Vielleicht hat jemand weitere Fragen. Gestalten Sie Ihre Präsentation interaktiv und ansprechend! (5 min. Vortrag + 5 min. Kommentare und Fragen)

Paar- und Gruppenarbeit sind durchaus empfehlenswert. Die Fotos der Abb. 1 und 2 haben bisher besonders erfolgreiche Recherchen ermöglicht.

Während des Unterrichts stoßen Lernende an Grenzen bei der Recherche, wenn sie Antworten auf Fragen zu den abgebildeten Kulturspezifika suchen. Der Zugang zu angemessener Literatur muss gegeben sein und entzieht sich häufig der Kontrollierbarkeit und damit der Möglichkeit von Lehrkräften, die

Abb. 1 Bild für problemorientiertes Lernen im Chinesischunterricht. (© Christian Alexander Gebhard)

Abb. 2 Bild für problemorientiertes Lernen im Spanischunterricht. (© Christian Alexander Gebhard)

Unterrichtseinheit entsprechend vorzubereiten. Das ist dem offenen Charakter des problemorientierten Lernens verschuldet, bei dem Fragen aufkommen, die die Lehrkräfte nicht antizipieren. Zu den gewählten Bildern stellen Lernende gelegentlich Fragen, die nur am Rande mit der Thematik des entsprechenden Motivs verbunden sind, z. B. über örtliche Gegebenheiten, die im Hintergrund eines Bildes erkennbar sind. Die Beantwortung dieser Fragen zu verschieben, weil keine entsprechenden Materialien zur Recherche vorbereitet und zur Verfügung gestellt wurden, kann eine frustrierende Wirkung haben, weshalb die spontane

Antwortsuche auf derartige Fragen unbedingt ermöglicht werden muss. In diesem Fall bietet sich das Betreten des digitalen Raumes in Form der Nutzung von Informationsquellen und Kontakten im Internet an. Gerade im Fremdsprachenunterricht ist die Verknüpfung derartiger Lerninhalte mit kommunikativen Zielen wünschenswert, und Menschen aus der Zielkultur stellen eine inhaltsgerechte Quelle dar, wenn Sie bei der Recherche Informationen zu den abgebildeten Szenen geben. Die Kontaktaufnahme zu Personen mit der Zielsprache als Erstsprache und die Hilfestellung durch diese ist gerade im digitalen Raum effektiv auf der individuellen Ebene umsetzbar. Sie wird nicht dadurch beschränkt, dass sich beide zur gleichen Zeit am gleichen Ort befinden müssten. Optimal scheint daher folgender Ablauf zu sein: Schritt 1 bis 4 finden im Präsenzunterricht statt, wobei der erste Schritt auch als Hausaufgabe in Form der Wahl eines Bildes aus einer Datenbank ausgeführt werden kann. Ab dem fünften Schritt, der Recherchephase, kann das Problem im digitalen Raum bearbeitet werden. Wichtig ist, dass Lernenden zumindest Hilfestellung bei der Quellensuche angeboten wird, was auch in Form von Vermittlung zu kompetenten Zielsprachensprechenden geschehen kann. An Hochschulen können Austauschstudierende aus den Ziellländern in den Präsenzunterricht eingeladen oder über soziale Medien kontaktiert werden. Alternativ können Vertretende der Zielkultur über Foren im Internet und Tandem-Werkzeuge kontaktiert werden. Hierfür sind einige kostenfreie Anwendungen für mobile Endgeräte verfügbar. Da die Anzahl beteiligter Personen mit all ihren Verpflichtungen und terminlichen Einschränkungen wächst, ist für diese Kontaktaufnahme in der Recherchephase empfehlenswert, sie außerhalb des Unterrichts durchzuführen. Die weiteren Schritte, das Formulieren, Präsentieren und Diskutieren von Antworten, sind wiederum gut in Präsenz durchführbar. Zwischen der Formulierung der Ergebnisse und der Präsentation sollte eine weitere Kontrolle durch Dozierende stattfinden. Der Mehrwert der Nutzung des digitalen Lernraumes liegt darin, dass die authentische Kommunikation in der Zielsprache zur Beantwortung kulturspezifischer Fragen über den Lebensalltag in der Zielkultur so auf persönlicher Ebene unter Abbau von Hemmschwellen stattfindet: Die Kommunikation findet als persönliches Erleben, nicht als Teil des Unterrichts und nicht unter Anwesenheit anderer, eventuell höher gestellter Personen statt. Die Sozialform der Zusammenarbeit in Paaren mit Personen der Zielkultur wird durch die Aufhebung örtlicher und zeitlicher Einschränkungen deutlich erleichtert. Bei dieser Projektarbeit können der physische mit dem digitalen Raum kombiniert und Hochschulpartnerschaften genutzt werden. Zu beachten sind Leitlinien für aufgabenorientiertes Lernen nach Mertens (2017), sowohl für die Recherchephase als auch in Bezug auf die gestellten Fragen zum Bild, die

die Lernenden beantworten: Bei der Bearbeitung soll der Gebrauch der Zielsprache gefördert werden, wobei bei Lernenden einer distanten Fremdsprache im Anfangsstadium der Kontakt zu Zielsprachensprechenden ein realistischeres und ausreichendes Ziel darstellt; der Inhaltscharakter muss im Mittelpunkt stehen, ein hoher Grad an Authentizität muss durch die sinnvolle Wahl von Fotos gegeben sein, Realitätsbezug muss vorhanden sein, kooperatives Lernen gefördert und die integrative Verwendung verschiedener Fertigkeiten unterstützt werden; schließlich sollen dabei kognitive Lernstrategien entwickelt werden und ein konkretes Endprodukt entstehen. Sinnhaftigkeit und Orientierung am Ergebnis sind in jedem Fall gegeben; von Martens' Fokussierung auf die Sprachverwendung kann mit einer landeskundlich-kulturellen Zielsetzung abgewichen werden.

4.2 Gesteuerte Kommunikation mit Sprechenden der Zielsprache über soziale Medien

Wenn im Unterricht oder für den Leistungsnachweis eine Dokumentation von authentischer Kommunikation in der Zielsprache gefordert wird (vgl. Gebhard 2020), wird damit der Unterrichtsraum als Lehr- und Lernort verlassen und der persönliche Lernprozess an einen selbst gewählten und selbst gestalteten Ort verlegt. Dieser kann orts- und zeitungebunden eine digitale Form annehmen, so z. B. bei der Kommunikation über soziale Medien wie *WhatsApp* und ähnliche Anwendungen, deren Wahl auch vor dem Hintergrund datenschutztechnischer Fragen geklärt werden kann. Die Verwendung anderer, landestypischerer Anwendungen wie *WeChat* oder *Viber* enthält einen landeskundlichen Aspekt, kann aber auch technische Herausforderungen bergen, wie bei der Aktivierung eines neuen Kontos bei der chinesischen Medienplattform *WeChat*. Gerade beim Unterrichten von Sprachen, die ein anderes Schriftsystem verwenden, ist die Übung der Texteingabe am mobilen Endgerät absolut unentbehrlich. Realistisch betrachtet stellt sie die hauptsächliche Verwendung der fremden Schriftsprache dar. Für Chinesisch wird sie als fünfte Kompetenz bezeichnet und ihre Vermittlung im Unterricht noch stärker gefordert (u. a. von Guder, 2019). Um der Kommunikation eine noch stärker sprachlich-inhaltliche Ausrichtung zu geben, können Tandem-Anwendungen wie *HelloTalk* oder *Tandem* verwendet werden. Manche dieser Anwendungen verfügen über Korrekturwerkzeuge (s. Abb. 3) und ermöglichen so ein Lernen aus Fehlern. Nutzende haben die Möglichkeit, empfangene Sprach- und Textnachrichten zu kommentieren und mit Korrekturen zu versehen. In Textnachrichten werden durch Tandembeteiligte korrigierte Stellen in roter Farbe durchgestrichen dargestellt und die korrigierte Version in grüner Farbe darunter angezeigt. In beiden Fällen werden Sätze vollständig angegeben, sodass der komplette syntaktische Kontext in der angezeigten Korrektur vorhanden ist. Diese Art der Rückmeldung lenkt die für effektives Lernen erforderliche fokussierte Aufmerksamkeit auf die entsprechenden fehlerhaften Textstellen. Es empfiehlt sich, zu Beginn des Austauschs festzulegen, ob, in welchem Ausmaß und in welcher Form Korrekturen erwünscht sind. Einige Lernende neigen möglicherweise dazu, formal-sprachliche Rückmeldung auf anderen Ebenen, wie der persönlichen, als kritisch zu empfangen und als Kritik zu empfinden. Für sie ist eine Beschränkung auf schwerwiegende pragmatische Fehler und Missverständnisse sinnvoll. Andere Lernende wiederum wünschen eine umfassende Korrektur aller grammatischer Fehler. In jedem Fall sind ein fehlertoleranter Ansatz und eine Offenheit gegenüber nicht zielgerechten Formen im Unterricht empfehlenswert, um ein Lernen aus Fehlern überhaupt zu ermöglichen. Damit wird das negative Wissen, in der Terminologie von Oser und Kollegen das Wissen darüber, wie etwas nicht ist oder sein soll (s. u.), erweitert. Dieser wichtige Bestandteil des individuellen Lernprozesses sollte unbedingt in einem Fehlertagebuch, das Lernende separat individuell führen, festgehalten werden. Darin werden übersichtlich die persönlichen Entwicklungsbereiche der Lernenden aufgezeigt, da eine statistische Auskunft darüber gegeben wird, ob Korrekturen durch die muttersprachlichen Kommunikationsbeteiligten hauptsächlich im Bereich Satzstruktur, Formlehre, Vokabular, etc. vorgenommen werden. Die Kommunikation kann als Hausaufgabe aufgegeben oder als Teil des Leistungsnachweises gefordert werden und von Lehrkräften regelmäßig kontrolliert und gegebenenfalls kommentiert werden. Sprachliche, kulturelle und pragmatische Angemessenheit sind nur drei mögliche Bereiche für Rückmeldungen oder Bewertungen. Tandem-Anwendungen vermitteln Gesprächsbeteiligte, über Hochschulkooperationen oder persönliche Kontakte können ebenfalls gezielt geeignete Gegenüber für die Kommunikation gesucht werden. Zum Ausbau von Fertigkeiten im Umgang mit sozialen Medien können Lernende mit der notwendigen Medienkompetenz selbst Personen für die zielsprachige Kommunikation suchen. Sicherlich stellen die Strukturierung dieses Kommunikationsprozesses und die Leitung oder Begleitung desselben eine Herausforderung dar, die aber gleichzeitig Chancen für die persönliche Entwicklung der Lernenden eröffnet. Da die Kommunikation nicht direkt unter Einbezug von (als höhergestellt empfundenen) Lehrkräften stattfindet, sondern unter Gleichgestellten durchgeführt, gesteuert und korrigiert wird, ist auch hier

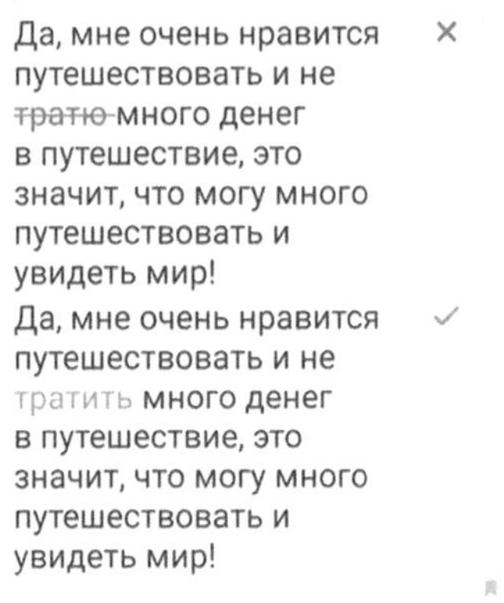

Abb. 3 Korrekturmöglichkeiten in einer Tandem-Anwendung für mobile Endgeräte. (© Christian Alexander Gebhard)

Да, мне очень нравится ✗
путешествовать и не
~~трaтю~~ много денег
в путешествие, это
значит, что могу много
путешествовать и
увидеть мир!

Да, мне очень нравится ✓
путешествовать и не
тратить много денег
в путешествие, это
значит, что могу много
путешествовать и
увидеть мир!

die Hemmschwelle relativ niedrig. Zu einer angstfreien Lernumgebung[2] trägt auch bei, dass die Kommunikation nicht von Angesicht zu Angesicht stattfinden muss, sondern zeitverzögert abläuft. So ermöglicht sie es, Aussagen vorzubereiten und gegebenenfalls zurückzuziehen. Per anwendungsinternem Audio- oder Videoanruf kann auch synchron kommuniziert werden. (Abb. 4)

4.3 Videotandem mit Partnerhochschulen

Das vom Prinzip der Brieffreundschaften inspirierte Video-Tandem zielt auf das Kennenlernen fremder Lebensrealitäten ab. Im Fokus steht die sprachliche Fähigkeit, die eigene Bildungseinrichtung Interessierten mit einem anderen kulturellen Hintergrund in einem Kurzvideo verständlich vorzustellen. Ein Video wird in der Landessprache einer Partnerinstitution angefertigt. Alternativ kann es in der globalen Lingua franca Englisch gedreht werden. In einem optimalerweise zwei bis drei Minuten langem Video können der Campus als Lernort, die Mensa als Teil des Lebensraums sowie die Bibliothek als Schnittstelle von Lernen und Leben vorgestellt werden. Unbedingt sollte ein persönlicher Gruß des Produktionsteams das Video abrunden, damit im Austausch von der institutionellen auf die persönliche Ebene übergeleitet werden kann. Rechtliche Besonderheiten wie die Verwendung von Hintergrundmusik und die Rechtsübertragung am eigenen Bild

---

[2] Zur Bedeutung der Freiheit von Angst beim Fremdsprachenlernen s. das Affective Filter-Modell von Krashen (1982), nach dem negative Gefühle den Lernerfolg und schon die Aufnahmefähigkeit hemmen können.

Abb. 4 Nachweis der Verwendung von Texteingabe für Chinesisch am mobilen Endgerät. (Mit freundlicher Genehmigung von Florian Maußer)

dürfen bei der Bearbeitung nicht außer Acht gelassen werden. Eine realistische zeitliche Planung ist grundlegend, wobei zunächst geklärt werden sollte, ob die Anfertigung und Bearbeitung inner- oder außerhalb des regulären Präsenzunterrichts stattfindet. Für Studierende in medienwissenschaftlichen oder -technischen Studiengängen lässt sich die Mitarbeit als Leistungsnachweis in deren Fachkursen berücksichtigen; derartige Studiengänge sind auch in der Lage, professionelle Ausrüstung zur Verfügung zu stellen. Weitere Studiengänge, in denen ein Videotandem in Form von Studienpunkten (ECTS Credit Points) berücksichtigt werden kann, sind journalismus- oder theaterbezogene Studiengänge. Auch mit qualitativ hochwertigen Handykameras und Mikrofonen wurden schon befriedigende Videos angefertigt. Ist die Tonqualität dabei nicht überragend, kann ein Video ergänzend mit Untertiteln versehen werden, wozu freie Programme verfügbar sind (z. B. *SubtitleCreator* oder Testversionen von mächtigeren Programmen wie *Adobe Premiere*).

Inhaltlich ist es empfehlenswert, wie folgt, einen direkten persönlichen Bezug zwischen Studierenden der Partnerhochschulen herzustellen. Deutsche Studierende, die sich im Rahmen einer Exkursion an einer chinesischen Partnerhochschule befanden, grüßen in einem Vorstellungsvideo zusammen mit chinesischen

Mitstudierenden das Publikum und stoßen gemeinsam auf die Partnerschaft an. Derartige Szenen haben sicherlich eine animierende Wirkung für die Teilnahme an einer Exkursion, einem Sprachkurs oder einem Auslandssemester an der Partnerhochschule. Im Rahmen einer Partnerschaft mit einer spanischen Hochschule entstand an der spanischen Hochschule ein Video, in dem auf ein zuvor in Deutschland gedrehtes Video inhaltlich Bezug genommen wurde. Dort war von einer Statue auf dem Campus die Rede. In einer Szene im Antwortvideo aus Spanien wurde dann eine Statue auf dem Campus als Gegenbeispiel vorgestellt. Durch die Wortwahl („wir auch", im Kontext des Vorhandenseins einer ähnlichen Statue am eigenen Campus) und den inhaltlichen Bezug kann das kontrastive Vorstellen des Campus zu einer Identitätsmöglichkeit und sogar zu einem Zusammengehörigkeitsgefühl beitragen. Die Beispiele sollen verdeutlichen, wie im virtuellen Raum strategische Partnerschaften gestärkt und Kontakte auf der persönlichen Ebene geknüpft werden können. Weitere Einzelheiten können Gebhard (2018a) entnommen werden.

Das Videotandem nutzt Lebensräume außerhalb des Unterrichts, an denen kommunikative Kompetenzen angewandt werden, als Lernorte und bereitet damit auf die Kommunikation in reellen Alltagssituationen vor. Diese Lebensräume, z. B. Mensa und Bibliothek, nach Möglichkeit aber auch weitere Ort an und bei einer Bildungseinrichtung, die den Charakter von Sehenswürdigkeiten haben, werden als Realia der Zielkultur vorgestellt. Physische und digitale Räume lassen sich auf diese Weise gewinnbringend miteinander kombinieren, da sie sich ergänzen: Was im physischen Raum, an dem sich das Zielpublikum eines Tandemvideos befindet, nicht unmittelbar erfahrbar ist, wird im digitalen Raum verfügbar gemacht.

Für den Sprachunterricht besonders gewinnbringend ist die visuelle Komponente: Ganzkörperaufnahmen geben wichtige Einblicke in das nonverbale kommunikative Verhalten in der Zielkultur. Gestik und Mimik, aber auch Körperhaltung und Expressivität sind Aspekte, die oft im Fremdsprachenunterricht nicht ausreichend berücksichtigt werden (vgl. Gebhard, 2018b). Im Videotandem fließen sie auf spielerische Art ein und ergänzen so verbale und außersprachliche landeskundliche Aspekte. (Abb. 5 und 6)

Fremdsprachenunterricht im digitalen Lernraum ...

Abb. 5 Verweis auf eine Statue auf dem Campusgelände in einem Hochschulvorstellungsvideo. (© Christian Alexander Gebhard)

Abb. 6 Verweis auf eine Statue auf dem Campusgelände im Antwortvideo. (© Christian Alexander Gebhard)

4.4 Digitales Tandem

Eine weitere Verknüpfung des physischen mit dem digitalen Lernort wird in einem Onlinestudiengang im Fachbereich Interkulturelle Kommunikation vorgenommen. Es handelt sich um ein *Blended Learning*-Modul mit drei Präsenzveranstaltungen. Die Aufgabe der Teilnehmenden während des Semesters ist es, sich mit ihrem Gegenüber im Tandem gründlich bezüglich interkultureller

Unterschiede auszutauschen. Dies geschieht im Rahmen von mindestens drei synchronen Treffen und darüber hinaus in der Kommunikation über soziale Medien. Teilnehmende am Tandemprojekt werden über eine soziale Freiwilligenagentur vermittelt, die mit interessierten und motivierten Migranten arbeitet. Ziel ist es, Migranten Orientierung zu bieten und ihnen die Möglichkeit zu geben, sich in herausfordernden Situationen des Alltagslebens an offene Mitmenschen zu wenden. Über die Komplexität z. B. eines Behördenbesuchs müssen diese Situationen nicht hinausgehen, um keine potenziell belastenden Verantwortungsgefühle zu schaffen. Die Wahl eines Personenkreises als Zielgruppe und damit die Wahl der Zielkultur ist prinzipiell frei. Hochschul- oder Städtepartnerschaften können hierfür ebenso genutzt werden. Studierende in Studiengängen, die sich mit Interkulturalität befassen, können so die Chance nutzen, den kulturellen Hintergrund ihrer Mitmenschen kennenzulernen und auf diese Erfahrung gestützt, ihre eigenen kulturellen Wurzeln kontrastiv zu beschreiben. In diesem Prozess erstellen sie ihr individuelles Lernportfolio, das zum einen den Austausch mit dem Gegenüber im Tandem dokumentiert und zum anderen inhaltlich die kulturellen Unterschiede vorstellt, die sie gemeinsam mit dem Partner aufgedeckt haben. Sehr alltagsbezogen geht es dabei überwiegend darum, wann und wie man sich in der Fremdkultur anders verhält. Die Begleitlektüre im Kurs erleichtert die Themenwahl und bietet einen einfachen Einblick in kulturelle Beschreibungsmodelle, die von verschiedenen Kulturdimensionen ausgehen. Weitere, aber stärker auf das Alltagsleben junger Studierender ausgerichtete Materialien mit Redestimuli und Aufgaben sind im Internet verfügbar, z. B. auf der Seite von Seagull (Smart Educational Autonomy through Guided Language Learning) unter https://www.seagull-tandem.eu/material/. Das Lernportfolio soll zur besseren Veranschaulichung nicht nur aus Text bestehen, sondern Bilder, Videos und andere Medien enthalten. Es soll in einer digitalen Form erstellt werden, in der die entsprechenden Inhalte flexibel gestaltet und integriert werden können. Die Verwendung orts- und zeitungebundener Kommunikationsmittel erhöht die Flexibilität des Austauschs und die Attraktivität für Studierende; gleichzeitig werden Personen mit Migrationsgeschichte in die Verwendung von in Deutschland verbreiteten sozialen Medien eingeführt. Eine Planung des Austauschs in Räumlichkeiten der Hochschule schränkt das Erfahrungsfeld ein und eine Beschränkung auf Vorlesungszeiten erschwert den Austausch unnötig. Weitere detaillierte Vorschläge zur zeitlichen Gestaltung einzelner Einheiten des Austauschs im Teletandem sind Elstermann (2011) zu entnehmen.

4.5 Digitales Fehlertagebuch: Das Fehlerwiki

Als metakognitiver Anhang an die beschriebenen Internationalisierungsmöglichkeiten wird an dieser Stelle die Einbindung eines Fehlertagebuches in ein digitales Angebot im Fremdsprachenunterricht ergänzt. Um ein Lernen aus Fehlern zu ermöglichen, werden einige Schritte aus Oser und Spychiger (2005, S. 125 ff.) aufgegriffen und im Fremdsprachenunterricht in ein Fehlertagebuch aufgenommen, das dann in ein Fehlerwiki integriert wird. Nach der schriftlichen oder mündlichen Textproduktion inner- und außerhalb des Unterrichts wird eine Fehlerdetektion von Lehrkräften in Form von Hervorhebungen ungrammatischer Stellen vorgenommen. Die Form der Textproduktion ist unerheblich und kann mündlich, spontan oder als Aufnahme, oder schriftlich, handschriftlich oder computergestützt, erfolgen. Der weitere Ablauf sollte im Unterricht stattfinden, damit zeitliche Nähe zwischen den einzelnen Schritten vorhanden ist und damit einfacher ein inhaltlicher Bezug hergestellt werden kann. Die Lernenden benötigen Zeit zur Fokussierung und Verbesserung, nachdem sie auf ihre Fehler aufmerksam gemacht wurden, um ihre Fehler selbst zu finden und zu verbessern. Sollte eine Autokorrektur nicht möglich sein, müssen Dozierende mit einer Kontrastierung unterstützen, in Form von einer Präsentation ähnlicher grammatischer Sätze oder einem Verweis auf entsprechende Stellen im Lehrmaterial. In besonders heterogenen Gruppen kann es passieren, dass die Fehlerzahl zwischen Lernenden enorm differiert. Um den zeitlichen Aufwand, die eigenen Fehler zu verbessern, zwischen unterschiedlichen Lernenden annähernd anzugleichen, müssen individuelle Maßstäbe bei der Hervorhebung von Fehlern angesetzt werden. Bei schwächeren Lernenden stehen dann Fehler im Vordergrund, die das Verständnis erschweren, bei schnelleren Lernenden können auch Fragen des Stils thematisiert werden. Nach der erfolgreichen Autokorrektur ist ein Verlassen des individuellen Lernbereichs geplant, um Mitlernende vom Lernprozess profitieren zu lassen. Dieses Publizieren der Fehler in Sammlungen sollte freiwillig geschehen und fordert ein entsprechendes vertrauensvolles, angstfreies Lernumfeld. Zusammen mit der Selbstkorrektur empfiehlt sich, auf Gedächtnisstützen einzugehen, um Mitlernern nicht nur häufige Fehler und die Korrektur dieser zu präsentieren, sondern auch ein Vermeiden dieser häufigen Fehler zu ermöglichen. Die Bedeutung von Gedächtnisstützen darf ebenso wie die Kreativität der Lernenden, solche zu finden, nicht unterschätzt werden. Als digitale Sammlungen erweisen sich Wikis als besonders geeignet. Sie lassen sich in alle gängigen Lernplattformen einbinden und sind jederzeit flexibel zu bearbeiten. Sie können auch regelmäßig überarbeitet werden, um neue Fehler und neue Gedächtnisstützen zu ergänzen. Ebenso kann den Lernenden mittels Fehlerwikis der eigene Lernfortschritt vor Augen gehalten werden, wenn bestimmte Fehler nicht mehr gemacht werden. Das digitale Wiki hat gegenüber einem Fehlertagebuch des gesamten Kurses in Papierform den Vorteil, dass Fehler, die sich im Laufe des Semesters als weniger häufig oder wenig schwerwiegend erweisen, bei Bedarf auch gelöscht werden können, um die Übersicht nicht unnötig stark anwachsen zu lassen. Bei der Gewichtung des Fehlers ist das Urteil der Lehrkraft notwendig, ebenso wie bei der Definition als verbesserungswürdige sprachliche Struktur (vgl. Gebhard 2016, 2019 zur Definition von Fehlern). Das Beispiel zeigt, wie negatives Wissen (vgl. Oser et al. 1999) im digitalen Raum geteilt werden kann. Ein Vergleich mit dem Fehlerwiki einer Lerngruppe, die die Muttersprache als Fremdsprache lernt, ist denkbar, um das Gefühl zu vermitteln, mit den Fehlern nicht alleine zu sein. (Abb. 7)

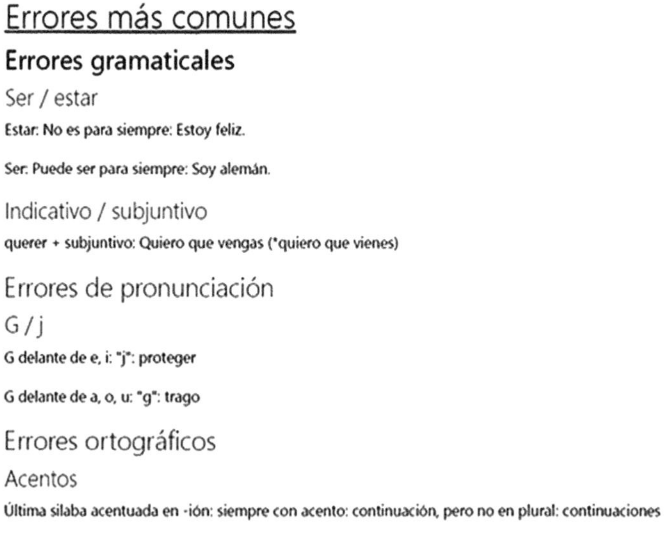

Errores más comunes

Errores gramaticales

Ser / estar

Estar: No es para siempre: Estoy feliz.

Ser: Puede ser para siempre: Soy alemán.

Indicativo / subjuntivo

querer + subjuntivo: Quiero que vengas (*quiero que vienes)

Errores de pronunciación

G / j

G delante de e, i: "j": proteger

G delante de a, o, u: "g": trago

Errores ortográficos

Acentos

Última sílaba acentuada en -ión: siempre con acento: continuación, pero no en plural: continuaciones

Abb. 7 Fehlerwiki im Spanischunterricht. (© Christian Alexander Gebhard)

5 Herausforderungen

Im Folgenden wird auf eine Umfrage unter Studierenden an einer kleinen Hochschule im eher ländlich geprägten Raum eingegangen. Ziel war es, die Zufriedenheit der Kursteilnehmenden mit dem digitalen Angebot und seiner Umsetzung zu erheben und Entwicklungsfelder zu identifizieren. Dies geschah vor dem Hintergrund der relativ plötzlichen notwendigen Umstellung auf Fernlehre. An dieser Stelle soll nur auf wenige Punkte eingegangen werden, die für die Einrichtung von Lernszenarien im digitalen Raum relevant sind und deswegen bei der Planung berücksichtigt werden müssen und die vor dem Hintergrund der Ergebnisse dieser Umfrage als Herausforderungen gelten. Zunächst soll auf technische Voraussetzungen und im Anschluss daran auf die allgemeine Offenheit gegenüber digitaler Lehre eingegangen werden.

Der Aussage über das Vorhandensein eines ruhigen Ortes für die Teilnahme an Onlineveranstaltungen stimmten rund 20 % nicht zu, darunter fünf Prozent gar nicht und 15 % nur mit Einschränkung zu. Bezüglich des Vorhandenseins einer sicheren Internetverbindung gaben insgesamt gut zwanzig Prozent der Befragten an, dass dies entweder gar nicht (ca. fünf Prozent) oder nur eingeschränkt (ca. 15 %) gegeben sei. Etwa zwölf Prozent gaben an, nicht oder nur eingeschränkt im Besitz eines geeigneten Endgeräts zu sein, um die erforderlichen Programme für Onlineveranstaltungen zu verwenden.

Zu Bedenken sollte eine Frage zur allgemeinen Beliebtheit von digitaler Lehre sein: Nahezu die Hälfte der Befragten gaben an, digitale Lehre im Allgemeinen nicht oder wenig gutzuheißen (ca. zwanzig Prozent stimmen gar nicht und ca. fünfundzwanzig Prozent stimmen ein wenig zu). Mehr als zwei Drittel der Teilnehmenden sahen in der Digitalisierung keine (etwa fünfundvierzig Prozent) oder nur eine geringe (etwa dreißig Prozent) Verbesserung der Qualität der Lehre. Diese beiden Fragen wurden zusätzlich zu konkreten Fragen zur technischen und medialen Gestaltung von Lehrveranstaltungen gestellt und drücken damit die allgemeine Haltung gegenüber digitaler Lehrangebote aus.

Trotz gewisser Mängel der statistischen Aufbereitung der Daten gibt die Umfrage ein grobes Bild über die allgemeine Haltung. Die Perspektive der Studierenden auf eine kurzfristig notwendig gewordene Digitalisierung zeigt, dass die Verbreitung und Akzeptanz des Lernens im digitalen Raum vor allem zwei Herausforderungen gegenüberstehen, die man zusammenfassend als Infrastruktur und Ansehen bezeichnen kann. Sicherlich könnten geschickte politische Entscheidungen zur Bewältigung beitragen, die an anderer Stelle diskutiert werden sollen. Da es sich bei der Umfrage eher um Gelegenheitsdaten handelt, die noch dazu in einem kleinen Adressatenkreis erhoben wurden, nämlich Studierende überwiegend wirtschaftswissenschaftlicher Studiengänge an einer kleinen Hochschule, kann keinesfalls von einem repräsentativen Charakter ausgegangen werden.

6 Zusammenfassung und abschließende Bemerkungen

Im hochschulischen Fremdsprachenunterricht für Teilnehmende aus allen Studiengängen hat es sich bewährt, den physischen mit dem digitalen Lernraum zu kombinieren. Dabei wird ein Mehrwert vor allem durch die örtliche und zeitliche Flexibilität des Letzteren in Form von frei gestalteten Kommunikationsmöglichkeiten mit Sprechenden der Zielsprache erreicht. Entfernte Orte werden dabei flexibel als unveränderte Realia oder zumindest Repräsentation der realen Lebenswelt in der Zielkultur in den Unterricht eingebunden, z. B. bei der Durchführung von Videotandems und im Rahmen von problemorientiertem Lernen. Die Kommunikation mit Zielsprachensprechenden, die orts- und zeitunabhängig erreicht werden können, stellt selbst einen der wichtigsten Lerngegenstände und Erlebnisse im Fremdsprachenunterricht dar. Schließlich können auch reflexive Aufgaben durch digitale Medien gewinnbringend geteilt werden. Das flexibel handhabbare Fehlerwiki ist hierfür ein Beispiel.

Eine besondere Ausstattung ist in den wenigsten Fällen notwendig, da die ohnehin allen zur Verfügung stehenden mobilen Endgeräte in der Regel über alle Möglichkeiten verfügen, mit entsprechenden Anwendungen kulturellen und sprachlichen Austausch im digitalen Raum zu pflegen. Viele Verlage bieten exzellente digitale Lehrwerke als Grundlage für Lehrszenarien im interkulturellen Kontext, darunter Hueber für viele Fremdsprachen und in letzter Zeit zunehmend Klett. Frei verfügbare Angebote im Internet, z. B. zum Erstellen von Vokabelkarten, aber auch Lernobjekte auf Lernmanagementplattformen wie Glossare oder die Datensammlungen und Datenbanken, runden das Angebot ab und sollten immer reflektiert und zielgerichtet eingesetzt werden. Neben der Vermittlung von fachlichen Inhalten ist auch die Pflege internationaler Kooperationen und damit eine Internationalisierung zu Hause ein durch digitale Medien ermöglichtes Ziel im (Fremdsprachen-) Unterricht. Gerade in Zeiten eingeschränkter Mobilität kommt Tandemprogrammen für den Austausch von Gruppen und Individuen eine besondere Bedeutung zu. Der Adressatenkreis kann dabei über den Kreis der Hochschule hinaus geöffnet werden und wie im digitalen Tandem unter Einbezug von Mitmenschen mit Migrationsgeschichte eine soziale Komponente annehmen.

Abschließend sei noch bemerkt, dass nach Exkursionen die Rückmeldung der Teilnehmenden meist zeigte, dass neben einem fachlichen Wissenszuwachs ein enormer Beitrag zur persönlichen Entwicklung erkannt wurde. Hochschulexkursionen nach China z. B. stellten für einige Teilnehmer die erste Fernreise dar. Gerade in diesem Personenkreis konnte beobachtet werden, dass die persönliche Entfaltung gefördert wurde und wichtige, prägende Erfahrungen gesammelt werden konnten: angefangen mit bürokratischen Formalitäten bei der Visumsbeschaffung oder der Einreise bis hin zu Situationen nahe der Verzweiflung, wenn schlichtweg keine Verständigung mit Gesprächsgegenübern vor Ort möglich war oder sich die Zutaten einer Speise nicht in Erfahrung bringen ließen. Die persönliche Erfahrung am distanten Lernort darf nicht unterschätzt und muss unbedingt gefördert werden.

Literatur

Donnerstag, Jürgen. 2007. Aufmerksamkeit. In *Metzler Lexikon Fremdsprachendidaktik. Ansätze – Methoden – Grundbegriffe*, 2. Aufl., Hrsg. C. Surkamp, 11. Stuttgart: J.B. Metzler.
Elstermann, Anna-Katharina. 2011. Teletandem Brasil-Alemanha: Línguas estrangeiras sem ronteiras. In *Linguística do português. Rumos e pontes*. Buchreihe Sprache – Kultur – Gesellschaft, Bd. 8, 465–482. Hrsg. W. Abraham und M. Arden. *München: Meidenbauer.*
Gebhard, Christian. 2016. Häufige Fehler erwachsener Lerner des Chinesischen im Anfängerstadium. In *CHUN Chinesisch Unterricht* 31: 30–50.
Gebhard, Christian. 2018a. Praxisbericht: Interkulturelles Video-Tandem an der Hochschule Ansbach. In Zeitschrift für Interkulturellen Fremdsprachenunterricht. Didaktik und Methodik im Bereich Deutsch als Fremdsprache 23: 149–154.
Gebhard, Christian. 2018b. Gesten im Chinesischunterricht. In *Die Neueren Sprachen 2016 für 2018*: 65–73.
Gebhard, Christian. 2019. Häufige Fehler in der schriftlichen Produktion erwachsener Lernender des Spanischen im Anfängerstadium. In *Kontrastive Pragmatik in Forschung und Vermittlung. Deutsch, Spanisch und Portugiesisch im Vergleich*, Hrsg. D. Reimann, F. Robles i Sabater und R. Sánchez Prieto, 265–286. Tübingen: Narr Francke Attempto.
Gebhard, Christian. 2020. Das Lernportfolio als Leistungsnachweis im Chinesischunterricht. *CHUN Chinesisch Unterricht* 35: 86–102.
Guder, Andreas. 2019. Weniger Strichfolge, mehr schriftliche Kommunikation: Zum Verhältnis zwischen Wortschatz und Schriftzeichen und zu Möglichkeiten einer Digitalisierung des Chinesischunterrichts. In *CHUN Chinesisch Unterricht* 34: 32–57.
Krashen, Stephen D. 1981. *Second Language Acquisition and Second Language Learning.* Oxford: Pergamon.
Krashen, Stephen D. 1982. *Principles and Practice in Second Language Acquisition.* Oxford: Pergamon.

Legutke, Michael. 2017. Lehr- und Lernort. In *Metzler Lexikon Fremdsprachendidaktik. Ansätze – Methoden – Grundbegriffe*, 2. Aufl., Hrsg. C. Surkamp, 203–206. Stuttgart: J.B. Metzler.
Lyster, Roy. 2007. *Learning and Teaching Languages Through Content. A counterbalanced approach.* Amsterdam/Philadelphia: John Benjamins Publishing Company.
Mertens, Jürgen. 2017. Aufgabenorientiertes Lernen. In *Metzler Lexikon Fremdsprachendidaktik. Ansätze – Methoden – Grundbegriffe*, 2. Aufl., Hrsg. C. Surkamp, 9–11. Stuttgart: J.B. Metzler.
Oser, F., Hascher, T. und Spychiger, M. 1999. Lernen aus Fehlern. Zur Psychologie des „negativen" Wissens. In *Fehlerwelten. Vom Fehlermachen und Lernen aus Fehlern. Beiträge und Nachträge zu einem interdisziplinären Symposium aus Anlaß des 60. Geburtstags von Fritz Oser*, Hrsg. Wolfgang Althof, 11–42. Wiesbaden: VS Verlag für Sozialwissenschaften.
Oser, Fritz und Spychiger, Maria. 2005. *Lernen ist schmerzhaft. Zur Theorie des negativen Wissens und zur Praxis der Fehlerkultur.* Weinheim: Beltz (Beltz-Pädagogik).

Dr. Christian Alexander Gebhard studierte Romanistik, Anglistik und Germanistik an der Friedrich-Alexander-Universität Erlangen-Nürnberg, erlangte dort den Magistergrad und bestand das erste Staatsexamen für das Lehramt an Gymnasien für die Fächer Englisch und Spanisch sowie Chinesisch als Erweiterungsfach. Nach seiner Promotion in Allgemeiner Sprachwissenschaft an der Humboldt-Universität zu Berlin unterrichtete er zunächst an der FAU, anschließend an der Universität Fuzhou in China und seit 2013 an der Hochschule für Angewandte Wissenschaften Ansbach in den Fachbereichen Interkulturalität und Fremdsprachen, wo er auch das China-Kompetenzzentrum leitet. Zu seinen Zusatzqualifikationen zählen unter anderem das Zertifikat Hochschullehre Bayern Profistufe sowie weitere Fremdsprachenkenntnisse.

Das Spielelabor der Hochschule München als Lehr- und Lernraum

Albert Köhler und Dominik Hanakam

Zusammenfassung

Zunächst erfolgt eine allgemeine Vorstellung des Spielelabors an der Fakultät für angewandte Sozialwissenschaften der Hochschule München. Im Anschluss wird die Selbstbestimmungstheorie nach Deci und Ryan als theoretische Grundlage vorgestellt. Darauf aufbauend werden die Besonderheiten des Spielelabors als Lehr-Lernort erläutert, in denen die besonderen Vernetzungsmöglichkeiten und Potentiale dieses Lehr-Lernraums, die drei Schwerpunkte Medienpädagogik, Gamification und eigene Spielentwicklung vor allem im Rahmen des Studiengangs Soziale Arbeit, als auch die besonderen Potentiale als Lehr-Lernraum und die beispielhaften Übertragungsmöglichkeiten auf die wirtschaftswissenschaftliche Lehre eine besondere Rolle spielen.

Schlüsselwörter

Realer und virtueller Lehr-Lernraum · Sozialwissenschaftliches Spielelabor der Hochschule München · Selbstbestimmungstheorie · Vernetzung · Lebens- und Lernwelten · Gamification · Spieleentwicklung

A. Köhler (✉) · D. Hanakam
München, Deutschland
E-Mail: albert.koehler@hm.edu

D. Hanakam
E-Mail: d.hanakam@hm.edu

1 Einleitung

„Beim Spiel kann man einen Menschen in einer Stunde besser kennenlernen als im Gespräch in einem Jahr." Platon (zitiert nach Knischek (2008, S. 45)

Computer- und Videospiele als Teil der virtuellen Welten[1] haben sich im Rahmen der Digitalisierung in den letzten 30 Jahren erheblich verändert. Sie wurden zunehmend zu einem Teil unseres Alltags. Früher waren Medienwelten durch die klassischen Medien Print, Hörfunk, Ton- und Videoträger und Fernsehen geprägt. (Baacke et al. 1990, S. 9) Spätestens durch die systematische und massenhafte Verbreitung des Heimcomputers Commodore C64 ab Mitte der 80er Jahre und dessen Nachfolgern vor allem in den Kinder- und Jugendzimmern, durch die systematische und flächendeckende Erschließung des Internets auch im privaten Bereich und die regelmäßige Erhöhung der Netzbandbreiten sind die virtuellen Welten ein zunehmender Bestandteil der Medienwelt geworden. Man kann in der heutigen Zeit vergleichsweise einfach in die virtuellen Parallelwelten eintauchen. (Holmer 2012, S. 157) Virtuelle Welten können entsprechend der Argumentation von Niklas Luhmann aus der Zeit der Mitte der 90er nicht nur für die klassischen Massenmedien und für die Thematik Spiel, sondern entsprechend auf die heutige Lebenswelt erweitert zu einer „Verdopplung der Realität" führen. (Luhmann 1996, S. 12, S. 67 f. und S. 77) Dabei ist die Verdopplung der Realität auf die Beobachter der Akteure zurückzuführen, die z. B. über den Inhalt des Mediums kommunizieren. (Luhmann 1996, S. 12 f.) Betrachtet man den Erfolg und die allgemeinen Übertragungszahlen mit 1,2 Mrd. Visits im Monat Juli 2021 (Statista 2021a) und 140 Millionenzuschauerstunden im Juli 2021 bei lediglich dem führenden beobachteten Spiel Grand Theft Auto V (Statista 2021b, S. 34) des von Amazon für knapp 1 Mrd. Dollar 2014 gekauften Live-Streaming-Video-Portals Twitch (Postinett 2014), so erkennt man einerseits die hohe Relevanz und das Bedürfnis nach Kommunikation und Austausch in und über die virtuellen Welten. Diese besondere Bedeutung der Kommunikation über die virtuellen Welten und die entsprechende Vernetzung sind essenzieller Bestandteil des offenen Lehr-Lernraums Spielelabor und verdeutlicht die grundsätzliche Stärke des Konzepts bzgl. dieses spezifischen offenen Lehr-Lernraums.

Auch das Spielen als professioneller E-Sport hat bei den Gesamtpreisgeldern die Milliarden-Dollar-Grenze überschritten und Einzelpersonen haben bereits die Millionengrenze an Preisgeldern erreicht. (Esportearnings 2021) In-Game-Käufe mit knapp 3,2 Mrd. Euro im Jahr 2020 in Deutschland zeigen die

---

[1] Für einen differenzierten Einblick über die Virtualität s. Kasprowicz, Dawid; Rieger, Stefan (Hrsg.). Handbuch Virtualität. 2020.

wirtschaftliche Potenz dieser Branche. (Statista 2021b, S. 31) Neben den vielfältigen Chancen lauern aber auch reale Gefahren in Form von simuliertem Glückspiel, Computerspielsucht, gewaltverherrlichenden Spielformen, erhöhter Delinquenzwahrscheinlichkeit und In-Game-Käufen. So war und ist es nur konsequent die Spielewelten in den relevanten Bereichen als Teil der akademischen (Aus-)Bildung aufzufassen und Studierenden an der Hochschule München einen besonderen Lehr-Lernort in Form eines Spielelabors anzubieten.

2 Entwicklung und Vorstellung des Spielelabors an der Hochschule München

Das Spielelabor der Hochschule München, das in Abb. 1 dargestellt ist, wurde im Jahr 2010 als Teil des Multimedia-Selbstlernzentrums an der Fakultät für angewandte Sozialwissenschaften ohne Sponsoring und Einflussnahme von außen gegründet.

Innerhalb der Fakultät ist das Thema Medienpädagogik seit den 90er Jahren ein relevanter Baustein im Studium der Sozialen Arbeit. Der weitere Ausbau des multimedialen Angebots in Bezug auf die digitale Spielwelt durch das Spielelabor u. a. mit Gaming-PCs, Konsolen und verschiedene Spielarten war eine konsequente Weiterentwicklung im Rahmen der zunehmenden Digitalisierung. Die pädagogische Zielsetzung des Game-Labs beruhte auf dem Grundsatz von

Abb. 1 Das Spielelabor der Hochschule München. (Eigene Darstellung)

Dieter Baacke u. a. „Lebenswelten sind Medienwelten." (Baacke et al. 1990, S. 7) Das Erleben von persistenten Welten, also virtuellen Welten, die zumindest grundsätzlich dauerhaft für den Spieler jederzeit verfügbar sind und partiell an die reale Welt angelehnt sind, war zum damaligen Zeitpunkt ein wesentlicher Bestandteil des Lehrangebots. Ein weiterer wichtiger Ausbildungsinhalt war und ist die neutrale Betrachtung der virtuellen Lebenswelten. Insbesondere zu Beginn des Mediatisierungsprozesses des Spielelabors war die Auseinandersetzung vor allem mit negativen Vorurteilen auch innerhalb der Sozialen Arbeit geprägt, die auch auf der Metastudie ‚PISA-Verlierer – Opfer ihres Medienkonsums' von Christian Pfeiffer u. a. des Kriminologischen Forschungsinstituts Niedersachsens von 2007 (Pfeiffer et al. 2007) und von Manfred Spitzer veröffentlichtem Bestsellerbuchtitel ‚Digitale Demenz' beruhten. (Spitzer 2012) Diese Vorurteile sollten abgebaut werden und auch die immanenten Chancen erkannt werden. (Hanakam und Köhler 2015, S. 80 ff.) Typische Vorurteile waren damals, dass virtuelle Spiele grundsätzlich keinen positiven Mehrwert bieten würden, oft gewaltverherrlichende Killerspiele seien und insbesondere von männlichen Außenseitern, auch exzessiv bis zur Suchtgefährdung genutzt werden.[2] Konkrete Vorurteile in Bezug auf das Spielelabor waren aus damaliger Verwaltungssicht, dass das Spielelabor eher als innovativer Pausen- und Aufenthaltsraum lediglich dem Freizeitspaß und der Unterhaltung der Studierenden dienen würde. Die mit der Mediatisierung verbundenen Risiken sind bis heute Teil der angewandten wissenschaftlichen Auseinandersetzung. Workshops und Seminare mit präventivem Charakter runden das Lehrangebot ab. In den 2010er Jahren hat sich das Thema Computer- und Videospiele durch den digitalen Fortschritt immer mehr zu einem alltäglichen Begleiter entwickelt. Die Mehrzahl der heutigen Studierenden im Bereich der Sozialen Arbeit kennen virtuelle Welten bereits aus ihrem Alltag. Dies hat entsprechend zu Veränderungen im Lehrangebot geführt. Den aktuellen Stand der verschiedenen Lehrveranstaltungen und Workshops wird beispielhaft in Tab. 1 aufgelistet zur Darstellung der Angebotsbandbreite.

Darüber hinaus gab es zwischenzeitlich auch eine Kooperation mit dem Lehrstuhl für Grundschulpädagogik an der Ludwig-Maximilians-Universität München auch im Rahmen von Lehrveranstaltungen durch das auch entsprechend den jeweiligen individuellen Anforderungen zusammenstellbare mobile Spielelabor in Form eines überdimensionalen Medienrucksacks bzw. großformatigen Medienkoffers mit eigenen Einheiten wie Spielkonsolen, Gaming Laptops, mobilen Bildschirmen zum Ausprobieren, Erfahren, Lernen und Eintauchen in die

---

[2] Zur allgemeinen damaligen Einschätzung und zur damaligen Risikobeurteilung s. auch Bayerisches Staatsministerium für Unterricht und Kultus (2006).

Tab. 1 Übersicht der Veranstaltungen im Spielelabor mit Typologisierung

Veranstaltungsname	Veranstaltungstyp
Digitale Spieleentwicklung	Lehrveranstaltung mit 2 Semesterwochenstunden
Bildung, Kultur, Medien	Lehrveranstaltung mit 3 Semesterwochenstunden
Creative Gaming	Lehrveranstaltung mit 2 Semesterwochenstunden
Faszination Computerspielewelten	Multiplikatoren-Workshop
Onlinewelten zwischen Leidenschaft und Sucht	Multiplikatoren-Workshop
Gewalt im Spiel – Fiktion oder Realität?	Multiplikatoren-Workshop
Medienkompetenzförderung anhand von Spielebaukästen	Multiplikatoren-Workshop

digitalen Welten. Das mobile Spielelabor war auch für die Prävention an Jugendeinrichtungen und Schulen in Form von Workshops, insbesondere als Multiplikatoren-Workshops konzipiert und war weniger nachgefragt für die Spielegestaltung. In Verbindung mit dem Spielelabor stehen auch eine Reihe von Fakultätsprojekten, die zielgruppenerweiternd in der Arbeit mit SeniorInnen sowie zu therapeutischen Zwecken durchgeführt werden.

3 Die Selbstbestimmungstheorie von Deci & Ryan als lehr-lerntheoretische Basis

Die Selbstbestimmungstheorie von Deci und Ryan basiert auf der Annahme, dass der Mensch die drei angeborenen und universellen psychologischen Bedürfnisse des Kompetenzerlebens, der sozialen Eingebundenheit und der Autonomie hat. (Deci und Ryan 1993, 2000; Ryan und Deci 2000) Die Erfüllung dieser Grundbedürfnisse steht im Zusammenhang mit intentionalen Handlungen der Menschen. Je stärker die Grundbedürfnisse erfüllt werden, desto stärker sind die Handlungen intrinsisch oder zumindest innerhalb der extrinsischen Motivation näher an der intrinsischen Motivation orientiert. Unterteilt wird nach der Regulationsart und dem wahrgenommenen Ort der Handlungskontrolle in sechs Stufen, wie dies in Tab. 2 dargestellt ist. Die Art der Motivation innerhalb des Motivationskontinuums hat entsprechende Wirkung auf die Ergebnisqualität und auf das Wohlbefinden der Personen. Die Theorie der Selbstbestimmung von Deci und

Ryan basiert wie viele Motivationstheorien auf dem Konzept der Intentionalität von Handlungen. Der wahrgenommene Ort der Handlungskontrolle (Locus of control) spielt dabei eine wichtige Rolle bezüglich der unterschiedlichen quantitativen Ausprägungen des motivierten Handelns, sodass die intentionalen Handlungen weiter differenziert werden können. (Deci und Ryan 2000, S. 224 f.) Dabei gehen Deci und Ryan davon aus, dass der Mensch die Tendenz hat, Regulationsmechanismen der sozialen Umwelt zu internalisieren, damit er zum einen sich mit anderen Menschen verbunden fühlt und zum anderen Mitglied der sozialen Umwelt wird. Die jeweilige Person übernimmt und integriert letztendlich Ziele und Verhaltensnormen in das eigene Selbstkonzept, sofern dies im Rahmen des akzeptierten sozialen Milieus möglich ist. Bei der Integration als stärkste Form innerhalb der extrinsischen Motivation werden z. B. die internalisierten Werte und Regulationsprinzipien dem individuellen Selbst eingegliedert. (Deci und Ryan 2000, S. 224 ff.)

Anknüpfend an die Selbstbestimmungstheorie zeigt die auf Big Data beruhende, 2021 erschienene Studie ‚Video game play is positively correlated with well-being' von Niklas Johannes u. a. die hohe Relevanz von Motivation und Wohlbefinden in Bezug auf Videospiele. (Johannes et al. 2021)

4 Die Besonderheiten des Spielelabors der Hochschule München als Lehr-Lernraum

Das Spielelabor der Hochschule München ist als offener Lehr-/Lernraum für Studierende konzipiert. Das Labor soll genügend Raum bieten, um neben den Lehrveranstaltungen und Workshops interessierten Studierenden die Möglichkeiten für eigene unabhängige Erfahrungen zu bieten. Neben allen gängigen Videospielkonsolen, Gaming-PCs und VR-Brillen finden die Studierenden auch Messinstrumente für Pulskontrolle, adaptive Controller sowie Kameratechnik, um sich und das Spielgeschehen für die spätere Analyse aufzeichnen zu können. In Deutschland gibt es sehr unterschiedliche Spielelabore mit unterschiedlichen Entstehungsgeschichten, Größen, Zielen und Verortungen. Das Game Lab an der Technischen Hochschule Köln bspw. ist eines der Größten seiner Art, das u. a. von dem börsennotierten Konzern und Spiele-Publisher Electronic Arts unterstützt wird und mittlerweile mehrere eigene Bachelor- und Masterstudiengänge anbietet, wie z. B. ‚3D Animation for Film & Games' und einen eigenen angeschlossenen Cologne Game Incubator besitzt. (Grosch 2019, S. 28 ff.; Cologne Game Lab 2021a, 2021b, 2021c, 2021d) An der Würzburger Uni gibt es

Tab. 2 Zusammenhang zwischen Selbstbestimmungstheorie (in Anlehnung an Ryan und Deci 2000, S. 237) und Gamification-Prozess

Verhalten	Nicht selbst bestimmend ──────────── selbst bestimmend					
Art der Motivation	Amotivation	Extrinsische Motivation				Intrinsische Motivation
Regulierungsart	Nicht reguliert	Externe Regulation	Introjektion (introjected regulation)	Identifikation (identified regulation)	Integration (integrated regulation)	Intrinsische Regulation
Wahrgenommener Ort der Kausalität	Unpersönlich	Von außen kommend	Bedingt von außen kommend	Bedingt von innen kommend	Von innen kommend	Von innen kommend
Gamification-Prozess	–					

ein Spielelabor am Lehrstuhl für Sportwissenschaften, an dem sich Sportwissenschaftler u. a. mit innovativen Spielgeräten beschäftigen und sich um die Konzeptionierung von Lehr- und Lernmaterialien kümmern. (Lange 2019) Das von der gleichen Person geführte externe Institut für Bewegungsbildung und Bewegungsforschung vergibt auch ein eigenes kommerzielles Qualitätssiegel zur Bestimmung des Bewegungs-, Lern- und Spielwerts von Bewegungsgeräten. (Lange 2020)

4.1 Vernetzung als systemorientierter Ansatz im Spielelabor

Die Vernetzung im und in Bezug auf das Spielelabor der Hochschule München spielt eine erhebliche Rolle und ist zentraler Bestandteil eines systemorientierten Ansatzes. Im realen Spielelabor erfolgt während den Lehrveranstaltungen die Vernetzung auch geschlechterübergreifend zwischen den Studierenden untereinander im realen und virtuellen Raum als auch mit den Dozierenden und gegebenenfalls den studentischen Hilfskräften des Spielelabors. Außerhalb der Lehrveranstaltungen besteht für die Studierenden die Möglichkeit eigenständig das Spielelabor zu nutzen. Innerhalb dieser freien Nutzung des Spielelabors stehen als niederschwelliges Angebot für Fragen und Hilfestellungen studentische Hilfskräfte des Spielelabors als auch Mitarbeiter des Bereichs Medien an der Fakultät zur Verfügung. Darüber hinaus hat sich gezeigt, dass die Vernetzung zwischen den Studierenden semesterübergreifend im Spielelabor, insbesondere auch bei heterogener Ausgangslage in der Welt der Spiele, von besonderer Bedeutung ist und auch besonders erwähnenswerte positive Eigendynamiken erzielt werden können, wie gruppendynamische Prozesse zur Gruppenbildung und zu Kooperationen. Auch der zum Teil häufige Wechsel zwischen dem physischen und dem virtuellen (globalen) Raum bieten vielfältige Kommunikationsanlässe, Reflexionsmöglichkeiten, bis hin zur subjektorientierten Co-Kreativität im Sinne von Gerald Hüther (Hüther 2018) beispielsweise im Gestaltungsprozess von Spielen. Das kreative Milieu innerhalb des Spielelabors ist je nach Person, Vorlieben und Wissensstand auch durch das von der jeweiligen Person selbst gesteuerte On And Off-Hopping zwischen den verschiedenen Welten des Virtuellen u. a. zum (gemeinsamen) Agieren und Entdecken auf der virtuellen Entdeckungstour und der realen Welt z. B. zum Innehalten oder Reflektieren innerhalb des Lehr-Lernraums geprägt. Vergleichbar ist dieser selbst gesteuerte Rhythmus wie beim On And Off-Hopping beim Touristenstadtbussen in einer Stadt, der die jeweiligen Touristen jederzeit an dem gewünschten Ort auf der Strecke aussteigen lässt zum Pausieren, Verweilen, Reflektieren, Diskutieren (einschließlich Aufhören) und auch auf Wunsch nach eigenem Rhythmus und nach eigener gewünschter Zeitdauer wieder mitnimmt auf die jeweilige Entdeckungs- und Lerntour.

Auch die Vernetzung mit Personen mit unterschiedlichen Erfahrungen innerhalb und außerhalb des realen Spielelabors und Einrichtungen wie Schulen bieten ein reichhaltiges Angebot zur Vernetzung von Theoretikern und Praktikern jeden Niveaus in der Welt der Spiele. Die Veränderung der Kapitalarten, soziales, kulturelles und ökonomisches als auch das übergeordnete symbolische Kapital nach Bourdieu (Bourdieu 1983, S. 183 ff., 1985, S. 11) durch den Wechsel in die virtuelle Welt ist zugleich eine neue gesellschaftliche Chance bei einer digitalen Teilhabe.

Die Potentiale bei der Nutzung des Spielelabors sind beispielhaft in Abb. 2 zu sehen. Sie verdeutlicht insbesondere die Chancen bei den sozialen Kompetenzen, die unter völlig anderen Umständen wie in der realen Welt mit den entsprechenden Kapitalformen nach Bourdieu verbessert bzw. aufgebaut werden können durch die digitale Teilhabe in Form eines Lehr-Lernraums à la Spielelabor, in dem die Karten in Bezug auf die Chancengleichheit auch teilweise neu verteilt werden können und auch in die Kapitalarten nach Bourdieu in digitaler Weise integriert bzw. die Kapitalarten erweitert werden können.

4.2 Die drei inhaltlichen Schwerpunkte im Spielelabor

Innerhalb des Spielelabors gibt es wie in Abb. 3 dargestellt die drei Schwerpunkte Medienpädagogik, Gamification und eigene Spielentwicklung, die den Lehr-Lernraum prägen.

4.2.1 Medienpädagogik

In der Medienpädagogik lassen sich mit einem mittlerweile bekannten Zitat und Buchtitel von Dieter Baacke, Uwe Sander und Ralf Vollbrecht „Medienwelten sind Lebenswelten" (Baacke et al. 1990) zum einen gut beschreiben, dass die Medien als Kommunikationsmittel bereits zumindest ab den 1990er Jahren zum alltäglichen Standard gehörten. Dreht man das Zitat um, so erhält man mit ‚Lebenswelten sind Medienwelten' einen anderen Charakter und bekommt die Chance für einen anderen Zugang zu virtuellen Räumen. Für den ersten Zugang steht zunächst das Kennenlernen dieser Lebenswelt innerhalb der Medienpädagogik im Vordergrund. Das Erleben dieser Welten ist somit ein zentraler Punkt. Die Studierenden sollen selbst Erfahrungen in den persistenten Welten machen

Verbesserung der Kommunikationsfähigkeiten einschließlich Gefühlsdarstellung
Verbesserung der Kooperationsfähigkeit
Verbesserung der Problemlösungsfähigkeiten
Verbesserung der Konfliktfähigkeit
Stärkung der Selbst- und Fremdbeobachtungsfähigkeiten
Schärfung der Wahrnehmung
Einblick in andere Wertvorstellungen
Erhöhung der Flexibilität und Offenheit
Stärkung des Selbstvertrauens
Erhöhung der Empathiefähigkeit
Reduzierung von Ängsten und Unsicherheiten
Förderung des kritischen Denkens
Förderung der Ausdauer
Förderung der Organisations- und Managementfähigkeiten

Abb. 2 Potentiale in virtuellen Welten und durch virtuelle Welten. (Eigene Darstellung)

Schwerpunkte des Spielelabors der Hochschule München		
Medienpädagogik	Gamification	Eigene Spieleentwicklung

Abb. 3 Schwerpunkte des Spielelabors. (Eigene Darstellung)

und dadurch u. a. die für das Spielerlebnis maßgeblichen Triggerpunkte herausfiltern und analysieren. Im Sinne von Baackes Verständnis von Medienkritik sollen die Spiele betrachtet und ausgewertet werden. (Baacke 1997, S. 98 f.) Die benötigten Basiskompetenzen Sensomotorik, Bedeutungszuweisungen und Regelkompetenzen für das Spielen von Computer- und Videospielen müssen je nach Erfahrungsgrad der Studierenden z. T. erst erlernt werden. Belohnungssysteme, Fortschrittsmanipulationen oder Pay2Win-Mechaniken finden sich mittlerweile in den meisten (kommerziell) erfolgreichen Spielen wieder. Diese Bereiche sind entsprechend herauszuarbeiten bzw. zu filtern, wie die positiven Aspekte, die durch das Spielen trainiert bzw. erlernt werden. Übergeordnet steht die affektive Dimension nach Stefan Aufenanger (Aufenanger 2003, S. 147 ff.), denn Spiele sollen vorrangig Spaß machen. Die direkte, praktische Auseinandersetzung mit den gebotenen Spielinhalten schafft Bewusstsein sowie besseres Verständnis für das Thema und bietet darüber hinaus Möglichkeiten, das neu Erlernte praktisch in der (sozial-)pädagogischen Arbeit anzuwenden. Wichtige Präventionsarbeitsgebiete und Angebote in sozialen Einrichtungen und Schulen zu den Themengebieten sind u. a. simuliertes Glücksspiel, Gewalt in Spielen als auch Computerspielsucht, die von der Weltgesundheitsorganisation seit 2018 in der 11. Revision des Katalogs der Internationalen Klassifikation der Krankheiten (ICD 11) als Verhaltenssucht geführt wird. (World Health Organization 2018)

4.2.2 Gamification

Im Teilbereich der Gamification steht das konzeptionelle Arbeiten durch die entsprechende Setzung von bekannten Motivatoren aus den Spielwelten z. B. in Form von Belohnungen, Selbstwirksamkeit und sozialer Eingebundenheit im Mittelpunkt. Durch die Zuhilfenahme dieser Mechanismen entstehen neue (didaktische) Konzepte, welche durch das spielerische Vermitteln von Lerninhalten geprägt sind. Ziel des Gamification-Prozesses ist es, auch im Rahmen des Motivationskontinuums möglichst weit in Richtung intrinsischer Motivation zu gelangen, wie dies in Tab. 2 durch den Gamification-Prozess dargestellt ist.

Zur Gestaltung des Gamification-Prozesses können entsprechend der in Kapitel 5, Tab. 3 dargestellten vereinfachten Bloom'schen Lern-Taxonomie (Bloom et al. 1956) (Krathwohl 2002), je nach Lernziel differenziert, anhand der nach Deci und Ryan bestimmten psychologischen Grundbedürfnisse nach Kompetenzerleben, sozialer Eingebundenheit und Autonomie verschiedene Gamification-Elemente eingesetzt werden. Dabei ist der Erfolg in Bezug auf Qualität des Lernprozesses nicht direkt an die Komplexität des Spielemechanismus gekoppelt, sodass auch einfache Spielmechanismen motivieren können.

Auch stellen sich Fragen der Übertragbarkeit von Kompetenzen von der virtuellen in die reale Welt, bspw. die Nutzung von langjährig erlernten Führungskompetenzen in Onlinewelten wie World of Warcraft, in denen es oftmals in Raids[3] (SeoRocket 2021) Gruppengrößen von in der Regel bis zu 30–40 Spielenden zu organisieren gilt. Auch die Gestaltung von analogen Escape Rooms oder im erlebnispädagogischen Projekt ‚vom virtuellen Rollenspiel zur Realisation im realen Wald' sind interessante Möglichkeiten, um Kompetenzen in die reale Praxis zu übertragen.

4.2.3 Spieleentwicklung

Für den Bereich ‚Spieleentwicklung' stehen im räumlich angrenzenden Medienlabor Workstations zur Medienproduktion zur Verfügung. Hier kann neben Software für 3D-Modeling, Bild- und Tonbearbeitung auch Hardware zur Videoaufzeichnung verwendet und zum Teil auch ausgeliehen werden für die Erstellung von z. B. FAQ-Videos, LetsPlays oder Reaction-Videos.

Verschiedene Online-Spielebaukästen bieten einen niederschwelligen Einstieg in das Thema digitale Spielentwicklung. Auch ohne Kenntnisse im Programmieren sind das Designen und Produzieren von kleineren Spielen dadurch möglich. Spieltheoretische Bezüge helfen beim Entwickeln der Spielidee. Neben der Spielidee gilt es auch den inhaltlichen Rahmen festzulegen und eine Dramaturgie zu gestalten, die entsprechend zur anvisierten Zielgruppe auf Balancing und Gameplay anzupassen ist.

Die Online-Spieleplattform ‚Roblox' ist ein geeignetes Beispiel, die insbesondere in der offenen Kinder- und Jugendarbeit Potentiale bietet. Der Zugang zur Spielewelt ist kostenlos und die Software lässt sich neben dem PC auch auf dem Smartphone oder Tablet bedienen. (Roblox Corporation 2021; Görig 2020; Gardt 2019) Das Spiel bietet den Usern die Möglichkeit eigene Spiele zu erschaffen, die wiederum von anderen Spielern gespielt werden können. Die einfache Art der Programmierung ist ein elementarer Bestandteil des Erfolgsrezepts, sodass viele der entwickelten Spiele von Kindern und Jugendlichen generiert werden. Durch die virtuelle Währung Robux (R$), welche auf der Plattform für reale Währung getauscht werden kann, können entwickelte Spiele sogar innerhalb der Plattform kommerzialisiert werden und realen Gewinn erwirtschaften. Seit Beginn der

---

[3] Der Begriff Raid, entlehnt von der ursprünglichen englischen Bedeutung für Überfall bzw. Raubzug, bezeichnet im Bereich des Gamings den üblicherweise mit 10–40 Personen umfassenden Zusammenschluss von SpielerInnen, die in einem Onlinespiel, meist in Massively Multiplayer Online Role-Playing Games, gemeinsam kämpfen gegen einen übermächtigen, von einem Spieler nicht bezwingbaren Gegner oder entsprechende Gegner auf einer bestimmten Spielfläche, z. B. in einer Stadt. (SeoRocket 2021).

Corona-Pandemie hat sich die Zahl der aktiven User pro Monat auf weltweit über 160 Mio. im Jahr 2020 erhöht. (Browning 2020) Der hohe Bekanntheitsgrad bei Kindern- und Jugendlichen sowie der einfache Zugang zur Spielewelt sind gute Voraussetzungen für praktische pädagogische Workshops mit der Zielgruppe.

Neben der Kinder- und Jugendarbeit lässt sich das Thema Spieleentwicklung aber auch gut auf andere Zielgruppen übertragen, wie z. B. in der Arbeit mit SeniorInnen und Menschen mit Einschränkungen. Kommerziell entwickelte Spiele haben oftmals die genannten Zielgruppen weniger im Blickfeld und sind insbesondere sensomotorisch eine Herausforderung. Die im Spielelabor vorhandenen Adaptive Controller bieten Möglichkeiten zur Optimierung besser nutzbarer Steuerungsmöglichkeiten für die Zielgruppe, um diese in eigens entwickelten Spielen auszuprobieren.

4.3 Lehr-lernortorientierte Potentiale durch das Spielelabor

In Bezug auf den Lehr-Lernort Spielelabor sind vor allem auch die Wechselmöglichkeiten zwischen den realen und virtuellen Welten besonders interessant. Gerade in diesem speziellen Lernort besteht im Gegensatz zur realen Welt die herausragende Chance, sich in der virtuellen Welt auszuprobieren, ohne dass die Sanktionsmechanismen der realen Welt in der gewohnten Weise greifen. Dieser Schonraum bietet eine immense Vielfalt in Bezug auf Kreativität, Lernen und auch Persönlichkeitsentwicklung. Die zusätzlichen Befriedigungsmöglichkeiten der psychologischen Grundbedürfnisse Kompetenzerleben, soziale Eingebundenheit und Autonomie nach Deci und Ryan in der Parallelwelt des Virtuellen kann zu einem höheren Level bzgl. Selbstbestimmung führen. Die im virtuellen Raum erreichten Kompetenzen können auch in die reale Welt direkt oder transformiert übertragen werden. In Bezug auf Motivation haben Deci und Ryan gezeigt, dass je stärker innerhalb eines Kontinuums von extrinsischer Motivation zur intrinsischen Motivation man sich in der Nähe der intrinsischen Motivation befindet, desto besser die Qualität des Lernens ist. (Deci und Ryan 1993, S. 234) Durch das bewusste Einsetzen von Avataren, der zielgerichteten Nutzung des Storytellings, der Verwendung von Abzeichen, insbesondere von Badges und Achievements zur Steigerung des Kompetenzerlebens, und der Einführung von Ranglisten vor allem zur Steigerung der sozialen Eingebundenheit als auch der Verwendung von sogenannten Easter Eggs, z. B. in Form von zunächst verborgenen und später zusätzlich freigeschalteten Spielelementen, können je nach gewünschter Verortung innerhalb der vereinfachten Lerntaxonomie nach Bloom (Bloom, et al. 1956)

(Krathwohl 2002) eine Veränderung innerhalb der Motivation erreicht werden, die sich bewusst oder unbewusst bemerkbar macht. Gerade für Lernschwächere können sich überproportional viele Möglichkeiten in der virtuellen Welt ergeben. Im Idealfall kann anhand der vereinfachten Bloom'schen Lerntaxonomie die jeweils gewünschten Levels definiert und ausgestaltet werden. In Tab. 3 ist die vereinfachte sechsstufige Lerntaxonomie nach Bloom mit der Selbstbestimmungstheorie verknüpft. (Brandenburgische Technische Universität Cottbus-Senftenberg 2019, S. 2) Dementsprechend können durch das Setzen von motivationssteigernden Elementen entsprechend der Grundbedürfnisse der Selbstbestimmungstheorie nach Deci und Ryan Kompetenzerleben, soziale Eingebundenheit und Autonomie höhere Niveaus erreicht werden.

5 Übertragungsmöglichkeiten für die wirtschaftswissenschaftliche Lehre

Ein über Jahre gewachsenes fachspezifisches Spielelabor lässt sich nicht eins zu eins in andere Bereiche übertragen. Es sind die jeweils gewünschten Ziele herauszuarbeiten und Einsatzmöglichkeiten zu prüfen.

Für die Wirtschaftswissenschaften einschließlich Wirtschaftspädagogik bestehen auf der Ebene der Nutzung von Spielen gemeinsame Nutzungsmöglichkeiten. Ein in der Sozialen Arbeit als auch in der BWL gemeinsam einsetzbares Computerspiel ist das preisgekrönte, 2015 offiziell von dem britischen Softwareentwickler Introversion Software als Release herausgegebene kommerzielle Aufbau-Strategie-Spiel Prison Architect. Bei Prison Architect ist die Zielsetzung als Gefängnisdirektor ein Gefängnis aufzubauen und zu verwalten. Dabei kann detailliert das Gefängnis mit verschiedenen Bereichen, wie z. B. Gefängniszellen, Außenanlagen, Küchen oder Gemeinschaftsräumen gestaltet werden als auch mit konkreten Gegenständen ausgestattet werden. Mit unterschiedlichen Mitteln, wie z. B. bei den detaillierten und individuellen Tagesplanungen der Gefängnisinsassen, werden die Stimmungen der Gefängnisinsassen beeinflusst, um Gefängnisausbrüche und Gewaltdelikte zu vermeiden oder zumindest zu reduzieren. Über jeden Gefängnisinsassen gibt es eine ausführliche Akte. Die Finanzierung des Gefängnisses erfolgt staatlich über die jeweiligen Gefängnisinsassen. Ergänzend gibt es noch die Möglichkeit im Ausbruchmodus die Rolle eines Häftlings einzunehmen, bei dem u. a. Clans und Gangs gegründet sowie Tunnels gegraben werden können als auch Gewalt gegenüber anderen Gefängnisinsassen als auch gegenüber Sicherheitskräften ausgeübt werden kann. (Sigl 2015; Cobbett 2018).

Tab. 3 Vereinfachte Bloom'sche Lerntaxonomie und Grundbedürfnisse der Selbstbestimmungstheorie (in Anlehnung an Brandenburgische Technische Universität Cottbus-Senftenberg, 2019, S. 2)

Lerntaxonomie	Didaktische Elemente	Allgemein	Kompetenzerleben	Soziale Eingebundenheit	Autonomie
Wissen	Einführung in die Arbeit am neuen Inhalt, lernen verstehen, im Lernkontext ankommen; zu vermittelnde Lerninhalte rezipieren; erinnern, erkennen	Avatar, Onboarding, Storrytelling/Thema, Wegweiser, Fortschrittsanzeige	Challenges (z. B. Quests, Boss Battle), Level, Erfahrungspunkte, Wettbewerbe	Wissen teilen	Easter Eggs, Erkundungen, ausgewählte Informationsfreischaltungen
Verstehen	Arbeit an neuem Inhalt (interpretieren, zusammenfassen); durcharbeiten, entdecken und verstehen; Vorstellungen entwickeln	Storytelling/Thema; Fortschrittsanzeigen/ Feedback, Neugierde, Wegweiser	Challenges, Level (z. B. mit Zeitbegrenzung)		Easter Eggs, Erkundungen

(Fortsetzung)

Tab. 3 (Fortsetzung)

Lerntaxonomie	Didaktische Elemente	Allgemein	Kompetenzerleben	Soziale Eingebundenheit	Autonomie
Anwenden	Festigen/ wiederholen, üben und anwenden (benutzen, implementieren, bearbeiten, lösen), Lernprodukt erstellen	Zeitdruck	Abzeichen, Erfahrungspunkte, Herausforderungen	Ranglisten, Teams, Wissen teilen	Kreativität
Analysieren	Systematisieren, strukturieren, vergleichen, unterscheiden und auswählen, kritisieren, integrieren, testen, experimentieren	Storytelling/Thema, Zeitdruck, Neugierde	Challenges (Quests), Abzeichen, Erfahrungspunkte, virtuelle Wirtschaft	Wissen teilen, Ranglisten, sozialer Druck	Verzweigungsauswahl, ausgewählte Informationsfreischaltungen, Easter Eggs, Erkundungen, Kreativität
Synthetisieren	Sichern und vernetzen, transferieren, festigen, lehren, erklären (Transfer), erfinden, planen, entwickeln, entwerfen, konstruieren, bewältigen	Storytelling/Thema, Zeitdruck (bewältigen)	Abzeichen Erfahrungspunkte, Challenges (Quests, Boss Battle)		Kreativität

(Fortsetzung)

Tab. 3 (Fortsetzung)

Lerntaxonomie	Didaktische Elemente	Allgemein	Kompetenzerleben	Soziale Eingebundenheit	Autonomie
Evaluieren	Entscheiden und auswählen, prüfen, kontrollieren, (be)werten, reflektieren, beurteilen, Feedback, argumentieren		Abzeichen, Erfahrungspunkte, Challenges (Quests, Boss Battle)	Ranglisten, Wissen teilen	Voting, Kreativität, ggf. Anonymität ermöglichen

Auch wenn die Themen und Ziele jeweils unterschiedlich sind. Innerhalb der sozialen Arbeit werden z. B. die Themen des Gefängnisses als totale Institution und Resozialisierung als Schwerpunkt, insbesondere auch durch die neue Spielvariante Second Chance, gesetzt. In der Betriebswirtschaftslehre werden im Rahmen von Prison Architect eher verstärkt die Themen Organisationsmanagement, Gewinnmaximierung und Führen von Menschen im Vordergrund stehen.

Das preisgekrönte, 2011 erschienene Computerspiel Anno 2070 ist ein Aufbauspiel aus der Serie Anno, das von den deutschen Entwicklerstudios Related Design und Blue Byte entwickelt wurde und von Ubisoft herausgegeben wird. Ziel ist es auch, Gegenden zu erkunden und Städte zu erschaffen bzw. aufzubauen und die Warenkreislaufsysteme zu gestalten. (UBISOFT 2021)

Das Computerspiel Anno 2070 kann für den Bereich der Wirtschaftswissenschaften zielführend eingesetzt werden. Mit seinen verschiedenen spielbaren sogenannten Fraktionen der Ecos und Tycoons in Anno 2070 kann Nachhaltigkeit insbesondere durch Vergleiche der Geschäftsmodelle in der ökologischen und klassischen Betriebswirtschaft differenziert thematisiert werden. Auch Produktionsketten und betriebs- und volkswirtschaftliche Aspekte der Globalisierung können intensiv dargestellt, erlebt und reflektiert werden. Das Computerspiel Anno 2070 bietet auch einen hervorragenden Ansatzpunkt zur Darstellung der Pluralität in der Betriebswirtschaftslehre bezüglich Menschenbilder, Wertvorstellungen und Zielvorstellungen in Wirtschaft und Gesellschaft. In Bezug auf die Wissenschaftstheorie in den Wirtschaftswissenschaften bieten sich konkret beispielsweise die sich über Anno 2070 anschaulich darstellbaren und gut reflektierbaren Paradigmata der ökologisch-orientierten, entscheidungsorientierten bzw. verhaltenswissenschaftlichen Betriebswirtschaftslehre, der systemorientierten Managementlehre als auch der Neoklassik nahestehenden Betriebswirtschaftslehre an.[4] Mithilfe des Einsatzes von Anno 2070 kann durch Reflexionsmöglichkeiten beigetragen werden zu einer verbesserten betriebswirtschaftlichen Metakognition bei Betriebswirtschaftsstudierenden. So können auch die notwendigen fachlichen Fundamente für ein kritisch-konstruktives Verständnis innerhalb der Betriebswirtschaftslehre gelegt werden. (Schanz 2019) Basierend auf diesem pluralistischen Verständnis innerhalb der Betriebswirtschaftslehre können auch soziale, ökologische und ethische Aspekte integrativer Bestandteil des BWL-Studiums sein anstatt eindimensionaler Fach- und Paradigmatavermittlung.

Anhand der Spieleplattform Roblox (Roblox Corporation 2021) können z. B. die Bereiche Start-Ups, Entrepreneurship sowie Analyse und Gestaltung als

---

[4] Zu den Paradigmata der BWL s. Schanz (2019).

auch Veränderungen von digitalen Geschäftsmodellen, insbesondere die strategische Geschäftsmodelländerung von einem virtuellen Physikexperimentierlabor zur offenen Spiele(gestaltungs)plattform thematisiert werden. Für den Bereich der Wirtschaftspädagogik können bspw. ebenfalls Gamification und Spieleentwicklung zu besonderen Schwerpunkten entwickelt werden.

Entscheidend sind und bleiben beim Einsatz des Spielelabors in der Sozialen Arbeit als auch in den Wirtschaftswissenschaften die vorherigen konzeptionellen Überlegungen und die Festlegung der jeweiligen Ziele, um dann im weiteren Schritt die jeweiligen Schwerpunkte, Tools und Spiele auszuwählen. Auch der Einsatz von vorbereiteten Speicherpunkten kann unterstützend zur thematischen Fokussierung im Lehr-Lernraum wirken.

6 Zusammenfassung und Ausblick

Als Ausgangslage wurde das Spielelabor der Hochschule München, das an der Fakultät für angewandte Sozialwissenschaften beheimatet ist, vorgestellt und deren Entwicklung aufgezeigt. Als theoretische Grundlage wurde u. a. die Selbstbestimmungstheorie gewählt, die als Basis dient für die Beschreibungen der Besonderheiten als Lehr-Lernraum in Bezug auf Vernetzung, kreativem Milieu, den drei Schwerpunkten Medienpädagogik, Gamification und eigene Spielentwicklung, insbesondere im Studiengang Soziale Arbeit. Die dargestellten Übertragungsmöglichkeiten auf die Wirtschaftswissenschaften bieten einen Einblick in weitere Nutzungsmöglichkeiten bzgl. eines Spielelabors als Lehr-Lernraum und bietet Anregungen zur Einführung dieses Lehr-Lernraum-Typs in andere Kontexte und leistet einen Beitrag für Diskussionen im Rahmen des zunehmenden digitalen Lernens.

Literatur

Aufenanger, Stefan. 2003. „Die Bedeutung der Familie für die Entwicklung der Medienkompetenz von Kindern." *Zeitschrift für Familienforschung*, 15 (2): 146–153.
Baacke, Dieter. 1997. *Medienpädagogik. Nachdruck 2013*. Tübingen: Niemeyer.
Baacke, Dieter, Uwe Sander, und Ralf Vollbrecht. 1990. *Lebenswelten sind Medienwelten: Medienwelten Jugendlicher.* Bd. 1. Opladen: Leske und Budrich.
Bayerisches Staatsministerium für Unterricht und Kultus. 2006. *Medienwelten: Kritische Betrachtung zur Medienwirkung auf Kinder und Jugendliche*. München: Eigenverlag.

Bloom, Benjamin (Hrsg.), Max Engelhart, Edward Furst, Walker Hill, und David Krathwohl. 1956. *Taxonomy of Educational Objectives: The Classification of Educational Goals.* London: Longmans.

Bourdieu, Pierre. 1983. Ökonomisches Kapital, kulturelles Kapital, soziales Kapital. In *Soziale Ungleichheiten (Soziale Welt Sonderband 2),* von Reinhard Kreckel, 183–198. Göttingen: Schwartz.

Bourdieu, Pierre. 1985. *Sozialer Raum und ‚Klassen'- Zwei Vorlesungen.* Frankfurt: Suhrkamp.

Brandenburgische Technische Universität Cottbus-Senftenberg. 2019. Gamification in der Lehre. https://www-docs.b-tu.de/elearning/public/20191125_Gamification_MT.pdf (Zugriff am 16. 8. 2021).

Browning, Kellen. 2020. *Where has Your Tween Been During the Pandemic? On This Gaming Site.* https://www.nytimes.com/2020/08/16/technology/roblox-tweens-videogame-coronavirus.html (Zugriff am 16. 8. 2021).

Cobbett, Richard. 2018. *Prison Architect Review.* https://www.ign.com/articles/2015/10/06/prison-architect-review (Zugriff am 16. 8. 2021).

Cologne Game Lab. 2021a. *About.* https://colognegamelab.de/about/https://colognegamelab.de/about/institute/ (Zugriff am 16. 8. 2021).

Cologne Game Lab. 2021b. *Cologne Game Incubator.* https://colognegamelab.de/about/cgl-cologne-game-incubator/about-the-incubator/ (Zugriff am 16. 8. 2021).

Cologne Game Lab. 2021c. *Study Programs.* https://colognegamelab.de/study-programs/ (Zugriff am 16. 8. 2021).

Cologne Game Lab. 2021d. *The Cologne Game Lab.* https://colognegamelab.de/about/institute/ (Zugriff am 16. 8. 2021).

Deci, Edward, und Richard Ryan. 2000. The „What" and „Why" of Goal Pursuits: Human Needs and the Self-Determination of Behavior. *Psychological Inquiry,* 11 (4): 227–268.

Deci, Edward, und Richard Ryan. 1993. Die Selbstbestimmungstheorie der Motivation und ihre Bedeutung für die Pädagogik. *Zeitschrift für Pädagogik,* Bd. 39 (2): 223–238.

Esportearnings. 2021. *Esport Earnings.* www.esportsearnings.com (Zugriff am 16. 8. 2021).

Gardt, Martin. 2019. *Roblox: Wie das 15 Jahre alte Spiel erfolgreicher als Fortnite und Minecraft werden konnte.* https://omr.com/de/roblox-erfolg-erklaert/ (Zugriff am 16. 8. 2021).

Görig, Carsten. 2020. *Kinder im Netz: Was ist eigentlich Roblox?* https://www.spiegel.de/netzwelt/games/roblox-der-heimliche-spielekoenig-a-f0313edc-59e7-4726-a870-901295e38627 (Zugriff am 16. 8. 2021).

Grosch, Werner. 2019. Wenn die Spiele-Welt nach Köln kommt. *Inside out,* 2019 (2): 28–30.

Hanakam, Dominik, und Albert Köhler. 2015. Kompetenz für Fachkräfte: Das Spielelabor an der Hochschule München. *Archiv für Wissenschaft und Praxis der sozialen Arbeit,* 2015 (2): 80–84.

Holmer, Sebastian. 2012. *Die Grenzen persistenter Welten – Strategien der immersive environments.* In: Virtuelle und ideale Welten. Ulrich Gehmann (Hrsg.): 157-168. Karlsruhe: KIT Scientific Publishing.

Hüther, Gerald. 2018. *Co-creativity and Community.* Göttingen: Vandenhoeck & Ruprecht.

Johannes, Niklas, Matti Vuorre, und Przybylski Andrew. 2021. *Video game play is positively correlated with well-being.* Royal Society Open Science. 8. 202049. https://doi.org/https://doi.org/10.1098/rsos.202049. (Zugriff am 16. 8. 2021).

Kasprowicz, Dawid, und Stefan Rieger. 2020. *Einleitung.* In: Handbuch Virtualität, von Dawid Kasprowicz und Stefan Rieger (Hrsg.), 1–22. Wiesbaden: Springer VS.

Knischek, Stefan. 2008. *Lebensweisheiten berühmter Philosophen.* 7. Aufl. Hannover: Humboldt.

Krathwohl, David. 2002. *A Revision of Bloom's Taxonomy: An Overview Theory into Practice.* 41. Ausg.: 212–218.

Lange, Harald. 2020. *Qualitätssiegel.* https://bewegungsinnovation.de/ (Zugriff am 16. 8. 2021).

Lange, Harald. *Würzburger Spielelabor erforscht: Was ist gutes Spielzeug?* 2019. https://www.uni-wuerzburg.de/aktuelles/einblick/single/news/wuerzburger-spielelabor-erforscht-was-ist-gutes-spielzeug/ (Zugriff am 16. 8. 2021).

Luhmann, Niklas. 1996. *Die Realität der Massenmedien.* 5. Aufl. (2017). Wiesbaden: Springer VS.

Pfeiffer, Christian, Thomas Mößle, Matthias Kleimann, und Florian Rehbein. 2007. *Die PISA-Verlierer – Opfer ihres Medienkonsums.* Hannover: Kriminologisches Forschungsinstitut Niedersachsen.

Postinett, Axel. 2014. *Amazon kauft Twitch: Von Null auf eine Milliarde in drei Jahren.* https://www.handelsblatt.com/unternehmen/it-medien/amazon-kauft-twitch-von-null-auf-eine-milliarde-in-drei-jahren-/10607794.html%3Fticket%3DST-9083524-oXNmHG1ZOssGq5UGXyqD-ap6 (Zugriff am 16. 8. 2021).

Roblox Corporation. 2021. *Powering Imagination.* https://corp.roblox.com/de/ (Zugriff am 20. 8. 2021).

Ryan, Richards, und Edward Deci. 2000. *Self-Determination Theory and the Facilitation of Intrinsic Motivation, Social Development, and Well-Being.* American Psychologist, 55(1): 66–78.

Schanz, Günther. 2019. *Die BWL-Story – Entwicklungsstadien einer Wissenschaft.* München: UVK.

SeoRocket. 2021. *Raid (Computerspiel).* https://dewiki.de/Lexikon/Raid_(Computerspiel) (Zugriff am 16. 8. 2021).

Sigl, Rainer. 2015. *Prison Architect im Test: Wir bauen einen Todestrakt.* 2015. https://www.derstandard.at/story/2000024132788/prison-architect-im-test-wir-bauen-einen-todestrakt (Zugriff am 16. 8. 2021).

Spitzer, Manfred. 2012. *Digitale Demenz: wie wir unsere Kinder um den Verstand bringen.* München: Droemer.

Statista 2021a. *Gesamtpreisgelder der höchstdotierten eSports-Turniere weltweit bis April 2021 (in Millionen US-Dollar).* April 2021. https://de.statista.com/statistik/daten/studie/261931/umfrage/preisgelder-der-hoechstdotierten-esports-turniere/ (Zugriff am 20. 8. 2021).

Statista 2021b. *Videospiele.* https://de.statista.com/download/MTYyOTcxODgyMyMjOTA0ODgjIzcxNzcjIzEjI251bGwjI1N0dWR5 (Zugriff am 16. 8. 2021).

UBISOFT. 2021. *Anno 2070.* https://www.ubisoft.com/de-de/game/anno/anno-2070 (Zugriff am 16. 8. 2021).

World Health Organization. 2018. *Addictive Behaviors: Gaming disorder.* https://www.who.int/news-room/q-a-detail/addictive-behaviours-gaming-disorder (Zugriff am 16. 8. 2021).

Albert Köhler studierte BWL und Wirtschaftspädagogik u. a. an den Universitäten München, Innsbruck, Edinburgh Napier University und University of California, Berkeley. Seit 2013 ist er wissenschaftlicher Mitarbeiter an der Fakultät für Betriebswirtschaft der Hochschule München und lehrt(e) u. a. in den Studiengängen Betriebswirtschaft und Management für soziale Innovationen. Zu Gamification, digitalen Welten und Spielelabor (Game Lab) forscht und veröffentlicht er seit 2015. 2017 wurde er für den „Oskar der Lehre" nominiert.

Dominik Hanakam beschäftigt sich seit 2009 als diplomierter Sozialpädagoge (FH) auch beruflich mit dem Thema digitale Lebenswelten. 2009 war er Initiator und Mitbegründer des Game Lab an der Hochschule München, Fakultät für angewandte Sozialwissenschaften am Campus Pasing. Seitdem begleitet er u. a. angehende Sozialpädagog:innen, Schulen, soziale Einrichtungen sowie Eltern und Kinder beim Entdecken von virtuellen Räumen, deren Möglichkeiten sowie potentiellen Gefahren.

Nutzung von Le(e/h)rräumen für interdisziplinäre forschungsnahe Lehre

Johannes Lang und Holger Repp

Zusammenfassung

Die umfassende und sekundenschnelle online-Verfügbarkeit digitaler Inhalte hat die Vorgehensweisen bei der Informationsbeschaffung sowohl während des Studiums als auch im Berufsleben drastisch verändert. Daher ist es wichtig, im Studium Kompetenzen hinsichtlich digitaler Methoden und Techniken und deren Einsatz in interdisziplinärer Kommunikation und beim wissenschaftlichen Arbeiten zu entwickeln. Bisher ist allerdings der „Le(e/h)rraum" der forschungsnahen Lehre im strukturierten Zusammenspiel verschiedener Disziplinen und Fachrichtungen im Hochschulbereich nur wenig genutzt bzw. „leer". Dabei bietet er ein großes Potential für die Vermittlung von interdisziplinären, -professionellen und -kulturellen Kompetenzen und Fähigkeiten. Empfehlungen und mögliche Bestandteile zur Nutzung eines solchen Le(e/h)rraums werden aufgezeigt und anhand des forschungsnahen Lehr- und Lernprojekts „(Natur)Wissenschaft und Technik in der Medizin – NWTmed" an der Justus-Liebig-Universität Gießen erläutert.

Schlüsselwörter

Forschungsnahe Lehre • Wissenschaftliche Kompetenzen • Digitale Kompetenzen • Interdisziplinarität • Interprofessionalität • Internationalität

---

J. Lang (✉) · H. Repp
Justus-Liebig-Universität Gießen, Gießen, Deutschland
E-Mail: johannes.lang@dekmed.jlug.de

H. Repp
E-Mail: holger.repp@dekmed.jlug.de

1 Einleitung

Wir befinden uns gerade in einem interdisziplinären Seminar mit Medizin- und Physikstudierenden. „In der kommenden Lehreinheit beschäftigen wir uns mit Plasma. Wem fällt hierzu spontan etwas ein?" „Plasma? Bestandteil des Blutes, neben der Blutspende gibt es z. B. auch eine Plasmaspende", sagt ein Medizinstudent. „Nee, Plasma ist ein Gas, in dem Atome im ionisierten Zustand vorliegen. Wird auch als vierter Aggregatzustand bezeichnet", entgegnet eine Physikstudentin.

Diese kleine exemplarische Episode lässt erahnen, dass Sprachgebrauch, Hintergrundwissen, aber auch Habitus, Methoden und Herangehensweisen sich manchmal gar eklatant in den unterschiedlichen Disziplinen unterscheiden können, auch im Sinne der Fachidentitäten. Zur Herausforderung wird dies, wenn AbsolventInnen sich im späteren Berufsleben in interdisziplinär und -professionell sowie -kulturell zusammengesetzten Teams wiederfinden. Welche Kompetenzen braucht man, wenn man sich in ein translationales Forschungs- oder Entwicklungsprojekt, das sich über viele Fachrichtungen erstreckt, möglichst „reibungsfrei" einbringen muss? Wir sollten unsere Studierenden auf eine solche (Arbeits-)Welt vorbereiten und ihnen einen effizienten Einstieg ohne unnötige Reibung und damit verbundene „Reibungsverluste" vorbereiten. An dieser Stelle eines interdisziplinären, an der Forschung orientierten Lehrraums befindet sich leider nur zu oft ein Leerraum, den es zu nutzen und zu füllen gilt.

2 Le(e/h)rräume

Leerräume in Lehrräumen können sich nach unserer Einschätzung insbesondere in Bereichen zwischen

- (Fach)Disziplinen
- Berufsgruppen
- Theorie und Praxis
- formaler Ausbildung und tatsächlichem Berufsleben

ergeben. Diese ungenutzten *Le(e/h)rräume* resultieren aus tradierten Studiengangsstrukturen, der ohnehin zu hohen Dichte an zu vermittelndem Wissen und/ oder Kompetenzen oder der Nicht-Verfügbarkeit von strukturellen oder personellen Ressourcen. Doch sind es gerade die Lehrräume der Hochschulen, die durch übergeordneten Kontext und authentische Problemstellungen den sozialen Austausch, die Charakterbildung sowie den Ausdruck und die eigene Reflexion fördern (Wildt 2011). Dies sind Attribute, die für die berufliche Laufbahn nach Absolvieren etwa eines grundlagenwissenschaftlichen Studiums unerlässlich sind. Lehrräume in der Hochschullehre sind aber zudem nicht statisch und unterliegen einem eigenen Wandel, welcher z. B. von dem Wandel der folgenden Größen beeinflusst werden kann

- der Schwerpunkte des Fachgebiets
- der im Fachgebiet verwendeten Methoden
- der eingesetzten Lehrtechniken
- der Anforderungen an die AbsolventInnen
- der institutionellen Begebenheiten.

Um einem solchen Wandel zu begegnen, ist es für die Lehrenden und die Hochschulen wichtig, eine gewisse „Agilität" in der Lehre und auch in den Prüfungsformaten zu gewähren und auch zu gewährleisten (Arn 2016).

Lehrräume sollten zudem dem Umstand Rechnung tragen, dass das verfügbare und vorausgesetzte Wissen eines Fachgebiets einerseits stetig anwächst und andererseits durch Online-Dienste oder mobile Endgeräte ständig abrufbar ist. So, wie die Hochschullehre ihre Blickweise „vom Lehren zum Lernen" (Wildt 2005) weiten sollte, so ist auch ein Umdenken „vom Wissen zum Können" erforderlich, um essentielle Kompetenzen zu entwickeln. An dieser Stelle seien genannt

- Kompetenz im Umgang mit verfügbaren Daten und Wissen und deren Herkunft
- wissenschaftliche Kompetenzen und Herangehensweisen
- (Digital-)Methoden-Kompetenz
- Kommunikative Kompetenz
- soziale und Team-Kompetenz

Obwohl die „Generation Smartphone" in bestimmten Bereichen des Internet und der sozialen Kommunikation starke Kompetenzen aufweist, so bedarf es doch mehr, um eine hinreichende digitale Kompetenz und eine „data literacy", also einen versierten Umgang mit Daten auszubilden (Puetz und Doeringer 2015; Kuhn et al. 2018; Lang und Repp 2020a). Konfrontiert mit Methoden von Big Data und Künstlicher Intelligenz sowie Anstrengungen zu Neuerungen wie etwa der Telemedizin im Gesundheitsbereich, müssen die aktuellen Studierenden diese Methoden und Aspekte in naher Zukunft in ihrem Berufsleben anwenden und voranbringen. Damit und mit der künftigen Weiterentwicklung der Methoden verknüpft, ist der Erwerb von wissenschaftlichen Kompetenzen nicht nur für die forschende, sondern auch für die berufspraktische Tätigkeit (GMA 2019; Lang und Repp 2020a) immens wichtig. Diese wiederum bedürfen interdisziplinärem Verständnis sowie der Fachgebiets-übergreifenden Kommunikation und Zusammenarbeit (Heinz et al. 2019; Wildt 2005).

Wie elementar wichtig die Ausbildung von Kompetenzen für eine nachhaltige und soziale globale Gesellschaft ist, haben 2005 die OECD Bildungsminister auf folgende motivierende und zugleich alarmierende Weise zusammengefasst:

"Sustainable development and social cohesion depend critically on the competencies of all of our population – with competencies understood to cover knowledge, skills, attitudes and values." (OECD 2005).

3 Konstrukt der interdisziplinären forschungsnahen Lehre

Im heutigen Zeitalter sind wissenschaftliche Kompetenzen untrennbar mit digitalen Kompetenzen verknüpft. Es ist deshalb wichtig, Studierende mit Organisations- und Kommunikationsstrukturen vertraut zu machen, so, wie sie beispielsweise in kernphysikalischen Großexperimenten mit vielen hunderten internationalen Beteiligten eingesetzt werden. Die Kompetenz „Vernetzungsfähigkeit" ist ein wichtiger Faktor etwa auch in der wachsenden Anwendung von Telemedizin kombiniert mit der professionellen Umsetzung von Evidenz-basierter Medizin, wie sie selbstverständlich auch außerhalb von Kliniken der Maximalversorgung im ärztlichen Alltag „auf dem Lande" praktiziert werden sollte. Als Lehrräume ist die strukturierte Nutzung unterschiedlicher Lehrformate und Lernszenarien ein Schlüssel dazu, einen langfristigen und handlungs-orientierten Lehr- und Lernerfolg zu erzielen (Tremp und Hildbrand 2012). Die Motivation der Studierenden, der positive emotionale Zugang (Jaencke 2014) zu den oftmals abstrakt erscheinenden Inhalten sowie das gemeinsame interdisziplinäre Lernen (Al-Sugri et al. 2018) sind dabei unerlässliche Voraussetzungen für ein effektives und effizientes Lernen und eine ausgeprägte Selbstlernkompetenz (Voss 2009).

Die folgenden Aspekte mögen als Leitfaden für eine interdisziplinäre und forschungsnahe Lehre dienen:

1. „Forschungsgeleitet Lehren – Forschend Lernen" (GMA 2018) oder „die Einheit von Forschung und Lehre" nach Wilhelm von Humboldt (Wulf 2016; MDN 2019) sind aktuell (und immer noch) sinnhafte Ansätze, die enorm zur Qualität von beidem – Forschung und Lehre – beitragen können. Wissenschaft bleibt dabei im besten Falle nicht abstrakt theoretisch, sondern die

Studierenden erleben diese auf authentische Weise und auch komplementär zu digital-verfügbarem Wissen (Draeger und Mueller-Eiselt 2015) und können ihren eigenen wissenschaftlichen Beitrag an der Schnittstelle von Theorie und Praxis leisten, wodurch ein hoher Grad an Forschungskompetenz ermöglicht wird (Brendel et al. 2019; Wildt 2011). Stets gilt es, im Lehrszenario abzuwägen, ob die Inhalte und Ergebnisse im Vordergrund stehen oder eben die Forschungsprozesse, und ob die Studierenden eher Konsumierende oder aktiv Mitwirkende sind (Huber 2014; Healey 2005).
2. Strukturierte Nutzung unterschiedlicher Lehrformate, um einen langfristigen und handlungs-orientierten Lehrerfolg zu gewährleisten, wie in den Vorschlägen des „Zürcher Frameworks zur Verknüpfung von Lehre und Forschung" (Tremp und Hildbrand 2012) skizziert. Dies bringt ein breites Portfolio von Lehrveranstaltungen unterschiedlichster Formate mit sich, wie (Ring)Vorlesung, Seminar, Praktikum, Patientenvorstellung, Laborarbeit, Exkursion, Literaturrecherche, Studienarbeit, wissenschaftliche Präsentation (inneruniversitär, sowie nationale und internationale Tagungen) und wissenschaftliche Projekttreffen.
3. Die Motivation der Studierenden und der positive emotionale Zugang sind unerlässliche Voraussetzungen für ein effektives und effizientes Lernen. Es ist wichtig, Empathie für die Forschung schaffen, was durch eine rein theoretische Vermittlung ohne Praxisbezug und ohne persönlichen Austausch nicht gelingen kann. Studierende können sich durch aktuelle Bezüge zur Spitzenforschung, aber auch durch ihr eigenes Mitwirken begeistern und haben zudem die Option, sich im Rahmen von Studien-, Abschluss- oder Promotionsarbeiten zu engagieren. Wissenschaft und Forschung sollen nicht virtuell und distanziert, sondern authentisch und „forschungsalltäglich" von den Studierenden erlebt werden. Die Studierenden werden eingeladen – „Join the Scientist".
4. Interprofessionelle Handlungskompetenzen werden bei den Studierenden erreicht, indem sie eingebunden werden in das Zusammenspiel aller Beteiligten eines Forschungsvorhabens. Dabei werden die Studierenden mit den Herangehens- und Sichtweisen verschiedener Fachdisziplinen und Berufsgruppen konfrontiert und erleben die Ergebnisse konstruktiver Zusammenarbeit über „Berufsgrenzen" hinaus. Dabei können die Einblicke aus verschiedenen Berufsgruppen nur förderlich für die eigene Ausbildung sein (BiBB 2016).

Ein Konstrukt zur interdisziplinären forschungsnahen Lehre ist in Abb. 1 dargestellt. Wichtige Säulen, um das Interesse, die Motivation, die Selbstverwirklichung und Selbstwirksamkeitserfahrung zu stärken, sind: Authentizität, die ein echtes Erfahren von Forschenden und deren Arbeit ermöglicht und eine Faszination durch die Forschung hervorzurufen vermag. Originalität, die den Aspekt unterstreicht, „ganz vorne dabei zu sein". Aktualität, die per se ein Interesse an dem Forschungsgegenstand und Anwendungsbezüge zum Berufsalltag mit sich bringt. Relevanz, die die Ziele der Forschung unterstreicht. Diese Säulen fußen auf einem Fundament der Interdisziplinarität, der Interprofessionalität und in einer global-vernetzten Welt der Internationalität. Verbunden werden sie durch den Aspekt der regionalen Anbindung an Institutionen und ForscherInnen-Gruppen. Das eigene Einbringen der Studierenden und das Zusammenspiel in einem solchen problem-orientierten Konsortium fördert das systematische Denken und Arbeiten sowie die soziale Interaktion und trägt zur eigenen Persönlichkeitsbildung bei. Dies trägt das Dach des Konstrukts, d. h. die Fähigkeit, mit sich verändernden Rahmenbedingungen umgehen zu können, sich in einer Gruppe und weltweit vernetzten zu können und selbst wertvoller Bestandteil eines Teams zu sein – „Zukunfts-, Vernetzungs- und Teamfähigkeit".

Das Ergebnis, die eigenen Fähigkeiten und Kompetenzen entsprechend des dargestellten Konstrukts zu erlernen, wirkt als Mehrwert im künftigen beruflichen/forschendem Leben. Wie in Abb. 2 dargestellt, gelingt es durch Üben des interprofessionellen und interdisziplinären Teamgedankens manche Hürde und konträres Interesse zu überwinden und in einen gemeinsamen Konsens und ein übergeordnetes Ziel umzuwandeln. Die Lehre kann mit respektvollem und umsichtigem Umgang ein gegenseitiges fachübergreifendes Verständnis fördern. Individuelle Stärken im Team können dabei unter Berücksichtigung der jeweiligen Motivationen gebündelt werden und ein Konsens hinsichtlich der äußeren Bedingungen und Sachzwänge gefunden werden.

4 Beispiel (Natur)Wissenschaft und Technik in der Medizin

In den natur- und lebenswissenschaftlichen Arbeits- und Forschungsbereichen hat die interdisziplinäre Zusammenarbeit einen außerordentlich wichtigen Stellenwert eingenommen. Dies bildet sich allerdings in den Curricula der entsprechenden Studiengänge bisher nur ansatzweise ab. Oft ist der Besuch von Lehrveranstaltungen außerhalb des gewählten Studiengangs zwar für Studierende prinzipiell möglich, findet aber in der Regel nur auf individueller Ebene statt. Daher sollte nach unserer Überzeugung die strukturierte Etablierung interdisziplinär ausgerichteter Lehrveranstaltungen und Lernplattformen verstärkt vorangetrieben werden. Im Medizinstudium wird nach Einschätzung des Wissenschaftsrats der Erwerb

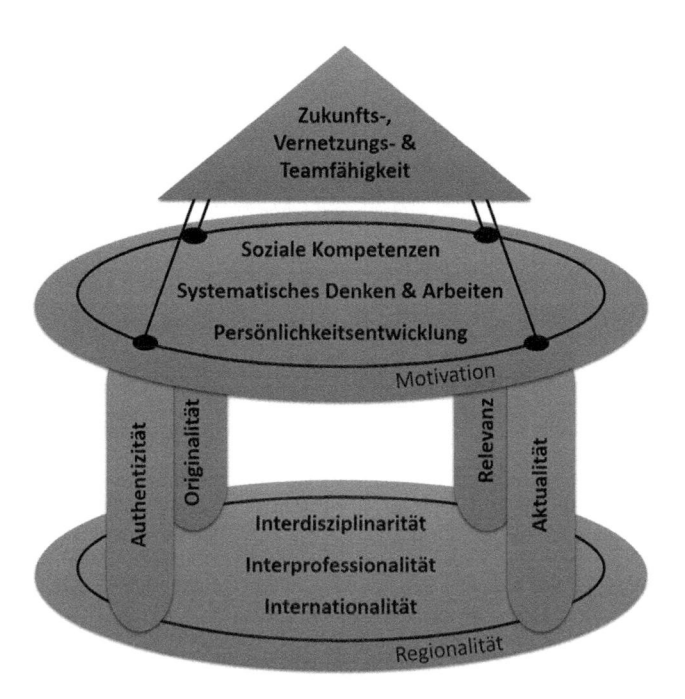

Abb. 1 Das Konstrukt einer wegweisenden und motivierenden Vorbereitung von Studierenden auf die spätere berufliche Tätigkeit: Interprofessionalität, -diziplinarität und -nationalität mit regionaler Anbindung bilden das Fundament für die Tragsäulen Authentizität, Originalität, Aktualität und Relevanz, die ihrerseits die intrinsische Motivation der Studierenden fördern. Im respektvollen Diskurs können soziale Kompetenzen, systematisches Denken und Arbeiten und eine Entwicklung der eigenen Persönlichkeit entstehen und schließlich in die für einen erfolgreichen und nachhaltigen beruflichen Werdegang essentiellen Attribute der Zukunfts-, Vernetzungs- und Teamfähigkeit münden. (Quelle: eigene Darstellung)

wissenschaftlicher Kompetenzen bei der derzeitigen Ausgestaltung der Curricula nicht ausreichend berücksichtigt (Heinze 2015). Komplementär zu dieser Einschätzung ist im Masterplan Medizinstudium 2020 die konkrete Forderung verankert, „wissenschaftliche Kompetenzen zu vermitteln, um den Arztberuf verantwortungsvoll ausüben zu können." „Der routinierte Umgang mit wissenschaftlichen Konzepten, Methoden und Befunden soll deshalb bereits während der Ausbildung strukturiert vermittelt werden" (BMBF 2017). Zur Erfüllung dieser Forderungen können die naturwissenschaftlichen Disziplinen durch Vermittlung entsprechender Methoden und Herangehensweisen einen wesentlichen

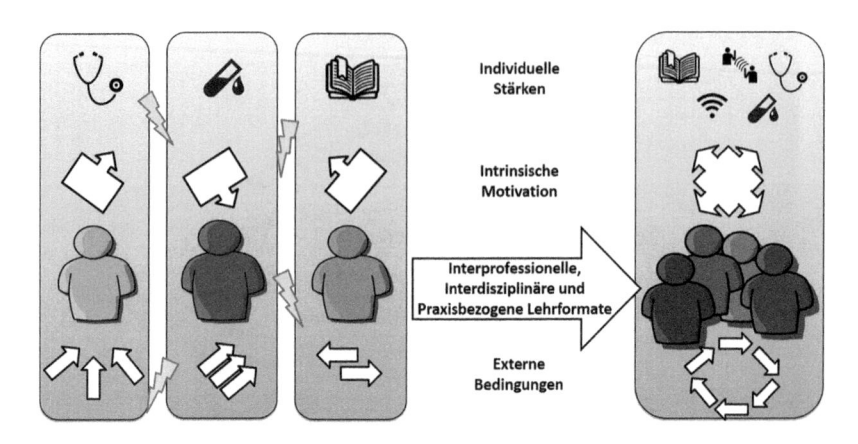

Abb. 2 Durch respektvolle und umsichtige Lehre mit interprofessionellen, interdisziplinären und praxisbetonten Formaten kann es gelingen, ein gegenseitiges fachübergreifendes Verständnis zu entwickeln, die individuellen Stärken zu bündeln sowie unterschiedliche Rahmenbedingungen oder gegensätzliche Motivationen ganzheitlich zu formen, so wie es in interprofessionellen und -disziplinären Teams so immens wichtig ist. (Quelle: eigene Darstellung)

Beitrag leisten. Ebenso bei der notwendigen Vermittlung von digitalen Kompetenzen, die künftige MedizinerInnen vermehrt aufweisen müssen (Haag et al. 2018; Ertl 2018), können Data Science und insbesondere naturwissenschaftliche und technische Disziplinen maßgebliche Impulse setzen. Aufseiten der Studierenden der Natur- und Datenwissenschaften besteht oft komplementär ein gesteigertes Interesse und auch der Bedarf, sich medizinischen Fragestellungen zuzuwenden, die Anwenderperspektive in der Praxis kennenzulernen und von einem interdisziplinären Austausch zu profitieren. Insbesondere, da Tätigkeiten in medizinischen und medizinnahen Bereichen für Absolventinnen und Absolventen z. B. der Studiengänge Chemie, Biologie, Physik, Informatik, Data Science und Materialwissenschaften eine hoch-attraktive Berufsperspektive darstellen.

Um dieses Feld aufzugreifen und für die Ausbildung zu nutzen, wurde an der Justus-Liebig-Universität Gießen (JLU) das forschungsnahe Lehr- und Lernprojekt „(Natur)Wissenschaft und Technik in der Medizin – *NWTmed*" gestartet (Lang und Repp 2018), welches Studierende aus den naturwissenschaftlichen Fachbereichen Biologie und Chemie sowie Mathematik und Informatik, Physik und Geographie und dem Fachbereich Medizin der JLU gemeinsam in interdisziplinärer, an aktuellen Forschungsfragestellungen orientierter Lehre zusammenbringt. Studierende aller Fachrichtungen können dabei *gemeinsam* in Form von Wahlpflichtveranstaltungen an den NWTmed-Lehrformaten teilnehmen. Hauptziel dabei ist es, die Parameter Interdisziplinarität, Interprofessionalität, Vernetzungsfähigkeit sowie digitale und wissenschaftliche Kompetenzen der Studierenden zu fördern. Verschiedene Nuancierungen von forschendem Lehren und Lernen werden hierbei adressiert (Huber 2014). Dabei berichten Dozierende aus den unterschiedlichsten Forschungsbereichen authentisch über Ihre Forschung, die dazugehörigen Grundlagen, aber auch zu ihrem persönlichen forschungsbezogenen Werdegang.

Perspektivische Themen haben in den Lehrveranstaltungen einen großen Stellenwert. Als essentiell für die medizinische Ausbildung verfolgt NWTmed auch die explizite Thematisierung von digitalen Lehr-, Arbeits- und Forschungsmöglichkeiten, wie Virtual Reality (Aerzteblatt 2019) und Künstliche Intelligenz und deren wissenschaftliche Einordnung und Abgrenzung zur Falsifizierbarkeit (Popper, 1973; Lang und Repp 2020a). Weitere interdisziplinäre Themen sind etwa Herzassistenzsysteme, Laserchirurgie, Genscheren, Plasmamedizin, Partikeltherapie, forensische Rekonstruktionsverfahren, Biomaterialien, Biosensoren und App-Entwicklung. Stets sind diese Themen an aktuellen Fragestellungen und an den Interessen der Teilnehmenden orientiert. Expertinnen und Experten aus Medizin, Life Sciences, Ingenieurwissenschaften und der Industrie tragen dann im Rahmen von Gastbeiträgen und als DiskurspartnerInnen zum interdisziplinären Austausch bei und ermöglichen Exkursionen und Laborpraktika. Als sehr nachhaltig und in Evaluationen positiv bewertet stellen sich kleine „Mini-Symposien" mit Beiträgen von Studierenden, Grundlagenforschenden und MedizinerInnen dar. Eine stete Herausforderung ist es dabei, sich den initial eher hinderlichen unterschiedlichen Stand der Vorkenntnisse der Studierenden aktiv in Form von „Peer-Teaching" oder „Lehrenden Lernenden" zu Nutze zu machen.

Seit 2019 sieht das Projekt auch einen virtuellen Seminarraum vor, der im Rahmen der Universitätspartnerschaft mit der Federal University Kazan (KFU, Russische Föderation) als bilaterales Mastermodul entstanden ist. Die Idee dabei ist, dass Studierende von unterschiedlichen internationalen Standorten an unserem Projekt NWTmed (englisch: „Science and Technology in Medicine – SciTecMed") teilhaben und sich dabei in virtuellen, aber auch reellen Seminaren treffen, austauschen und zusammenarbeiten. Auch Experimente und Laborversuche sind Teil dieses virtuellen Seminarraums. Dabei galt und gilt es, Formate und Methoden zu finden, die aktuell und gerade auch in der „Corona-Krise" und dem „Pausieren" von Präsenzlehre vermehrt Beachtung finden. Wie man aus der Not eine Tugend macht – so kann der aktuelle, akute und abrupte Umbruch mit innovativen virtuellen Ansätzen im Rahmen des Pandemiegeschehens (HD 2020) sogar neue Chancen für unsere (Hochschul)lehre bieten.

Durch die unmittelbare Forschungsnähe sind im Sinne eines NWTmed-Leitgedankens „Sciene2Seminar2Science" aus der Lehre heraus bereits weitere Forschungsideen und klinische Studien entstanden (Heinz et al. 2019; JLU 2019). Dies ist mit ein Grund dafür, dass sich die Forschenden und die Dozierenden aus den beteiligten Fachbereichen des NWTmed-Netzwerks (NWTmed 2019) stark engagieren.

5 Schlussfolgerungen

Die Methoden und Herangehensweisen der Forschung können den beteiligten Studierenden wichtige und zeitgemäße Kompetenzen vermitteln. Das Konstrukt birgt wichtige Lehr-, Lern- und Entwicklungsmöglichkeiten. Der wertschätzende Diskurs, der interdisziplinäre Austausch und das eigene Erleben der Forschung sind dabei wichtige Komponenten. In Abb. 3 ist der Mehrwert gemeinschaftlicher interaktiver Lehrformate gegenüber ausschließlich „predigender" Lehre illustriert, bei der Studierende nur eine zuhörende, passive Rolle einnehmen. Dies gilt sowohl für die Präsenzlehre als auch für die digitalen Lehrformate. Neben der Vermittlung von Wissen werden im interdisziplinären Austausch die wissenschaftlichen und kommunikativen Kompetenzen verstärkt stimuliert. Die Dozierenden bekommen zudem durch den lebendigen Diskurs eine stetige Rückmeldung durch die Studierenden und können die Lehr- und Lerneinheiten besser auf diese abstimmen.

Aber nicht nur aufseiten der Studierenden sind die Vorteile einer interdisziplinären forschungsnahen Lehre zu beobachten – so stellen sich auch aufseiten der Dozierenden positive Effekte ein. Diese sind kreative Ideen und Fragestellungen durch den unvoreingenommenen Austausch und vermeintlich „naive" Überlegungen in den gemeinsamen Diskussionen sowie durch den interdisziplinären Austausch mit Dozierenden der anderen Disziplinen. Auch ergeben sich personelle Verstärkungen für Forschungsarbeiten durch interessierte und ambitionierte Studierende, die sich weitergehend mit der jeweiligen Thematik beschäftigen wollen. In dem Projekt NWTmed wurden bereits eine Vielzahl von Kontakten und Promotionsarbeiten vermittelt und Forschungsarbeiten bis hin zu klinischen Studien konzipiert. Hierdurch entsteht ein MultiplikatorInnen-Effekt, der weitere Dozierende und Forschende für die interdisziplinäre forschungsnahe Lehre begeistern kann.

Abb. 3 Mehrgewinn eines interdisziplinären forschungsnahen Austauschs im Vergleich mit dem rein theoretischen Vermitteln von Wissenschaftskompetenzen. (Quelle: eigene Darstellung)

Literatur

Aerzteblatt. 2019. *Medizinstudierende in Gießen lernen mit Virtual-Reality-Brillen*, www.aerzteblatt.de/nachrichten/104224/Medizinstudierende-in-Giessen-lernen-mit-Virtual-Reality-Brillen
Al-Sugri M, Al-Kindi A, AlKindi S, Saleem N. 2018. *Promoting Interdisciplinarity in Knowledge Generation and Problem Solving*, in Advances in Knowledge Acquisition, Transfer, and Management (AKATM) Book Series, ISSN 2326–7607
Arn C. 2016. *Agile Hochschuldidaktik*, Weinheim; Basel : Beltz Juventa, ISBN 3779933896
BiBB. 2016. *Empfehlung des Hauptausschusses des Bundesinstituts für Berufsbildung vom 26.Juni 2014 – geändert am 21. Juni 2016 – zur Struktur und Gestaltung von Ausbildungsordnungen – Ausbildungsberufsbild, Ausbildungsrahmenplan*, www.bibb.de/dokumente/pdf/HA160.pdf
BMBF. 2017. *Masterplan Medizinstudium 2020*, Bundesministerium für Bildung und Forschung, https://www.bmbf.de/files/2017-03-31_Masterplan%20Beschlusstext.pdf
BMG, Arbeitsentwurf des Bundesministeriums für Gesundheit Approbationsordnung für Ärzte und Ärztinnen, (ÄApprO), 2019
Brendel S, Hanke U, Macke G. 2019. *Kompetenz-orientiertes lehren an der Hochschule*, in utb 5047, S. 124–136, 2019, ISBN 9783825250478
Draeger J, Mueller-Eiselt R. 2015. *Die digitale Bildungsrevolution: Der radikale Wandel des Lernens und wie wir ihn gestalten können*, Deutsche Verlags-Anstalt, ISBN 342104709X

Ertl G. 2018. *Brauchen wir einen Facharzt für Digitale Medizin? Do We Need a Specialist Physician for Digital Medicine?* Dtsch Med Wochenschr.143(20):14–21. https://doi.org/10.1055/a-0669-1618

GMA. 2018. *Forschungsgeleitet Lehren – Forschend Lernen*, Jahrestagung der Gesellschaft für Medizinische Ausbildung (GMA) 2018 in Wien

GMA. 2019. *Position of the advisory and executive board of the German Association for Medical Education (GMA) regarding the "masterplan for medical studies 2020"*. German Association for Medical Education GMA, Advisory Board, GMS J Med Educ; 36(4)

Haag M, Igel C, Fischer MR. 2018. German Medical Education Society (GMA), Committee "Digitization – Technology-Assisted Learning and Teaching", Joint working group "Technology-enhanced Teaching and Learning in Medicine (TeLL)" of the German Association for Medical Informatics, Biometry and Epidemiology (gmds), the German Informatics Society (GI). *Digital Teaching and Digital Medicine: A national initiative is needed*. GMS J Med Educ. 2018;35(3):Doc43. DOI: https://doi.org/10.3205/zma001189

Healey M. 2005. *Linking research and teaching: exploring disciplinary spaces and the role of inquiry-based learning*, Political Science

Heinz S, Lang J, Lange U, Linnyk O, Repp H, Thoma M. 2019. *Plasmamedizin, künstliche Intelligenz, Kernreaktionen und wie wir interdisziplinär von- und miteinander lernen*. In: Gemeinsame Jahrestagung der Gesellschaft für Medizinische Ausbildung (GMA), des Arbeitskreises zur Weiterentwicklung der Lehre in der Zahnmedizin (AKWLZ) und der Chirurgischen Arbeitsgemeinschaft Lehre (CAL). Frankfurt am Main, 25.-28.09.2019. Düsseldorf: German Medical Science GMS Publishing House; 2019. DocV26–06. DOI: https://doi.org/10.3205/19gma202, URN: urn:nbn:de:0183–19gma2020

Heinze HJ. 2015. *Empfehlungen des Wissenschaftsrats zur Stärkung wissenschaftlicher Kompetenzen im Medizinstudium*, Deutscher Wissenschaftsrat

HD. 2020. *Zum ersten Mal Online-Lehren dank Corona? Soft Facts und Hacks für den schnellen, aber bedachten Einstieg*, Hochschulforum Digitalisierung, https://hochschulforumdigitalisierung.de/de/blog/5-tipps-online-lehre

Huber L. 2014. *Forschungsbasiertes, Forschungsorientiertes, Forschendes Lernen: Alles dasselbe?* In: Das Hochschulwesen. Nr. 62(1+2), S. 22–29, 2014

Jaehncke L. 2014. *Die Neurobiologie des menschlichen Lernens*, in Bachmann: Kompetenzorientierte Hochschullehre. Die Notwendigkeit von Kohärenz zwischen Lernzielen, Prüfungsformen und Lehr-Lern-Methoden, S. 127–156, Bern: hep

Kuhn S, KadiogluS, Deutsch K, Michl S. 2018. *Data Literacy in der Medizin, Welche Kompetenzen braucht ein Arzt?*, Onkologe, 24:368–377, https://doi.org/https://doi.org/10.1007/s00761-018-0344-9

Lang J & Repp H. 2018. *Die (Natur)Wissenschaft und Technik im Medizinstudium* [Bericht über Entwicklungsprozess]. In: Jahrestagung der Gesellschaft für Medizinische Ausbildung (GMA). Wien, 19.-22.09.2018. Düsseldorf: German Medical Science GMS Publishing House; 2018. Doc11.1. DOI: https://doi.org/10.3205/18gma050

Lang J & Repp H. 2020. *Artificial intelligence in medical education and the meaning of interaction with natural intelligence – an interdisciplinary approach*. GMS J Med Educ. 2020;37(6):Doc59. DOI: https://doi.org/10.3205/zma001352, URN: urn:nbn:de:0183-zma0013524

Lang J & Repp H. 2020a. *(Natural) Science and Technique in Medicine: Teaching Competences along with Research Activities"*, 6th International Conference on Higher Education

Advances (HEAd'20), Universitat Politecnica de Valencia, Valencia, 2020, DOI: https:// doi.org/10.4995/HEAd20.2020.11256

OECD. 2005. *OECD's Definition and Selection of Competencies*, https://www.oecd.org/pisa/ 35070367.pdf

JLU. 2019. *Mit Raumfahrttechnik gegen seltene Krankheiten*, Pressemitteilung Justus-Liebig-Universität Gießen (JLU)

Puetz O, Doeringer B. 2015. E-Kompetenz: *Eine interdisziplinäre Medienkompetenz mit Mehrwert?*, Medien in der Wissenschaft, Band 68, ISSN 1434–3436

Symposium 2019

MDN. 2019. *Forschung und Lehre – Widerspruch oder Synergie?*, Methoden in der Hochschullehre Symposium des Münchener Dozierenden Netzwerks (MDN), LMU München

NWTmed. 2019. *(Natur)Wissenschaft und Technik in der Medizin – NWTmed*, Internetpräsenz des Projekts NWTmed, www.uni-giessen.de/NWTmed

Tremp P & Hildbrand T. 2012. *Forschungsorientiertes Studium–universitäre Lehre: Das «Zürcher Framework» zur Verknüpfung von Lehre und Forschung*, Bertelsmannverlag

Wildt J. 2005. Vom Lehren zum Lernen, in: Bretschneider, Falk und Wildt, Johannes (Hg.): Handbuch Akkreditierung, Bielefeld, 37–47

Wildt J. 2011. *Ein Blick zurück – Fachübergreifende und/oder fachbezogene Hochschuldidaktik: (K)eine Alternative?*, Jahnke I [Hrsg.]; Wildt J [Hrsg.]: Fachbezogene und fachübergreifende Hochschuldidaktik, Bielefeld : Bertelsmann, S. 19–34 (Blickpunkt Hochschuldidaktik; 121)

Wissenschaftsrat. 2014. *Empfehlungen zur Weiterentwicklung des Medizinstudiums in Deutschland auf Grundlage einer Bestandsaufnahme der humanmedizinischen Modellstudiengänge*, https://www.wissenschaftsrat.de/download/archiv/4017-14.pdf

Wulf A. 2016. *Alexander von Humboldt und die Erfindung der Natur*, aus dem Amerikanischen von Hainer Kober, C. Bertelsmann Verlag, MünchenKurzportraits und Motivation der Autoren:

Johannes Lang ist promovierter Physiker mit interdisziplinärer Forschungserfahrung in internationalen Kernphysik-Konsortien sowie in medizinisch-klinischen Studien. Er ist in verschiedenen Gremien aktiv, unter anderem den Ausschüssen „Wissenschaftliche Kompetenzen" und „Digitalisierung und Technologie-unterstütztes Lernen und Lehren" der Gesellschaft für Medizinische Ausbildung (GMA). Zudem ist er angehender Mediziner.

Holger Repp ist Facharzt für Pharmakologie und Toxikologie und Leiter des Studiendekanats am Fachbereich Medizin der Justus-Liebig-Universität Gießen (JLU) Gießen. Er ist zudem Mitglied der Ethikkommission des Fachbereichs und der Tierschutzkommission des Regierungspräsidiums Mittelhessen als auch zweier Kommissionen des Bundesinstituts für Arzneimittel und Medizinprodukte (BfArM).

Johannes und Holger ergänzen sich beide mit ihrer medizinischen und naturwissenschaftlichen Ausbildung und den Erfahrungen. Mit dem Projekt NWTmed wollen sie neue Lehrformate etablieren und Lehrräume schaffen und beleben, um Hürden zwischen den Disziplinen abzubauen und Kompetenzen über das Faktenwissen hinaus zu stimulieren. Dabei konnten Sie erfolgreich Fördermittel der benannten Fachbereiche, als auch Förderungen durch die zentralen QSL-Mittel (Mittel zur Verbesserung der Studienbedingungen und der

Lehre) der JLU Gießen, des Studienstrukturprogrammes des Landes Hessens als auch durch den DAAD einwerben. Für diese Förderung sei an dieser Stelle ausdrücklich und herzlich, auch im Namen aller beteiligten Studierenden und Lehrenden, gedankt.

Seminarraum, Klassenzimmer, Konzertsaal: Lehr- und Lernräume für Studierende des Lehramts Musik

Julia Lutz

Zusammenfassung

Musikunterricht zu gestalten, der Schülerinnen und Schülern ein breites Spektrum an musikalischen Handlungsformen eröffnet und ihnen vielfältige musikbezogene Erfahrungen ermöglicht, erfordert aufseiten der Lehrenden Kompetenzen in verschiedenen Bereichen. Diese gilt es im Rahmen eines Lehramtsstudiums des Fachs Musik und in den anschließenden Phasen der Lehrkräftebildung zu entwickeln, zu vertiefen und zu reflektieren. Im Mittelpunkt dieses Beitrags stehen Überlegungen, welche Rolle verschiedene Formen von Räumen in diesem Prozess spielen können und welche Funktionen ihnen dabei zukommen. Ausgehend vom Studium als erster Phase der Lehrkräftebildung werden insbesondere auch phasenübergreifende und -verbindende Potenziale thematisiert. Unter dem Aspekt der Vernetzung von Räumen und Personen wird am Beispiel des Projekts ‚Netzwerk Musikunterricht' aufgezeigt, wie Lehr-Lern-Räume als Spielräume, Erfahrungsräume, Wissensräume und Austauschräume genutzt und gestaltet werden und Perspektiven für lebenslanges Lernen in der Rolle der Musiklehrenden eröffnen können.

Schlüsselwörter

Lebenslanges Lernen · Lehrkräftebildung · Lehr-Lern-Räume · Musik · Musikunterricht · Vernetzung

J. Lutz (✉)
Folkwang Universität der Künste, Essen, Deutschland
E-Mail: julia.lutz@folkwang-uni.de

© Der/die Autor(en), exklusiv lizenziert an Springer Fachmedien Wiesbaden GmbH, ein Teil von Springer Nature 2024
J. Noller et al. (Hrsg.), *Medien-Räume,* Perspektiven der Hochschuldidaktik, https://doi.org/10.1007/978-3-658-43047-4_8

1 Zur Einführung: Einblicke

Im Kontext schulischen Unterrichts kann Musik aus verschiedenen Perspektiven betrachtet werden, und jede Blickrichtung lenkt den Fokus auf unterschiedliche Aspekte. So lässt sich etwa ein Blick auf den Musikunterricht als Interaktion zwischen Lehrenden, Lernenden und der Musik als Sache werfen, auf die Tätigkeit des Unterrichtens und – vorbereitend darauf – auf das Studium des Fachs Musik.

Musikunterricht: ein Lied oder einen Popsong singen, im Klassenorchester ein Begleitarrangement üben, aktuelle Musik hören und musikalische Werke aus vergangenen Zeiten kennenlernen, Musik in Bewegung und szenische Elemente umsetzen, mit Alltagsgegenständen Musik erfinden, sich über Gehörtes austauschen, von Musik berührt werden oder ihr kritisch gegenüberstehen – für all dies und vieles mehr kann Musikunterricht an allgemeinbildenden Schulen Raum bieten.

Musik unterrichten: Musikunterricht so zu planen und durchzuführen, dass sich darin vielfältige Facetten des möglichen Umgangs mit Musik spiegeln und dass er Lernenden ermöglicht, Musik in verschiedenen Formen zu erleben, setzt aufseiten der Lehrenden ein breit gefächertes Repertoire an Handlungsmöglichkeiten voraus (vgl. Kraemer 2007, S. 111 f., 118–120). Dieses umfasst musikpraktische Fähigkeiten im Sinne eines künstlerisch-praktischen Fundaments (instrumentales und vokales Musizieren, Ensembleleitung), fachwissenschaftliche Grundlagen (Musikpädagogik, Musikwissenschaft, Musiktheorie), fachdidaktische Grundlagen und auf die Unterrichtspraxis bezogene Kompetenzen (vgl. KMK 2019, S. 3).

Lehramt Musik studieren: Im Rahmen ihres Studiums entwickeln und vertiefen zukünftige Musiklehrende ihre individuellen Fähigkeiten in den zuvor genannten Bereichen und bauen eine breite Basis an Wissen bezogen auf Musik als Sache und auf die Gestaltung von Unterricht auf. Dieses Basis-Handlungsrepertoire gilt es vor dem Hintergrund gesellschaftlicher, kultureller und technischer Veränderungen kontinuierlich zu reflektieren, zu adaptieren und zu erweitern – auch über das Studium hinaus in den anschließenden Phasen der Lehrkräftebildung.

Im Folgenden wird die Entwicklung eines facettenreichen Handlungsrepertoires von Musiklehrenden im Kontext unterschiedlicher Räume und damit verbundener Orte betrachtet. Im Mittelpunkt steht dabei das Studium als erste Phase der Lehrkräftebildung, wobei unter den Aspekten der Vernetzung und des lebenslangen Lernens sowohl in räumlicher als auch in zeitlicher Hinsicht ein

Blick über die Hochschule[1] hinaus erfolgt. Am Beispiel des Projekts ,Netzwerk Musikunterricht' werden verschiedene Dimensionen und Funktionen von Räumen und damit verbundene Potenziale thematisiert.

2 Lehr-Lern-Räume

Ein Lehramtsstudium eröffnet Studierenden in Vorlesungen, Seminaren, Übungen, Exkursionen, Praktika und weiteren Veranstaltungs-Formaten sehr unterschiedliche Lehr-Lern-Situationen. Dabei nehmen sie verschiedene, teilweise auch wechselnde Rollen als Lernende bzw. Lehrende ein – etwa im Praktikum einerseits als Beobachtende und andererseits als Unterrichtende. Besonderheit des Fachs Musik ist, dass neben dem Erwerb fachlicher Grundlagen als Fachwissen in Musiktheorie, Musikwissenschaft und Musikpädagogik sowie musikpädagogischer und -didaktischer Fähigkeiten – vor allem die Fähigkeit zur Planung, Durchführung und Reflexion von Musikunterricht – auch die Weiterentwicklung musikpraktischer Fähigkeiten einen zentralen Stellenwert hat.[2] Der künstlerische Unterricht findet in der Regel als Einzel- oder Kleingruppenunterricht statt. Bei aller Unterschiedlichkeit ist den Lehr-Lern-Situationen gemeinsam, dass sie im Zusammenspiel von Inhalten und Themen, Zielen und Kompetenzerwartungen, methodischen Arrangements und Sozialformen sowie Medien, räumlichen Gegebenheiten, beteiligten Personen und organisatorischen sowie strukturellen Rahmenbedingungen entstehen bzw. sich entwickeln.[3]

Im Rahmen der nachfolgenden Überlegungen stehen die Räume als einer dieser Faktoren im Zentrum. Ausgangspunkt für die Unterscheidung verschiedener Arten von Räumen ist die Frage, welche Funktionen Lehr- und Lernräume haben und wofür sie den Lehrenden und den Lernenden Raum bieten sollten. Antworten auf diese Frage führen – angeregt durch das „Vier-Räume-Modell" von

---

[1] Der Begriff ‚Hochschule' wird als Sammelbegriff für Universitäten, Musikhochschulen und Pädagogische Hochschulen verwendet. An diesen drei Hochschulformen ist es in Deutschland möglich, ein Lehramtsstudium mit dem Fach Musik durchzuführen.

[2] Je nach Schulform, auf die das Studium zielt, je nach Studienumfang des Fachs Musik und je nach Hochschulstandort ist der Anteil, den der künstlerisch-praktische Bereich im Studium einnimmt, unterschiedlich hoch.

[3] Diese Faktoren werden – teilweise auch unter Verwendung anderer und dabei ähnlicher Begriffe – im Kontext diverser didaktischer Konzeptionen, die sich auf schulischen Unterricht beziehen, verwendet (vgl. z. B. Heimann et al. 1965; im Bereich der Musikpädagogik und -didaktik aufgegriffen z. B. von Kaiser und Nolte (2003) sowie Jank und Meyer (2013b)). Sie lassen sich auf andere Lehr-Lern-Situationen übertragen, insbesondere auch in den Bereich der Hochschullehre.

Jochumsen et al. (2012) für öffentliche Bibliotheken als Lernumgebung – zu einer Ausdifferenzierung von Spiel-, Erfahrungs-, Wissens- und Austauschräumen. Dabei meint der Begriff des Raums zum einen physische Räume, zum anderen wird er in metaphorischer Form verwendet. Verschiedentlich überlagern sich beide Verständnisse. Ein real existierender Ort kann Raum für Gedanken, Vorstellungen und Bilder sein bzw. dafür eröffnen, und das Handeln der Menschen lässt aus einem Ort ganz unterschiedliche Räume entstehen (vgl. Löw 2012, S. 17 f.).

2.1 Spielräume

Lehr- und Lernräume können und sollten im Kontext der Musiklehrkräftebildung in doppelter Hinsicht Spielräume sein und Spielräume bieten:

Sie erfüllen diese Aufgabe einerseits als Raum, in dem Instrumente gespielt werden, in dem Musik gemacht wird, auch unter Einbezug von Gesang und szenischen Elementen. Auch über das Musizieren hinaus, etwa beim Hören von und Nachdenken über Musik, kann in solchen Räumen „das Spielhafte an der Musik" (Richter 1975, S. 29) und ein „Spielen[] mit Musik" (ebd.) praktiziert werden.

Die Funktion eines solchen Spielraums kann ein Überaum oder ein Seminarraum an der Hochschule einnehmen, ein Konzertsaal für Aufführungen, Klassen- oder Musikräume an Schulen, wenn Studierende zusammen mit Schülerinnen und Schülern musizieren – beispielsweise die Begleitung eines Popsongs mit Percussioninstrumenten, eine Improvisation mit Stabspielen oder das Erfinden von und Gestalten mit Rhythmen und Melodien anhand von Musik-Apps. Im Vordergrund steht dabei die Weiterentwicklung künstlerisch-musikpraktischer Kompetenzen, und im Falle der Zusammenarbeit mit Schulklassen wird auch der Bereich der didaktischen und auf die Unterrichtspraxis bezogenen Kompetenzen angesprochen.

Räume können zum musikalischen Spiel(en) auffordern und Spielfreude unterstützen, zum Spielen einladen, ästhetische Erfahrungen ermöglichen und Musik erfahr- und erlebbar machen. Voraussetzung dafür ist, dass sie dem jeweiligen Zweck bzw. der jeweiligen Intention angemessen ausgestattet und gestaltet sind. Dies betrifft sowohl das verfügbare Instrumentarium und die technisch-mediale Ausstattung als auch die Raumgestaltung (Optik, Größe, ggf. Aufteilung in verschiedene Bereiche) und die Raumakustik (vgl. Eberhard 2017).

Spielräume als Freiräume zu betrachten, führt zu einer zweiten Funktion dieser Räume. Spielräume zu bieten meint dann, den Studierenden zu ermöglichen, bezogen auf die Musik als Sache und bezogen auf den Unterricht als Lehr-Lern-Situation Ideen zu entwickeln, zu diskutieren und zu hinterfragen, Anregungen umzusetzen oder wieder zu verwerfen, zu verändern und dann auszuprobieren, zu improvisieren und zu experimentieren. Spielräume können und sollen dazu auffordern, kreativ und flexibel zu agieren. Mehr als im Vorbereitungsdienst und in der anschließenden Tätigkeit im Schuldienst als zweiter und dritter Phase der Lehrkräftebildung kann das Studium Spielräume als Schutzräume eröffnen. In solchen Räumen wird nicht erwartet, dass jeder Versuch gelingt – sei es die Umsetzung eines eigenen Arrangements für eine Schulband, die Anleitung einer Situation des Klassenmusizierens oder eine Bewegungsimprovisation beim Hören einer Komposition. Spielraum zu bieten meint auch, Bewusstsein dafür zu wecken bzw. zu verstärken, dass es zu einer bestimmten Thematik nicht die eine und in jeder Hinsicht gelungene Unterrichtsstunde geben kann und muss, sondern dass Unterricht im Zusammenwirken vieler Variablen entsteht, die in ganz unterschiedlichen Formen ausgeprägt sein und zusammenspielen können. Wichtig ist dabei, Prozesse und Ergebnisse zu reflektieren, nachzuvollziehen und Begründungen zu finden, um auf die damit verknüpften Erfahrungen aufbauen zu können. Ausgehend vom Begriff der Erfahrung zeigt sich an dieser Stelle ein enger Bezug zu den nachfolgend thematisierten Erfahrungsräumen.

2.2 Erfahrungsräume

Eine Vielfalt an Erscheinungsformen von Musik und Umgangsweisen mit Musik eröffnet ein breites Spektrum an Erfahrungsmöglichkeiten – vom Singen und Sprechen über das Musik-Machen und -Erfinden mit Bodypercussion und Instrumenten sowie das Musikhören und Umsetzen in andere Erscheinungsformen bis hin zum Aufbau eines Repertoires musiktheoretischer Grundlagen und zur Reflexion über Musik. Dieses vielfältige Spektrum spiegelt sich unter anderem in didaktischen Veröffentlichungen (vgl. z. B. Biegholdt 2013; Fuchs 2015; Jank 2013; Loritz und Schott 2015) und in den Lehrplänen des Fachs Musik der einzelnen Bundesländer für die verschiedenen Schularten. Ein multisensorisches Erfahren von Musik, das die auditive Wahrnehmung in Verbindung mit taktilen, kinästhetischen und visuellen Sinnesreizen anspricht, bietet Raum, um die Musik, sich selbst und in einer Gruppe auch die Interaktion mit anderen in unterschiedlicher Weise zu erleben (vgl. Tischler 2013, S. 11 f.; Lutz 2020, S. 7, 33–36).

Anknüpfend an vorausgehende Erfahrungen, die individuell sehr unterschiedlich sind, sollte das Musikstudium den zukünftigen Musiklehrenden Anregungen bieten, sich dieses Spektrum an Möglichkeiten, Musik zu erleben und zu erfahren, weiter zu erschließen. Das bedeutet einerseits, künstlerisch-musikpraktische Kompetenzen weiterzuentwickeln und auf das eigene Musizieren bezogene Erfahrungen zu vertiefen. Andererseits sind Räume unverzichtbar, die Erfahrungen bezogen auf die zukünftige Tätigkeit als Musiklehrende ermöglichen und Kompetenzen in den Bereichen Fachdidaktik und Unterrichtspraxis fördern: Unterricht planen, geplante Einheiten oder Ausschnitte daraus in Schulklassen durchführen und anschließend reflektieren. Aktiv sein können die Studierenden in Klassenzimmern und Musikräumen von Schulen, etwa im Rahmen von Praktika und im Praxissemester, und ebenso in Seminarräumen an der Hochschule – etwa dann, wenn Schulklassen zur Durchführung der Unterrichtsstunden in ein Seminar kommen und Schülerinnen und Schüler in einer für sie neuen Lernumgebung Erfahrungen mit Instrumenten und anderen Medien sammeln, die ihnen an ihrer Schule nicht zur Verfügung stehen.

Im Kontext der Erprobung von Unterrichtsstunden sammeln auch Lehrerinnen und Lehrer neue Erfahrungen: Wenn sie in der Rolle der Beobachtenden miterleben, wie Studierende Unterrichtsstunden durchführen, haben sie Gelegenheit, ihre Klasse aus einer anderen Perspektive zu sehen als aus jener, die sie als selbst Unterrichtende einnehmen. In Praxisphasen betonen die betreuenden Lehrkräfte immer wieder, dass sie durchs ‚Zuschauen' neue inhaltliche und methodische Impulse für ihren eigenen Musikunterricht bekommen – besonders dann, wenn sie selbst zur großen Zahl derjenigen Lehrerinnen und Lehrer gehören, die Musik nicht studiert haben und das Fach dennoch unterrichten. Das ist vor allem im Primarbereich häufig der Fall. Durchschnittlich werden an deutschen Grundschulen weniger als die Hälfte aller vorgesehenen Musikstunden von Lehrkräften erteilt, die das Fach Musik studiert haben (vgl. Lehmann-Wermser et al. 2020, S. 10).

Erfahrungsraum für Studierende, Schulklassen und deren Lehrerinnen und Lehrer kann auch ein Konzertsaal sein: etwa dann, wenn Studierende eine Schulklasse auf den Besuch eines Kinder- oder Jugendkonzerts vorbereiten und anschließend die Atmosphäre miterleben, die in einem bis auf den letzten Platz mit Schülerinnen und Schülern gefüllten Konzertsaal entsteht. Dieser besondere Raum lässt im Zusammenwirken mit den anwesenden Personen eine Atmosphäre entstehen, die nicht nur sehend und hörend, sondern als Gesamtstimmung wahrgenommen wird (vgl. Grünberger 2014, S. 62 f.).

2.3 Wissensräume

Wie jeder Unterricht verlangt auch Musikunterricht aufseiten der Lehrkraft Fachwissen bezüglich der thematisierten Inhalte sowie fachdidaktisches Wissen, das sich auf die Gestaltung der Lehr-Lern-Situation bezieht (vgl. Jank und Meyer 2013a, S. 22). Dementsprechend sehen Studienordnungen und Studienverlaufspläne der Lehramts-Studiengänge im Fach Musik Lehrveranstaltungen in Bereichen wie Musiktheorie, Musikwissenschaft, Musikpädagogik und -didaktik, Musikpsychologie und Musiksoziologie vor – je nach Hochschulstandort und Umfang des Studienfachs Musik unterschiedlich akzentuiert.

Wissen kann in Vorlesungen von Dozierenden dargeboten werden – in Hörsälen oder auch in digitalen Räumen –, es kann in Seminaren von Studierenden erarbeitet und weitergegeben werden, und Gastvorträge ermöglichen, zu bestimmten Bereichen gezielt Expertinnen und Experten einzubeziehen. Wenn Wissenserwerb anhand von Literatur stattfindet, sind Bibliotheken entscheidende Wissensräume, die neben Büchern und Zeitschriften in Papierform zunehmend auch entsprechende digitale Ausgaben bereitstellen. Als virtueller Raum, in dem ein schneller Zugriff auf eine stetig wachsende Menge an Informationen möglich ist, gewinnt das Internet zunehmend an Bedeutung. Hier gilt es in besonderem Maße, bei den Studierenden Bewusstsein dafür zu wecken bzw. zu stärken, dass eine sorgfältige Prüfung der angebotenen Informationen, ein kritischer Blick und ein reflektierter Umgang mit den verfügbaren Informationen unverzichtbar sind.

Wenn Studierende selbst kleine Forschungsprojekte durchführen, nehmen sie die Rolle derjenigen ein, die Wissen generieren. Dabei werden vielfach Orte außerhalb der Hochschule zum Wissensraum – etwa Klassenzimmer und Musikräume, in denen Studierende musikalische Lehr-Lern-Situationen beobachten oder Lehrende und Lernende befragen.

Da Wissen nicht nur generiert und vermittelt wird, sondern in verschiedenster Hinsicht Anlass zur Diskussion und Anregung zum Austausch sein kann, ergeben sich Wechselwirkungen zwischen und Bezüge zu unterschiedlichen Räumen und deren spezifischen Funktionen – so zu den Austauschräumen als vierter und nachfolgend dargestellter Kategorie an Räumen.

2.4 Austauschräume

Üben und Musizieren als musikalisches Spiel sollten nicht einfach geschehen, auf Musik und auf Unterricht bezogene Erfahrungen sollten nicht lediglich ermöglicht und gesammelt und Wissen sollte nicht nur erworben werden. Ein Studium lebt vom Austausch – vom Nachdenken aus verschiedenen Blickwinkeln und über unterschiedliche Perspektiven, vom Kennenlernen diverser Meinungen und Haltungen. All dies ermöglichen Austauschräume als real existierende oder virtuelle Orte, die eng mit den zuvor beschriebenen Räumen in Verbindung gebracht werden können.

Wer tauscht sich aus in diesen Austauschräumen? Vor dem Hintergrund der Bedeutung, die dem lebenslangen Lernen und der Vernetzung der Phasen der Lehrkräftebildung geschenkt werden sollte und in diversen Ansätzen auch geschenkt wird (vgl. z. B. Richter und Orgass 2012; Stöger et al. 2010), agieren in diesen Räumen im Idealfall neben Studierenden und Dozierenden auch Personen, die außerhalb von Hochschulen im Schnittfeld von Musik und Bildung tätig sind. Dies können Lehrkräfte sein, die Feedback zu Unterrichtsstunden geben, die Studierende in ihrer Klasse durchgeführt haben, oder die in Kooperationsveranstaltungen Expertise aus ihrer Praxis teilen und Fragen zur Diskussion stellen, die sich im Alltag des Musikunterrichts ergeben. Ein Austausch zwischen Studierenden und Lehramtsanwärterinnen und -anwärtern trägt dazu bei, Berührungs- und Anknüpfungspunkte zwischen Studium und Vorbereitungsdienst aufzugreifen und zu vertiefen, gemeinsame Themenbereiche aus unterschiedlichen Perspektiven zu beleuchten und die beiden Phasen weniger isoliert aufeinanderfolgend als vielmehr aufeinander bezogen zu gestalten. Gemeinsame Seminartermine, an denen unterrichtsbezogene Themen und übergreifende Fragestellungen bearbeitet und ggf. Unterrichtsbeispiele diskutiert oder in Teams geplant werden, ermöglichen eine solche Kooperation. Weiterhin bietet sich ein Austausch mit Personen, die im Bereich des öffentlichen Musiklebens tätig sind, an: Musikerinnen und Musiker ebenso wie jene, die in der Musikvermittlung aktiv sind und beispielsweise Konzertprogramme für und mit Schülerinnen und Schülern konzipieren. Über Angebote des Münchner Rundfunkorchesters im Rahmen des Programms ‚Klassik zum Staunen' oder des Klavierfestivals Ruhr im Education-Programm hinaus ließen sich noch zahlreiche Beispiele anführen.

So vielfältig wie die Personen können die Räume sein – in Schulen, in der Universität, in Proberäumen und Spielstätten von Orchestern, und über real vorhandene Räume hinaus bieten Orte im digitalen Bereich Austauschmöglichkeiten, etwa gemeinsam genutzte Kommunikationsplattformen, die öffentlich zugänglich sind oder als geschützter Bereich genutzt werden können (vgl. Lutz 2017).

Ein Raum – sei es ein Seminarraum, ein Klassenzimmer oder ein Konzertsaal – kann ganz unterschiedliche der zuvor thematisierten Funktionen erfüllen, und eine flexible Nutzung von Räumen verschiedener Dimensionen kann Personen neue Perspektiven auf Musik und auf musikpädagogisches Handeln eröffnen und das individuelle Erfahrungsfeld erweitern. Digitale Angebote und virtuelle Räume ergänzen das Spektrum an Möglichkeiten von real existierenden Räumen. Dabei bleibt immer zu fragen, inwieweit durch den Einsatz digitaler Technologien neue Optionen erschlossen werden oder ob dadurch Bekanntes ausschließlich oder überwiegend in ein anderes Medium transformiert wird.[4]

Als Angebot, im Rahmen dessen verschiedene Personengruppen in unterschiedlichen Räumen zusammenwirken und sich Themen rund um den schulischen Musikunterricht widmen, wird im Folgenden das Projekt ‚Netzwerk Musikunterricht' vorgestellt. Dabei erfolgt auch ein Blick auf das Zusammenspiel der verschiedenen Funktionen von Lehr- und Lernräumen.

3 Räume zur Vernetzung: Ein Einblick in das Projekt ‚Netzwerk Musikunterricht'

3.1 Intentionen, Personen und Orte

Leitendes Ziel des 2011 am Institut für Musikpädagogik der Ludwig-Maximilians-Universität München initiierten Projekts ‚Netzwerk Musikunterricht'[5] ist die Vernetzung von Personen, die im und rund um den schulischen Musikunterricht tätig sind bzw. sein werden, und damit verbunden die Vernetzung der drei Phasen der Lehrkräftebildung – Studium, Vorbereitungsdienst und die Tätigkeit als Lehrkraft im Schuldienst. Das Projekt bietet Studierenden des Lehramts Musik, Lehramtsanwärterinnen und -anwärtern (LAA) in der zweiten Phase der, Lehrenden im Schuldienst und Personen im Bereich der außerschulischen Musikvermittlung Gelegenheit, ihr persönliches Handlungsrepertoire hinsichtlich der musikalischen und musikpädagogischen Arbeit mit Kindern und Jugendlichen weiterzuentwickeln. Phasen der Kooperation und Möglichkeiten des Austauschs spielen dabei eine bedeutende Rolle.

Zentrales Element der (Lehr-)Veranstaltungen, die im Rahmen des Projekts stattfinden und an denen an ausgewählten Terminen außer Studierenden auch Lehrkräfte und LAA teilnehmen, ist die gemeinsame Planung von Unterricht in

---

[4] Den Einsatz digitaler Techniken im schulischen Unterricht auf verschiedenen Stufen verdeutlicht das SAMR-Modell von R. R. Puentedura (vgl. Puentedura 2006). Es lässt sich auf die Hochschullehre und andere Lehr-Lern-Kontexte übertragen und regt zur Reflexion an, mit welcher Intention digitale Medien und Techniken in konkreten Situationen zum Einsatz kommen können.

[5] Die Leitung des Projekts liegt bei Prof. Dr. Julia Lutz. Seit 2015 finden auch Veranstaltungen an der Folkwang Universität der Künste Essen statt.

kleinen Teams, die Durchführung in den Klassen der beteiligten Lehrkräfte bzw. LAA sowie der Austausch darüber in größeren Gruppen. Einige dieser Unterrichtsvorhaben sind verknüpft mit dem Besuch eines (Kinder-)Konzerts oder einer Orchesterprobe. Spannend ist das vor allem mit Blick darauf, dass die Beteiligten ganz unterschiedliche Sichtweisen mit- und einbringen und bezüglich der musikalischen Arbeit mit Schulklassen sehr unterschiedliche Vorerfahrungen haben:

- Studierende setzen sich in Lehrveranstaltungen unter anderem mit didaktischen Konzeptionen für den Musikunterricht und aktuellen Ergebnissen aus der musikpädagogischen Forschung auseinander und bringen Ideen, wie diese umgesetzt bzw. berücksichtigt werden könnten, in die Unterrichtsgestaltung ein.
- Lehrerinnen und Lehrer mit Musik als Studienfach sind darin erfahren, Situationen des Klassenmusizierens zu organisieren und durchzuführen, auch unter Berücksichtigung unterschiedlicher Vorerfahrungen und Interessen der Lernenden. Sie berichten über diese Erfahrungen und nehmen gerne Anregungen an, in inhaltlicher, methodischer und medialer Hinsicht neue Wege auszuprobieren.
- Jene Teilnehmenden – insbesondere Grundschullehrerinnen und -lehrer –, die Musik nicht studiert haben und das Fach dennoch unterrichten, berichten von gelungenen Musikstunden und von persönlichen Herausforderungen und sind dankbar für neue Ideen für ihren Unterricht, die sie im Idealfall in kleinen Netzwerk-Projekt-Teams in ihrer Klasse ausprobieren.
- Orchester-Musikerinnen und -Musiker stellen ihre Instrumente vor und erfahren bei Besuchen in Schulklassen, wie Musiklehrkräfte Klassenunterricht und Gruppenarbeiten methodisch gestalten.

Studierende wirken in der Regel im Rahmen einer Musikdidaktik-Lehrveranstaltung über ein Semester am Projekt mit, Personen aus den anderen Zielgruppen nehmen an einzelnen oder mehreren Veranstaltungsterminen über einen Zeitraum von sechs bis zwölf Wochen teil. Die Veranstaltungen finden an wechselnden Orten und in unterschiedlichen Räumen statt – im Seminarraum an der Universität, im Klassenzimmer oder im Konzertsaal –, und diese Räume nehmen jene Funktionen ein, die in Abschnitt 2 dargestellt wurden. Es sind Spielräume und Erfahrungsräume, Wissensräume und Austauschräume. Musik-Lernen wird in ganz unterschiedlicher Form für die Beteiligten aus den verschiedenen Zielgruppen ermöglicht. In diesen Räumen machen Schülerinnen und Schüler, Studierende, Lehrkräfte sowie Profimusiker und -musikerinnen füreinander und miteinander Musik, es wird über Musik und Musikunterricht nachgedacht und darauf bezogen Wissen geteilt. Der Aspekt der Vernetzung bezieht sich damit auf

- Personen aus unterschiedlichen Phasen der Lehrkräftebildung (Studierende, LAA im Vorbereitungsdienst, Lehrkräfte im Schuldienst) mit Schwerpunkt auf dem Bereich der Grundschule,
- die Vernetzung von Hochschule, Schule und außerschulischen Bildungsträgern und
- auf ein Einbeziehen und Zueinander-in-Beziehung-Setzen von Räumen mit unterschiedlicher Funktion. Diese Räume werden in verschiedenen Phasen der Lehrkräftebildung genutzt. Der universitäre Seminarraum ist nicht nur Lehr- und Lernraum im Studium, sondern auch im Vorbereitungsdienst und im Rahmen von Lehrkräftefortbildungen. Klassenzimmer sind nicht erst in der zweiten Phase und im anschließenden Schuldienst der Haupt-Aktionsort, sondern werden auch für Studierende zu Lehr- und Lernorten und für Musikerinnen und Musiker zur Bühne. Der Konzertsaal ist nicht nur jenen zugänglich, die privat ein Konzert besuchen, sondern wird zum Raum, in dem Studierende, Schulklassen und Lehrkräfte sowie Musikerinnen und Musiker in Proben und in Konzerten zusammenkommen und voneinander und miteinander lernen.

In welcher Weise die Teilnehmenden die angebotenen Möglichkeiten der Vernetzung hinsichtlich ihrer musikpädagogischen Tätigkeit als bedeutend betrachten, kommt im folgenden Einblick in die Evaluation des Projekts zum Ausdruck.

3.2 Die Sicht der Teilnehmenden

Im Rahmen einer formativen Evaluation werden die am Projekt teilnehmenden Personen am Ende jeder Kooperationsphase, die sich über einen Zeitraum von sechs bis zwölf Wochen erstreckt, schriftlich mit teilstandardisierten Fragebögen und mündlich im Rahmen leitfadengestützter Gruppengespräche befragt. Dies ermöglicht, in einem Forschungsansatz mit Nähe zur Aktionsforschung qualitative und quantitative Daten zu erheben.[6] Im Mittelpunkt des Forschungsinteresses stehen Erkenntnisse darüber, in welcher Weise die Teilnehmenden die Vernetzung auf verschiedenen Ebenen und den ausgeprägten Bezug zur Schulpraxis als

---

[6] Zur Integration von Elementen der Aktionsforschung in Evaluationen vgl. Moser (2012, S. 45 f.).

spezifische Projektmerkmale für ihre zukünftige musikpädagogische Tätigkeit als relevant ansehen.

Aus dem Zeitraum von Wintersemester 2011/2012 bis Wintersemester 2019/2020 als Projektphase mit Präsenz-Veranstaltungen liegen 763 ausgewertete Fragebögen[7] sowie Transkriptionen aus 29 leitfadengestützten Gruppengesprächen vor.[8] Die Auswertung der Fragebögen erfolgte auf der Basis deskriptiver Statistik quantitativ mit der Statistiksoftware SPSS, eine Kategorienbildung bei den offenen Fragen ermöglichte eine qualitative und quantitative Auswertung. Im Rahmen einer zusammenfassenden Inhaltsanalyse (vgl. Mayring 2010) wurde ein Kategorienschema entwickelt, um die Antworten auf die offenen Fragestellungen bzw. Impulse zu kodieren. Die folgenden exemplarisch ausgewählten Äußerungen[9] bringen zum Ausdruck, dass die Teilnehmenden die Bedeutung von Vernetzung, Kooperation und Praxisbezug in verschiedener Weise mit dem Agieren und Interagieren in bestimmten Räumen bzw. an bestimmten Orten in Zusammenhang bringen.

Den hohen Stellenwert der Zusammenarbeit zwischen Studierenden und LAA bei der gemeinsamen Planung und Durchführung von Musikstunden und die Funktion eines Klassenzimmers oder Musikraums als Spiel-, Erfahrungs- und Austauschräume unterstreichen diese Aussagen von Studierenden:

„Ich finde es wertvoll, mit LAAs zusammenzuarbeiten, da man in Klassenzimmern einen immer wieder anderen Blick auf Schule und Unterricht gewinnt."

„Unterricht an Schulen durchzuführen ermöglicht ganz andere Erfahrungen, als nur an der Uni oder zu Hause am Schreibtisch Unterrichtsstunden zu planen. Das Teamteaching mit den LAA fand ich besonders hilfreich – wir konnten miteinander Erfahrungen sammeln und uns nach der Stunde darüber austauschen."

Eine Lehramtsanwärterin für die Grundschule, die Musik nicht studiert und das Fach bisher auch nicht unterrichtet hat, beschreibt die Relevanz der Kooperation mit Musikstudierenden und betont dabei das Zusammenspiel von Wissens-, Kooperations- und Erfahrungsräumen:

---

[7] Die Zahl der Fragebögen teilt sich wie folgt auf die verschiedenen Gruppen an Teilnehmenden auf: 427 Bögen von Studierenden, 197 Bögen von LAA, 139 Bögen von Lehrkräften.

[8] Zwischenergebnisse aus der Evaluation von Wintersemester 2011/2012 bis Wintersemester 2014/2015 vgl. Lutz 2016.

[9] Es handelt sich um Zitate aus den Fragebögen. Die an der Evaluation Teilnehmenden haben in die Veröffentlichung von Ergebnissen aus der Befragung eingewilligt.

"Theoretischer Input und die Ausarbeitung/Durchführung einer Musikstunde ergänzen sich sehr gut. Aus der Zusammenarbeit mit den Studentinnen nehme ich sehr viel mit. Sie konnten als ‚Musik-Expertinnen' viele gute Anregungen geben. Dadurch hatte ich die Möglichkeit, in meiner Klasse ganz neue Erfahrungen zu sammeln."

Das Zurückkehren in den aus dem Studium vertrauten Seminarraum an der Universität und damit verbundene neue Perspektiven hebt eine Lehramtsanwärterin, die Musik studiert hat, hervor:

"Als LAA wieder einmal an der Uni zu sein, eröffnet neue Perspektiven: rück- und vorausblickend."

Dass ein Konzertsaal Erfahrungsraum sein kann, spiegelt sich in der Äußerung einer Studentin des Lehramts Grundschule:

"Bei einem Kinderkonzert im Konzertsaal zu sitzen, ist eine tolle Erfahrung. Ich hätte mir nicht vorstellen können, dass ein Konzert mit klassischer Musik die Kinder so begeistern kann!"

Eine Grundschullehrerin berichtet über die Teilnahme an einer Fortbildungsveranstaltung, bei der einige Studierende selbst entwickelte Anregungen für den Unterricht vorgestellt haben:

"Der Austausch zwischen Studierenden mit aktuellem Input aus der Universität und uns ‚altgedienten' Lehrkräften ist sehr positiv!"

In vielen weiteren Aussagen von Projekt-Teilnehmenden werden der Austausch und das Miteinander- und Voneinander-Lernen erwähnt. Ermöglicht wird das kooperative Lernen in hohem Maße durch unterschiedliche Räume, die nicht nur zum Austausch anregen, sondern auch neue Sichtweisen eröffnen – so ist es nicht alltäglich, dass Studierende im Klassenzimmer eine Schulklasse auf einen Konzertbesuch vorbereiten und diesen im Konzertsaal miterleben, dass Lehramtsanwärterinnen und -anwärter in der zweiten Phase wieder an die Hochschule kommen und zusammen mit Studierenden an ihrer Schule den geplanten Unterricht durchführen oder dass Schulklassen unter der Anleitung von Studierenden im Musik-Hörsaal der Universität für sie musikalisch neue Welten entdecken.
Der Zugang zu diesen Räumen auf der einen Seite und die Begegnung mit Personen, die bezogen auf ihren persönlichen Weg des Musik-Lehrens und -Lernens

an ganz unterschiedlichen Stellen stehen, ermöglichen den Beteiligten vielfältige Einblicke, Eindrücke und Erfahrungen – vielfach in wechselnden Rollen als Lehrende und Lernende.

3.3 Interaktion in digitalen Räumen

Dass real existierende Räume spezifisches Potenzial bieten und digitale Räume manche dieser Möglichkeiten nicht bereitstellen können, dafür jedoch andere Optionen eröffnen, zeigt sich deutlich seit Sommersemester 2020. In rein digital durchgeführten Lehrveranstaltungen und Kooperationsangeboten, wie sie in der Zeit der Pandemie üblich waren, muss auf die Nutzung von Seminarräumen, Klassenzimmern und Musikräumen vollständig verzichtet werden. An den wöchentlich synchron durchgeführten Lehrveranstaltungsterminen planten und diskutierten Studierende via Videokonferenz Unterrichtsstunden, Musiklehrende führten diese Stunden in ihren Klassen auf der Basis der Unterrichtsentwürfe durch – soweit möglich in Präsenz, zum Teil auch adaptiert fürs Distanzlernen – und gaben schriftlich Feedback. Darüber hinaus produzierten Studierende Lernvideos zu verschiedenen Themenbereichen, die Schulklassen für den Distanzunterricht zur Verfügung gestellt und in kurzen Videokonferenzen mit Schülerinnen und Schülern reflektiert wurden. Kooperationstermine mit Studierenden und LAA fanden digital statt, und anstelle von Teamteaching in Klassenzimmern und Musikräumen wurden digitale Angebote rund um Musik und Musikunterricht von Orchestern, Opernhäusern und Verlagen sowie diverse Apps zum digitalen Musikmachen angesehen, angehört, ausprobiert und reflektiert.

Es wird deutlich: Die Möglichkeiten, Musik-Lehren und -Lernen digital zu gestalten oder zu begleiten, sind mittlerweile sehr beachtlich – sowohl bezogen auf den Hochschul-Kontext als auch auf den schulischen Bereich. Die authentische Erfahrung, eine geplante Unterrichtsstunde in einer Klasse durchzuführen und anschließend zu reflektieren oder mit einer Schulklasse einen Konzertbesuch live zu erleben, lässt sich durch digitale Möglichkeiten allerdings nicht ersetzen.

Digitale Lehr- und Lernräume bieten spezifische Möglichkeiten, die das Potenzial physischer Räume ergänzen und erweitern, mit Blick auf diverse Aktivitäten sogar übertreffen, in mancher Hinsicht jedoch nicht erreichen können. So lassen sich an synchron stattfindenden Seminarterminen in Videokonferenzräumen sehr gut Informationen präsentieren und austauschen, Ideen zu einem Thema sammeln oder Ergebnisse einer Recherche teilen. Lernplattformen wie Moodle ermöglichen es, Dateien verfügbar zu machen und auszutauschen, Links zu setzen und vieles mehr. Gut möglich ist auch, in einer Seminargruppe digitale Angebote für den Musikunterricht, über die ein Überblick für Musiklehrende lohnend ist, zu erkunden und erproben – vom Notationsprogramm bis zu verschiedenen Lehr- und Lernprogrammen sowie Spielen in Form von Musik-Apps.[10] Räume zur Präsenz-Begegnung bieten andere Möglichkeiten. Überlegungen, wie sich aus deren Kombination mit digitalen Interaktionsmöglichkeiten neue Räume eröffnen können, werden im folgenden Rück- und Ausblick thematisiert.

4 Rück- und Ausblick

Im Rahmen der Musiklehrkräftebildung erfüllen ganz unterschiedliche Orte die Funktion eines Lehr-Lern-Raums, und jeder dieser Orte eröffnet bestimmte Möglichkeiten und Perspektiven des Lehrens und Lernens. Als Orte der Interaktion zwischen Personen und Musik in unterschiedlichen Erscheinungsformen können Räume den Akteuren ermöglichen, voneinander und miteinander zu lernen: in wechselnden Rollen als Lehrende und Lernende und bezogen auf die eigene Person, auf die Musik als Sache und auf den Musikunterricht. Lehr- und Lernräume zu gestalten, mit Leben zu füllen, manchmal wie eine Bühne zu bespielen und Lehr-Lern-Prozesse zu inszenieren bedeutet, die jeweiligen Möglichkeiten der Räume und der darin agierenden Personen auszuloten, zu nutzen, zu verändern und gegebenenfalls auch zu erweitern und neue Räume zu erschließen. Eine Verzahnung verschiedener Räume, seien es real existierende oder virtuelle, ermöglicht, dass spezifische Potenziale der verschiedenen Formen an Räumen zum Gewinn werden und dass sich aus der Verbindung der Räume ein Mehrwert gegenüber der isolierten Nutzung ergibt. Entscheidend ist dabei, Räume als flexible und veränderbare Strukturen zu betrachten. Lehren und Lernen benötigt Räume, generiert bestimmte Formen an Räumen und verändert Räume (vgl. Glaser und Thole 2018, S. 21).

Um zukünftig und bereits an Schulen tätige Musiklehrende zu befähigen, Schülerinnen und Schülern im Musikunterricht authentisches musikalisches Erleben ebenso zu ermöglichen wie medial-musikalische Erfahrungen, bedarf es weit mehr an Räumen als Seminarräume und Klassenzimmer; es bedarf einer Vielzahl an unterschiedlichen Räumen, die eine Vielfalt an Erfahrungen nicht nur zulässt, sondern fördert. Das Projekt ‚Netzwerk Musikunterricht' zeigt, dass eine Öffnung von Räumen für Personengruppen über Studierende und Dozierende hinaus dazu

---

[10] Die Bedeutung der Auseinandersetzung mit digitalen Möglichkeiten im und für den Musikunterricht kommt z. B. im Heft „Digitalität im Musikunterricht" der Zeitschrift Diskussion Musikpädagogik (82/19) zum Ausdruck.

beitragen kann, Erfahrungsräume zu erweitern. Der phasenübergreifende Ansatz möchte dazu anregen, Lehrkräftebildung nicht nur oder primär in einzelnen Phasen, sondern im Kontext von lebenslangem Lernen zu denken und zu praktizieren. Eine Vernetzung von Personen, Räumen und Phasen der Lehrerbildung eröffnet Räume für lebenslanges Lernen und ermöglicht Studierenden, LAA und Lehrkräften im Schuldienst, zu interagieren, Einblick in verschiedene Sichtweisen auf Schule und Unterricht zu bekommen und die eigene Blickrichtung immer wieder zu hinterfragen, neue Perspektiven zu erschließen und den individuellen Weg des Lehrens und Lernens flexibel zu gestalten.

Die Musiklehrkräftebildung ist Ausgangspunkt der hier ausgeführten Erfahrungen und Überlegungen, jedoch nicht als alleiniger Bezugspunkt zu verstehen. Vielmehr ist intendiert, ausgehend von der Musikpädagogik und der Lehrkräftebildung für das Fach Musik Impulse zu geben: Impulse, die auch in andere Disziplinen sowie in inter- und transdisziplinäre Kontextes des Lehrens und Lernens übertragen, variiert und weitergedacht werden können.

Literatur

Biegholdt, Georg. 2013. *Musik unterrichten. Grundlagen, Gestaltung, Auswertung*. Seelze: Klett/Kallmeyer.
Diskussion Musikpädagogik 82/19.
Eberhard, Daniel M. 2017. Musikräume. *mip journal* 49/2017: 6–10.
Fuchs, Mechtild (Hrsg.). 2015. *Musikdidaktik Grundschule. Theoretische Grundlagen und Praxisvorschläge*. Innsbruck, Esslingen, Bern-Belp: Helbling.
Glaser, Edith, und Werner Thole. 2018. Einführung – Hinweise zum Raum im erziehungswissenschaftlichen Diskurs. In *Räume für Bildung – Räume der Bildung. Beiträge zum 25. Kongress der Deutschen Gesellschaft für Erziehungswissenschaft*, Hrsg. E. Glaser, H.-C. Koller, W. Thole und S. Krumme, 17–23. Opladen, Berlin und Toronto: Verlag Barbara Budrich.
Grünberger, Nina (2014). Räume zum Flanieren, Spielen und Lernen. Überlegungen zur Gestaltung von Bildungs- und Lernräumen im Kontext kultureller Entwicklungen. In *Lernräume gestalten – Bildungskontexte vielfältig denken*, Hrsg. K. Rummler, 56–67. Buchreihe *Medien in der Wissenschaft*, Bd. 67, Hrsg. Gesellschaft für Medien in der Wissenschaft e. V. Münster: Waxmann.
Heimann, Paul, Gunter Otto, und Wolfgang. Schulz 1965. *Unterricht – Analyse und Planung*. Hannover: Schroedel.
Jank, Werner (Hrsg.). 2013. *Musikdidaktik. Praxishandbuch für die Sekundarstufe I und II*. 5. Aufl. Berlin: Cornelsen.
Jank, Werner, und Hilbert Meyer. 2013a. Was ist Didaktik? In *Musikdidaktik. Praxishandbuch für die Sekundarstufe I und II*, Hrsg. W. Jank. 5. Aufl., 7–27. Berlin: Cornelsen.

Jank, Werner, und Hilbert Meyer. 2013b. Zur Planung und Evaluation von Musikunterricht. In *Musikdidaktik. Praxishandbuch für die Sekundarstufe I und II*, Hrsg. W. Jank. 5. Aufl., 132–144. Berlin: Cornelsen.

Jochumsen, Henrik, Casper Hvenegaard Rasmussen, und Dorte Skot-Hansen. 2012. The four spaces – a new model for the public library. *New Library World*, Vol. 113, No. 11/12: 586–597. doi: https://doi.org/10.1108/03074801211282948

Kaiser, Hermann J., und Eckhard Nolte. 2003. *Musikdidaktik. Sachverhalte – Argumente – Begründungen*. 2. Aufl. Mainz: Schott.

Kraemer, Rudolf-Dieter. 2007. Musikpädagogik – eine Einführung in das Studium. 2. Aufl. Buchreihe *Forum Musikpädagogik*, Bd. 55, Hrsg. R.-D. Kraemer. Augsburg: Wißner.

Kultusministerkonferenz (KMK) (Hrsg.). 2019. Ländergemeinsame inhaltliche Anforderungen für die Fachwissenschaften und Fachdidaktiken in der Lehrerbildung (Beschluss der KMK vom 16.10.2008 i. d. F. vom 16.05.2019). Berlin und Bonn. https://www.kmk.org/fileadmin/Dateien/veroeffentlichungen_beschluesse/2008/2008_10_16-Fachprofile-Lehrerbildung.pdf. Zugegriffen: 31. März 2021.

Lehmann-Wermser, Andreas, Klaus Weishaupt und Ute Konrad. 2020. *Musikunterricht in der Grundschule. Aktuelle Situation und Perspektive*. Gütersloh: Bertelsmann Stiftung. https://doi.org/10.11586/2020007

Löw, Martina. 2012. *Raumsoziologie*. 7. Aufl. Frankfurt am Main: Suhrkamp.

Loritz, Martin D., und Claudia Schott (Hrsg.). 2015. *Musik – Didaktik für die Grundschule*. Berlin: Cornelsen.

Lutz, Julia. 2016. Vernetzt und lebenslang lernen und lehren: Lehrerbildung für den Musikunterricht an Grundschulen am Beispiel eines phasenübergreifenden Ansatzes. In Musikpädagogik und Erziehungswissenschaft, Hrsg. J. Knigge und A. Niessen, 89–105. Buchreihe *Musikpädagogische Forschung*, Bd. 37, Hrsg. Arbeitskreis Musikpädagogische Forschung. Münster: Waxmann.

Lutz, Julia. 2017. Blended Learning in der Musiklehrerbildung. Erfahrungen und Perspektiven am Beispiel eines Praxisprojekts. *eleed*, Iss. 12. urn:nbn:de:0009-5-42913

Lutz, Julia. 2020. *Musik erleben – Vielfalt gestalten – Inklusion ermöglichen. Anregungen für den Musikunterricht und den Grundschulalltag*. Hannover: Klett/Kallmeyer.

Mayring, Philipp. 2010. *Qualitative Inhaltsanalyse. Grundlagen und Techniken*. 12., überarbeitete Aufl. Weinheim: Beltz.

Moser, Heinz. 2012. *Instrumentenkoffer für die Praxisforschung. Eine Einführung*. 5. Auflage. Freiburg: Hubertus.

Puentedura, Ruben. 2006. Transformation, Technology, and Education. http://www.hippasus.com/resources/tte/. Zugegriffen: 31. März 2022.

Richter, Christoph. 1975. Musik als Spiel. Orientierung des Musikunterrichts an einem fachübergreifenden Begriff. Ein didaktisches Modell. Buchreihe *Schriften zur Musikpädagogik*, Bd. 1, Hrsg. H. Hopf und H. Rauhe. Wolfenbüttel und Zürich: Möseler.

Richter, Christoph, und Stefan Orgass. (Hrsg.) 2012. Phasenverschiebung. Perspektiven der Vernetzung von erster und zweiter Ausbildungsphase. *Diskussion Musikpädagogik*. Sonderheft 4. Hamburg: Hildegard Junker.

Stöger, Christine, Brigitte Lion, und Franz Niermann. 2010. *Professionalisierung im Lehrberuf. Ziele erreichen – Potenziale nutzen*. Weinheim und Basel: Beltz.

Tischler, Börn. 2013. *Musik spielend erleben. Grundlagen und Praxismaterialien für Schule und Therapie*. Mainz: Schott.

Dr. Julia Lutz ist als Professorin für Musikpädagogik und Musikdidaktik an der Folkwang Universität der Künste Essen tätig. Ihre Arbeitsschwerpunkte liegen im Bereich der Lehramtsstudiengänge mit besonderem Fokus auf der Grundschule. In diesem Kontext beschäftigt sie sich u. a. mit phasenübergreifenden Angeboten zur Qualifizierung von Lehrkräften, lebenslangem Lernen sowie Heterogenität und Inklusion im Musikunterricht. Zuvor unterrichtete sie an allgemeinbildenden Schulen und Musikschulen und war als wissenschaftliche Mitarbeiterin am Institut für Musikpädagogik der Ludwig-Maximilians-Universität München beschäftigt.

Medien

Mehr als Transportsysteme und Vermittler: Medien als Variable in hochschulischen Lehr-Lern-Arrangements

Julia Lutz

Zusammenfassung

In hochschulischen Lehr-Lern-Situationen kommen ganz unterschiedliche Medien zum Einsatz, um Fakten weiterzugeben, um Informationen zu transportieren, um zwischen Inhalten und Personen zu vermitteln. Medien sind Transportsysteme und Vermittler, ihr Platz scheint in erster Linie das ‚Dazwischen' zu sein. Dieser Beitrag regt dazu an, über diese Sichtweise hinausgehend Medien und deren Einsatz in Lehr-Lern-Arrangements aus unterschiedlichen Perspektiven zu betrachten – insbesondere im Zusammenspiel mit anderen Variablen wie Inhalte, Ziele und Methoden. Beispiele aus der Lehrkräftebildung für das Fach Musik verdeutlichen dieses Zusammenwirken, und daran anknüpfende Impulse lenken den Blick auf eine übergeordnete Ebene. Dabei wird auch thematisiert, inwieweit digitale Medien es ermöglichen, Aufgabenstellungen zu verändern und neue Inhalte zu generieren.

Schlüsselwörter

Medien · Hochschullehre · Lehr-Lern-Situation · Vermittler · Lehrkräftebildung · Musikunterricht

---

J. Lutz (✉)
Folkwang Universität der Künste, Essen, Deutschland
E-Mail: julia.lutz@folkwang-uni.de

1 Im ‚Dazwischen' – und darüber hinaus

Medien können als Transportsysteme, als Vermittler und als Mittel zum Zweck betrachtet werden: In Lehr-Lern-Kontexten transportieren sie Inhalte und Informationen, vermitteln zwischen Personen und Sache(n) und unterstützen die Kommunikation zwischen den Beteiligten. Im Rahmen eines solchen Verständnisses sind Medien im ‚Dazwischen' zu verorten – zwischen Personen und Sachverhalten – und haben eine dienende Funktion. Können Sie darüber hinaus noch mehr sein? Haben Sie auch noch ganz andere Potenziale?

Auf verschiedenen Ebenen – sowohl mit Blick auf Dimensionen didaktischer Strukturierung von Lehr-Lern-Situationen als auch anhand konkreter Beispiele – reflektiert dieser Text Aspekte, die den Einsatz von Medien im Kontext hochschulischen Lehrens und Lernens betreffen. Mit Fragen und Impulsen möchte er dazu anregen, Medien als Variable in Lehr-Lern-Szenarien aus unterschiedlichen Perspektiven zu betrachten. Als Musikpädagogin bin ich in der Lehrkräftebildung tätig und arbeite mit Lehramtsstudierenden, die zukünftig das Fach Musik an allgemeinbildenden Schulen unterrichten werden. Dieser fachliche Blickwinkel kommt in einigen Beispielen zum Ausdruck, um daran anknüpfend auf allgemeiner Ebene den Blick über den disziplinären Kontext hinaus zu öffnen.

Das folgende Gedankenspiel versteht sich als Anstoß, um (auch eigene) Lehr-Lern-Arrangements in den Blick zu nehmen und dabei den Fokus auf den medialen Aspekt zu richten.

2 Silbertablett oder Paket? Ein Gedankenspiel

Dieses Szenario dürfte Hochschullehrenden vertraut sein: Die Semesterplanung für eine Lehrveranstaltung ist ausgearbeitet, Kompetenzerwartungen, Lernziele und Inhalte sind definiert und für die einzelnen Termine steht eine thematische Struktur fest. Woche für Woche geht es im Laufe des Semesters dann um die Feinplanung eines Termins und damit um das Arrangieren einer konkreten Lehr-Lern-Situation. Eine dabei entscheidende Frage ist jene nach der Vermittlung: Welche Medien sollen als Transportmittel gewählt werden, um Inhalte, Informationen und Fakten zu über- bzw. vermitteln und ggf. ein Nachdenken darüber anzuregen? Welche Medien erscheinen geeignet, dass die Studierenden die angestrebten Ziele erreichen?

Die Antworten auf diese Frage können sehr unterschiedlich aussehen; zwei Beispiele verdeutlichen dies:

Mehr als Transportsysteme und Vermittler 141

Abb. 1 Transport auf dem Silbertablett (© Julia Lutz, 2022)

Das erste Beispiel: ein Silbertablett. In der Rolle der bzw. des Lehrenden gilt es, die weiterzugebenden Inhalte appetitlich zuzubereiten, auf Tellern und in Schälchen hübsch anzurichten und das sorgfältig zusammengestellte Menü dann auf einem Silbertablett zu servieren. Die Komposition der einzelnen Gänge wird – je nach Disziplin – sehr unterschiedlich aussehen und auch vom persönlichen Geschmack der zubereitenden Person geprägt sein. (Abb. 1)

Das zweite Beispiel: Ein Paket. Die Studierenden erhalten per Paketlieferdienst ein ordentlich verschnürtes Paket, in dem die Lerninhalte transportsicher verpackt sind. Hier ist auf den ersten Blick nicht erkennbar, was transportiert wird. Aufgabe der Studierenden ist es, auszupacken, einzelne Komponenten zu kombinieren und – um beim Bild des Menüs zu bleiben – daraus die einzelnen Gänge selbst zuzubereiten und anzurichten. (Abb. 2)

Dieses Gedankenspiel wirft eine ganze Reihe an Fragen auf: Das Szenario geht von gleichen Inhalten aus, die auf dem Silbertablett oder per Paketdienst transportiert werden. Sind diese Inhalte tatsächlich in jeder Hinsicht gleich? Oder unterscheiden sich durch die Wahl eines Mediums als „vermittelndes Element" bzw. als „[Hilfs]Mittel, das der Vermittlung von Information oder Bildung dient" (Dudenredaktion o. J.) bereits die jedem Szenario zugrunde liegenden Lehr-Lern-Inhalte, manchmal mehr und manchmal weniger?

Abb. 2 Transport per Paket (© Julia Lutz, 2022)

- Kommt bei den Studierenden unabhängig vom Medium als Transportmittel derselbe Inhalt an? Oder beeinflusst die Art und Weise des Transports die Beschaffenheit dessen, was die Studierenden erreicht?
- In welcher Weise verändert sich womöglich mit der Wahl eines bestimmten Transportmittels der Weg – oder mit didaktischem Vokabular gesprochen: die Methoden, die Vorgehensweisen – im jeweiligen Lehr-Lern-Setting? Möglicherweise verläuft der Weg bei der Verwendung eines Silbertabletts anders als beim Einsatz des Paketdiensts, und eventuell gibt es Hindernisse, die umgangen bzw. umfahren werden müssen.
- Sind die Ziele, die eine Lehrende bzw. ein Lehrender im Rahmen eines bestimmten Lehr-Lern-Arrangements erreichen möchte, und die oftmals eng damit verbundenen Kompetenzen, die Studierende entwickeln sollen, unabhängig von der Frage, ob das Silbertablett, der Paketdienst oder andere Möglichkeiten der Vermittlung gewählt werden?
- Welche Bedeutung hat die Wahl bestimmter Medien als „Kommunikationsmittel in Lehr-Lern-Prozessen, die vermittelnde Aufgaben zwischen Lerngegenstand und Lernenden übernehmen" (Riedl 2010, S. 227) für die Interaktion zwischen Dozierenden und Studierenden? Welche Formen der Interaktion untereinander eröffnen sich den Studierenden?
- Für welche Medien könnten Silbertablett und Paket in einer konkreten Lehr-Lern-Situation im Kontext eines bestimmten Studiengangs – von Archäologie über Germanistik bis hin zu Zahnmedizin – stehen?
- Sind Silbertablett und Paket überhaupt geeignete Bilder, um den Einsatz von Medien in Lehr-Lern-Arrangements zu beschreiben und aus verschiedenen Perspektiven zu beleuchten? Welche Alternativen sind denkbar?

Diese Fragen (die sich noch durch weitere ergänzen ließen) bringen zum Ausdruck, dass ein Blick auf Medien in Lehr-Lern-Kontexten viele weitere Aspekte berührt. Die hier in Verbindung mit dem Begriff des Mediums erwähnten Faktoren und ihr Zusammenspiel werden im Folgenden näher betrachtet – unter anderem mit der Intention, zur Reflexion dieses Zusammenwirkens in konkreten Lehr-Lern-Situationen anzuregen.

3 Medien als Variablen: Ein Zusammenspiel

Jede arrangierte Lehr-Lern-Situation – sei es eine Unterrichtsstunde in einer Schulklasse oder ein Termin im Rahmen einer Hochschul-Lehrveranstaltung – lässt sich anhand verschiedener Variablen charakterisieren. In didaktischen

(Struktur-)Modellen und Theorien[1] werden diese Variablen bzw. „Strukturelemente" (Lehner 2019, S. 33) – Inhalte, Ziele, Methoden bzw. Handlungsformen und Medien sowie Rahmenbedingungen wie Raum, Zeit und die beteiligten Personen – in unterschiedlicher Form zueinander in Beziehung gesetzt. Diese Dimensionen bieten Orientierung bei der Planung und Analyse von Lehr-Lern-Situationen und tragen dazu bei dass Lehrende „für didaktische Wirklichkeiten ‚sehfähig' werden, indem sie diese Wirklichkeiten anhand bestimmter didaktischer Begriffe, Kategorien und Strukturen wahrnehmen und einordnen" (Lehner 2019, S. 44). In manchen Modellen werden Medien explizit als Strukturelemente von Lehr-Lern-Situationen genannt[2], in anderen sind sie in Begriffen wie „Vermittlungsvariablen" (Schulz 2011, S. 40) in einem größeren Kontext mitzudenken. Gemeinsam ist diesen Ansätzen, dass sie die verschiedenen Variablen von Lehr-Lern-Situationen nicht kontextfrei und für sich stehend in den Blick nehmen, sondern von einem kontinuierlichen Zusammenspiel und wechselseitiger Beeinflussung ausgehen. Demnach ist der Einsatz von Medien nicht isoliert, sondern im Zusammenwirken mit den anderen Strukturelementen zu betrachten. So hat einerseits die Wahl eines Mediums Auswirkungen auf Inhalte, Ziele, Methoden und Handlungsformen sowie auf die Interaktion zwischen den beteiligten Personen. Umgekehrt können diese Variablen die Entscheidung für bestimmte Medien beeinflussen.

Anhand eines konkreten Beispiels aus meiner Arbeit mit Lehramtsstudierenden im Fach Musik lässt sich dies verdeutlichen:

Im Rahmen einer Lehrveranstaltung zur musikalischen Praxis im schulischen Unterricht wird das mehrstimmige Begleiten eines Liedes mit einer Schulklasse thematisiert. Ziel ist, dass die Studierenden in der Rolle der Lehrperson einen mehrstimmigen Begleitsatz mit einer Klasse musizieren können. Zur Gestaltung eines Lehr-Lern-Arrangements, in dessen Mittelpunkt das mehrstimmiges Begleiten eines Liedes steht, lassen sich unterschiedliche Transportmittel einsetzen:

---

[1] Beispielhaft lassen sich etwa die *Bildungstheoretische Didaktik* bzw. die *kritisch-konstruktive Didaktik* als deren Weiterentwicklung nennen, die vom schulischen Kontext ausgehend gedacht bzw. auf diesen bezogen sind und dabei auch in der Hochschullehre Orientierung geben können. Einen Überblick über diese und weitere didaktische Ansätze, die seit den 1950er Jahren entwickelt wurden, bietet Lehner (2019, S. 43–74).

[2] Angeführt werden können hier beispielsweise das Berliner Modell der *lerntheoretischen Didaktik* (Lehner 2019, S. 55 f.), das *didaktische Sechseck* von Klaus Zierer (Wernke und Zierer 2016, S. 277–279) und das von Werner Jank beschriebene Strukturmodell des Unterrichts (2018, S. 356).

Auf dem Silbertablett könnten der Notentext des ausgewählten Liedes, ein exemplarisches Begleitarrangement für üblicherweise an Schulen vorhandene Instrumente – ebenfalls in Form eines Notentextes – sowie eine Audioaufnahme als mp3-Datei serviert werden. Als Inhalt eines Pakets wäre denkbar: ein Liederbuch, das unter anderem den Notentext des Liedes enthält, der sich auch auf dem Silbertablett befindet, diverse kleine Percussion-Instrumente, eine Einführung in musiktheoretische Grundlagen der Liedbegleitung sowie eine Übersicht über mögliche Begleitmodelle.

Wie könnten diese beiden Szenarien, in denen abgesehen vom Notentext des Liedes unterschiedliche Medien Verwendung finden, in eine Lehrveranstaltung eingebunden sein? Im ersten Szenario wäre es möglich, die Audiodatei anzuhören und auf diese Weise schnell in den Genuss eines klanglichen Eindrucks zu kommen. Sicher wird es auch darum gehen, das Lied in schriftlich fixierter Form und das fertig ‚zubereitete' Begleitarrangement zu analysieren und den Aufbau zu verstehen – um ausgehend von diesem Beispiel dann selbst einen mehrstimmigen Begleitsatz zu schreiben. Im zweiten Fall darf von einer offeneren Lehr-Lern-Situation ausgegangen werden. Es ist zu erwarten, dass die Studierenden ein Lied (oder vielleicht auch mehrere Lieder) aus dem Buch auswählen, den Notentext analysieren, sich mit musiktheoretischen Aspekten und Modellen des Begleitens beschäftigen und diese Basis zum Schreiben einer eigenen Begleitung nutzen. Diese wird am Ende dieses Prozesses zum Klingen gebracht.

In beiden Beispielen sind verschiedene Handlungs- und Kommunikationsbzw. Interaktionsformen denkbar – etwa sich in der gesamten Seminargruppe, in Partnerarbeit oder in kleinen Teams mit der möglichen Struktur eines Begleitsatzes zu beschäftigen. Dabei variiert die Intensität, mit der sich die einzelnen Studierenden in den Austausch über denkbare Begleitformen und ins Gestalten eines eigenen Begleitsatzes einbringen können. Die klangliche Umsetzung mit Instrumenten in Beispiel 2 wird sicher als Musiziersituation mit mehreren Personen stattfinden. Eine Vortragssituation mit einem Input, der die Entstehung des beispielhaft angebotenen Begleitarrangements darlegt, wäre in Szenario 1 denkbar, weniger in Beispiel 2. Abhängig von den gewählten Formen der Interaktion und Kommunikation und der damit verbundenen Art und Weise, wie die Studierenden zusammenarbeiten, ist zu erwarten, dass die in der Lehrveranstaltung entstehenden Begleitarrangements – und damit auch inhaltliche Details des jeweiligen Lehr-Lern-Szenarios – sich unterscheiden.

Analoge und digitale Instrumente, Liederbücher, Partituren und Audioaufnahmen gehören zu den Medien, die im Kontext musikbezogener Studiengänge nicht wegzudenken sind. In jeder Disziplin kommen jeweils spezifische Medien zum

Einsatz, und über Disziplinen hinaus gehören Literatur in gedruckter und digitaler Form ebenso wie digitale Kommunikationsmittel und Informationsquellen von Lehrvideos über Apps bis hin zu Lernplattformen zu unverzichtbaren Elementen, um Lehr-Lern-Prozesse zu ermöglichen. Dabei sind Medien mehr als Transportsysteme und Vermittler – sie sind ein zentrales Element, um Lehr-Lern-Situationen zu gestalten. Entscheidend ist das Zusammenspiel von Medien und Inhalten, Zielen und weiteren Variablen. Nur im Kontext dieses Zusammenwirkens erscheint es sinnvoll, nach geeigneten Medien zu fragen. Lediglich die Frage nach der Passung von Medien zu einem bestimmten Lerninhalt zu stellen, würde einen verkürzten Blick auf das gesamte Lehr-Lern-Setting bedeuten.

4 Zum Weiterdenken

Über konkrete Lehr-Lern-Arrangements hinausgehend möchten die folgenden Überlegungen zum Nach- und Weiterdenken auffordern – mit immer wieder wechselnder Blickrichtung und neuen Fragestellungen.

Medien als Inhalte
Je nach Studiengang und fachlichem Kontext haben Medien nicht primär Transportfunktion, um Inhalte zu vermitteln, sondern können selbst Inhalt einer Lehr-Lern-Situation sein. Für Lehramtsstudierende des Fachs Musik beispielsweise ist es unverzichtbar, sich mit Medien zu beschäftigen, die im Kontext des schulischen Unterrichts eine Rolle spielen. Von der Djembe über das Keyboard bis hin zu digitalen MusikmachDingen[3], vom Schulbuch über Audio- und Videoaufnahmen bis hin zur Kompositions-App: Das Spektrum an Medien, die den zukünftigen Musiklehrkräften in ihrem Berufsalltag zur Verfügung stehen, ist groß. Zum Inhalt werden die Medien in unterschiedlich akzentuierten Lehrveranstaltungen, etwa in Angeboten zum schulpraktischen Musizieren, in Didaktikseminaren und in Kursen, die explizit den Einsatz von (vor allem digitalen) Medien im schulischen Unterricht thematisieren. Dass die damit verbundenen Zielsetzungen und Fragestellungen vielfältig sind, verdeutlichen einige Beispiele: Welcher didaktische Ansatz lässt sich im Rahmen der Analyse eines Schulbuchs für den Musikunterricht erkennen? Welche Vorstellung von Musikunterricht kommt darin zum Ausdruck? Wie führe ich als Lehrerin Orff-Instrumente in der

---

[3] Zum Begriff „MusikmachDinge" vgl. u. a. die Veröffentlichung *post_PRESETS – Kultur, Wissen und populäre MusikmachDinge* von Johannes Ismaiel-Wendt (2016).

Grundschule ein und nutze sie zum Klassenmusizieren? In welcher Weise ermöglichen digitale Musikinstrumente musikalische Interaktionen und Lernprozesse, die über die Möglichkeiten analoger Instrumente hinausgehen?

Ebenfalls zu erwähnen ist eine Auseinandersetzung mit der Mediennutzung und der Entwicklung von Medienkompetenz von Kindern und Jugendlichen im Alltag und im Musikunterricht (Ahlers 2018, S. 367 f.) – ein Bereich, dem sich die musikpädagogische Forschung zunehmend widmet (Ahlers, S. 369 f.) und in dem noch viele Fragen zu beantworten sind.

Ein Lehramtsstudium bereitet auf eine Unterrichtstätigkeit vor und schenkt dementsprechend dem Lehren und Lernen zentrale Bedeutung. Für Studiengänge, in denen der Aspekt der Vermittlung eine weniger zentrale oder nur marginale Rolle spielt, mögen Beispiele ganz anders aussehen – und oftmals sind die Übergänge mit Blick auf die Funktion von Medien als Vermittler oder als Inhalte fließend.

Digitale Medien: eine zentrale Fragestellung
Digitale Medien sind aus den Hochschulen nicht wegzudenken, und durch hohe Summen an Fördergeldern wird Digitalisierung in der Hochschullehre aktuell stark unterstützt und vorangetrieben.[4] Ohne im Folgenden bestimmte digitale Werkzeuge oder spezifische Anwendungen näher in den Blick zu nehmen, erscheint mir eine Frage in diesem Kontext besonders bedeutsam: Inwieweit verändert der Einsatz digitaler Medien Aufgabenstellungen, anhand derer Lernende – auch in Interaktion mit Lehrenden – sich mit einem Sachverhalt, einer Thematik, einem Problem beschäftigen? Anders formuliert: Inwieweit lassen sich anhand digitaler Medien nicht lediglich zuvor analog vermittelte Fakten, Informationen, Inhalte in anderer Weise präsentieren bzw. transportieren, sondern Aufgaben – verstanden als Form der Auseinandersetzung von Personen mit einer Sache – neu gestalten?

Anregungen zum Finden von Antworten bietet das SAMR-Modell, das Ruben Puentedura erstmals 2006 präsentierte (Puentedura 2006, 2012; Wilke 2016). Dieses ursprünglich auf den schulischen Kontext bezogene bzw. von diesem ausgehende Modell lässt sich auch auf andere Lehr-Lern-Kontexte übertragen. Es

---

[4] Als Beispiele lassen sich u. a. Ausschreibungen im Rahmen des Bund-Länder Programms *Qualitätspakt Lehre* (2011–2020; Bundesministerium für Bildung und Forschung; https://www.bmbf.de/bmbf/de/bildung/studium/qualitaetspakt-lehre/qualitaetspakt-lehre.html. Zugegriffen: 31.03.2022) sowie der Ende 2020 neu gegründeten Stiftung *Innovation in der Hochschullehre* (Ausschreibung 2020: *Hochschule durch Digitalisierung stärken*; https://stiftung-hochschullehre.de/foerderung/hochschullehre-durch-digitalisierung-staerken/. Zugegriffen: 31.03.2022) nennen.

Abb. 3 Das SAMR-Modell von Ruben Puentedura (angelehnt an Puentedura 2012; © Julia Lutz, 2022)

R	Redefinition: Neugestaltung / Neubelegung
M	Modification: Änderung
A	Augmentation: Erweiterung
S	Substitution: Ersetzung

unterscheidet vier Stufen, die beschreiben, wie Aufgabenstellungen durch digitale Medien weiterentwickelt bzw. transformiert werden können (vgl. Abb. 3) – im Folgenden anhand von Beispielen erläutert, die an jene im Kontext eines Lehramtsstudiums mit dem Fach Musik bereits beschriebenen (vgl. Abschn. 3) anknüpfen:

Die als „Substitution" (Puentedura 2012) bezeichnete unterste Stufe beschreibt, dass digitale Medien als Ersatz für analoge Medien dienen, ohne dass sich die Aufgabenstellung funktional ändert. Anstelle eines Notentextes in Papierform wird Studierenden in einem Musikdidaktik-Seminar beispielsweise der Notentext als PDF digital zur Verfügung gestellt.

Lässt sich durch den Einsatz digitaler Medien die Aufgabenstellung funktional verbessern, spricht Puentedura von „Augmentation" (2012). Die Studierenden erhalten den Notentext eines Liedes nicht in Papierform und auch nicht als PDF, sondern arbeiten mit einem Notenprogramm. Das ermöglicht ihnen, zur Liedmelodie direkt einen Begleitsatz zu schreiben. Die Aufgabenstellung als solche kann in verbesserter Form bearbeitet werden.

Auf Stufe 3 „Modification" (Puentedura 2012) ändert sich durch den Einsatz von digitalen Medien die Aufgabenstellung. Dies kann beispielsweise anhand einer App erfolgen, die zu einer Melodie verschiedene Begleitmodelle als Notentext und als Audio-Beispiel anbietet. Diese Vorschläge lassen sich variieren und kombinieren – und sie eröffnen eine Vielfalt an Begleitformen, die etwa bezüglich ihrer Realisierbarkeit in einer Schulklasse verglichen werden können.

Die vierte Stufe „Redefinition" (Puentedura 2012) verdeutlicht, dass digitale Medien neue Aufgabenstellungen ermöglichen, die ohne diese Medien nicht gestellt und bearbeitet werden könnten. Eine App dient beispielsweise als Basis, um rhythmische und melodische Begleitpatterns zu generieren, zu speichern, wiederzugeben, zu verändern, zu überlagern, mit der vorgegebenen Liedmelodie oder Ausschnitten daraus zu kombinieren und unter Anwendung von Prinzipien wie Wiederholung und Variation Neues zu schaffen.

Das Modell von Puentedura richtet den Fokus klar auf die digitalen Medien und damit möglicherweise verbundene Änderungen von Aufgabenstellungen gegenüber der Verwendung analoger Medien. So lässt sich aufzeigen, ob digitale Medien lediglich eine Alternative im Sinne eines Ersatzes – gegebenenfalls mit der Möglichkeit, Aufgaben komfortabler zu bearbeiten – darstellen, oder ob sie zusätzliches Potenzial eröffnen.

Um Chancen und Potenziale ebenso wie Herausforderungen und Grenzen der in einer Lehr-Lern-Situation denkbaren Medien zu erfassen und abzuwägen, möchte ich auch an dieser Stelle dazu anregen, den Blick nicht allein auf die Medien – digital, analog, und in unterschiedlichen Kombinationen – zu richten, sondern das wechselseitige Zusammenwirken mit den zuvor erläuterten Variablen (vgl. Abschnitt 3) aus verschiedenen Perspektiven zu betrachten und zu hinterfragen.

Eine Nebenrolle in hochschuldidaktischen Publikationen
In Publikationen zur Hochschullehre, die Dozentinnen und Dozenten Anregungen zur Planung, Durchführung und Reflexion von Lehrveranstaltungen bieten, spielen Medien – anders als in zahlreichen didaktischen Veröffentlichungen zum schulischem Unterricht – vielfach nur eine marginale Rolle oder werden gar nicht explizit thematisiert. Aufmerksamkeit wird vor allem methodischen Aspekten geschenkt (z. B. den Ouden und Rottlaender 2017; Böss-Ostendorf und Senft 2014; Macke et al. 2012; Waldherr und Walter 2014). Dass Medien ein zentrales Moment sind, um Inhalte, Studierende und Lehrende in Beziehung zu bringen, wird wenig berücksichtigt.[5] Auf Medien dürfte mehr Aufmerksamkeit gerichtet werden – nicht nur auf digitale, sondern auf Medien als Transportmittel allgemein und auch auf das, was sie darüber hinaus sein können.

Beim Weiterdenken – auch bezüglich spezifischer Medien und deren Einsatz in einzelnen Disziplinen – können zwei Blickrichtungen dazu beitragen, neue Perspektiven zu eröffnen: ein Blick auf das Medium an sich und ein Blick auf das Medium als eine von mehreren Variablen, die in Lehr-Lern-Situationen zusammenspielen und sich wechselseitig beeinflussen. Dabei kommt nicht nur zum Ausdruck, dass Medien mehr als Transportsysteme und Vermittler sind, sondern dass sich durch ihren Einsatz auch die Rolle der in Lehr-Lern-Settings agierenden Personen ändern kann: Lehrende sind weit mehr als Wissensvermittler, und Studierende nehmen nicht nur ‚serviertes' Wissen auf, sondern lernen von- und miteinander und sind aufgefordert, Verantwortung für ihren individuellen Lernprozess zu übernehmen. Lehr-Lern-Settings werden immer wieder anders

---

[5] Als Publikation, die Medien als Faktor zur Gestaltung hochschulischer Lehr-Lern-Situationen ausdrücklich thematisiert und ihr ein eigenes Kapitel widmet, ist beispielhaft *In die Lehre starten* (Antosch-Bardohn et al. 2019) zu nennen.

aussehen – abhängig unter anderem von den neuen Möglichkeiten, welche die fortschreitende Digitalisierung uns laufend eröffnet, von den eigenen Erfahrungen und Präferenzen, von der Offenheit, sich als Lehrende sich mit diesen Möglichkeiten zu beschäftigen, und nicht zuletzt von der Experimentierfreudigkeit, verschiedene Medien und Lernformate zu kombinieren und neue Formen des In-Beziehung-Setzens von Akteuren und Inhalten zu erschließen.

Literatur

Ahlers, Michael. 2018. Medialität in musikpädagogischen Handlungsfeldern. In *Handbuch Musikpädagogik. Grundlagen – Forschung – Diskurse*, Hrsg. M. Dartsch, J. Knigge, A. Niessen, F. Platz und C. Stöger, 364–370. Münster/New York: Waxmann.

Antosch-Bardohn, Jana, Barbara Beege, und Nathalie Primus. 2019. *In die Lehre starten. Ein Praxisbuch für die Hochschullehre*. Paderborn: Schöningh.

Böss-Ostendorf, Andreas, und Holger Senft. 2014. *Einführung in die Hochschul-Lehre. Ein Didaktik-Coach*. 2., aktualisierte Aufl. Opladen und Toronto: Verlag Barbara Budrich.

den Ouden, Hendrik und Eva-Maria Rottlaender. 2017. *Hochschuldidaktik in der Praxis: Lehrveranstaltungen planen. Ein Workbook*. Opladen und Toronto: Verlag Barbara Budrich.

Dudenredaktion (o. J.). „Medium" auf Duden online. https://www.duden.de/rechtschreibung/Medium_Vermittler_Traeger. Zugegriffen: 31. März 2022.

Jank, Werner. 2018. Unterrichtsgestaltung: schulischer Musikunterricht. In *Handbuch Musikpädagogik. Grundlagen – Forschung – Diskurse*, Hrsg. M. Dartsch, J. Knigge, A. Niessen, F. Platz und C. Stöger, 355–360. Münster/New York: Waxmann.

Lehner, Martin. 2019. *Didaktik*. Bern: Haupt.

Macke, Gerd, Ulrike Hanke, und Pauline Viehmann. 2012. *Hochschuldidaktik. Lehren – vortragen – prüfen – beraten*. 2. erweiterte Aufl. Weinheim und Basel: Beltz.

Puentedura, Ruben. 2006. *Transformation, Technology, and Education*. http://www.hippasus.com/resources/tte/. Zugegriffen: 31. März 2022.

Puentedura, Ruben. 2012. *Focus Redefinition*. http://www.hippasus.com/rrpweblog/archives/2012/06/18/FocusRedefinition.pdf. Zugegriffen: 31. März 2022.

Riedl, Alfred. 2010. *Grundlagen der Didaktik*. 2., überarbeitete Aufl. Stuttgart: Franz Steiner Verlag.

Schulz, Wolfgang. 2011. Die lehrtheoretische Didaktik. Oder: Didaktisches Handeln im Schulfeld. Modellskizze einer professionellen Tätigkeit. In *Didaktische Theorien*, Hrsg. H. Gudjons und R. Winkel, 35–56. 13. Aufl. Hamburg: Bergmann + Helbig.

Waldherr, Franz und Claudia Walter. 2014. *didaktisch und praktisch. Ideen und Methoden für die Hochschullehre*. 2. Aufl. Stuttgart: Schäffer-Poeschel.

Johannes Ismaiel-Wendt. 2016. *post_PRESETS – Kultur, Wissen und populäre Musikmach-Dinge*. Hildesheim: Georg Olms.

Wernke, Stefan, und Klaus Zierer. 2016. Neue Ansätze in der Allgemeinen Didaktik. Zwischen Tradition und Neuausrichtung: Die Eklektische Didaktik als zukunftsweisender

Integrationsversuch. In *Einführung in die Allgemeine Didaktik*, Hrsg. Raphaela Porsch, 269–288. Münster/New York: Waxmann.

Wilke, Adrian. 2016. *Das SAMR Modell von Puentedura.* http://homepages.uni-paderborn.de/wilke/blog/2016/01/06/SAMR-Puentedura-deutsch/. Zugegriffen: 31. März 2022.

Gestaltung einer digitalen Lernumgebung mit H5P für den Arabischunterricht

Julia Singer

Zusammenfassung

„H5P – create, share and reuse" ist eine kostenfreie Software zur Erstellung digitaler Lernaufgaben, die wir in der universitären Lehre des Hocharabischen intensiv einsetzen. Über hinterlegte Lösungen erhalten die Studierenden automatisiertes Feedback auf ihre Eingaben und eine Rückmeldung auf bearbeitete Aufgaben. Diese Lernaufgaben lassen sich in verschiedene Content-Management Systeme einbetten und ermöglichen eine didaktische Gestaltung einer digitalen Lernumgebung. Durch die Kombination verschiedener H5P-Lernaufgaben im „Moodle-Buch" sind im Rahmen meines Lehrprojekts „Lektionsrückblicke" entstanden, welche die Studierenden eigenständig und autonom bearbeiten können. Im folgenden Beitrag zeige ich auf, wie der studentische Wunsch nach Selbstkontrolle unter Verwendung der Software H5P didaktisch sinnvoll umgesetzt werden kann. Was ich explizit für die Sprachvermittlung des Arabischen darstelle, ist auf andere Sprachen, aber auch auf andere Themengebiete übertragbar.

Schlüsselwörter

Arabisch • Digital • Gamification • H5P • Interactive Book • Leistungskontrolle • Lernumgebung • Moodle • Moodle-Buch • Tests

---

J. Singer (✉)
Institut für den Nahen und Mittleren Osten, München, Deutschland
E-Mail: julia.singer@lmu.de

© Der/die Autor(en), exklusiv lizenziert an Springer Fachmedien Wiesbaden GmbH, ein Teil von Springer Nature 2024
J. Noller et al. (Hrsg.), *Medien-Räume*, Perspektiven der Hochschuldidaktik,
https://doi.org/10.1007/978-3-658-43047-4_10

1 Einleitung

Medien werden in den Bildungswissenschaften, und dazu zählt auch die Hochschuldidaktik, meist in Bezug auf ihre Rolle zur Vermittlung von Wissen behandelt. Im Rahmen des 5. Symposiums des Münchner Dozierenden-Netzwerks zum Thema „Medien in der Hochschullehre" im Jahr 2021 wurde jedoch nicht nur auf die unterschiedlichen Vermittlungsmöglichkeiten durch Medien eingegangen, sondern auch herausgestellt, dass durch digitale Medien neue Erfahrungsräume entstehen. Diese digitalen Erfahrungs- und Lernräume waren besonders in den Anfängen der Corona-Pandemie (2020) von großer Bedeutung, um den Lehrbetrieb an den Universitäten aufrecht zu erhalten. Im Zuge der Umstellung der Präsenz- auf Online-Lehre habe ich einen solchen digitalen und interaktiven Lernraum auf Moodle unter Verwendung der Software H5P gestaltet. Mein Ziel war es, meine didaktischen Überlegungen zur Lehre des Hocharabischen mit neuen digitalen Möglichkeiten zu kombinieren. Arabisch gilt in der Vermittlung und im Erlernen als anspruchsvoll (Ryding 2013, S. 68). Ich stütze daher meine Lehre auf digitale Elemente aus dem Bereich der Gamification, um den Studierenden den Zugang zur Sprache zu erleichtern. Zugleiche beziehe ich mobile Endgeräte der Studierenden (Handys, Tablets und Laptops) in die Lehre ein.

Ich entschied mich für die Verwendung der Software H5P, die open source und kostenfrei die Erstellung interaktiver und digitaler Lerninhalte ermöglicht. In der Lehre dient H5P als digitales Instrument und Medium zunächst der Wissensvermittlung. Neben der Erstellung („create") von Lernaufgaben, können diese auch plattformübergreifend geteilt („share") sowie beliebig wiederverwendet („reuse") werden. Eine begrenzte Interaktion zwischen Medium und Nutzer ist ebenso möglich, da über H5P digitale und zugleich interaktive Lernaufgaben erstellt werden. Zugrunde liegt hier nicht ein soziologischer Interaktivitätsbegriff, der die Interaktion zwischen Menschen in den Fokus stellt, sondern gemeint ist die Interaktion zwischen Mensch und Computer. Diese Form zeigt sich bei H5P durch das automatisierte Feedback, welches die Studierenden basierend auf ihren Eingaben erhalten.

1.1 Hintergrund und Ausrichtung des Projekts „Arabisch 2.0"

Bedingt durch die Corona-Pandemie, doch auch durch allgemeine Veränderungen in der Lern- und Lehrkultur (Ehlers 2020) und einer aktuellen Offenheit für digitale Lehre (Frey und Uemminghaus 2021), kommt es an den Universitäten zu einer verstärkten Nutzung der Content-Management Systeme (cms) wie Moodle, Blackboard Learn und Canvas. Dieser Schritt wird von den Studierenden begrüßt (Evaluierung 2022), da sie alle Inhalte ihrer Kurse, Seminare und Vorlesungen zentral an einem digitalen Ort finden. Kritisch gesehen wird jedoch die wenig versierte Nutzung der cms, sodass diese häufig weder interaktiv noch ansprechend wären, ja oft sogar einem reinen Dateiendepot gleichen würden. Die Möglichkeiten, welche diese Systeme bieten, werden in der Praxis selten ausgeschöpft und sind teilweise auch dem Lehrpersonal unbekannt. Die Gründe dafür, wie Zeitmangel, technische Vorbehalte, fehlende Fortbildungen usw., sind vielfältig. Meines Erachtens bietet gerade die Software H5P jedoch eine einfach umzusetzende Lösung für eine interaktive und optisch ansprechende Gestaltung des digitalen Lehr- und Lernraums.

Im Zuge eines Lehrprojekts zur Digitalisierung des Arabischunterrichts baute ich gemeinsam mit sieben Studierenden am Institut für den Nahen und Mittleren Osten (LMU München) den Moodle-Kurs „Arabisch 2.0" auf. Ich setzte mich dabei intensiv mit den Möglichkeiten von H5P auseinander.[1] Innerhalb des Förderrahmens wurde der oft geäußerte Wunsch der Studierenden adressiert, selbst den eigenen Leistungsstand im Arabischen systematisch und in regelmäßigen Abständen überprüfen zu können. Besonders nach Abschluss eines Buchkapitels sind Studierenden oft unsicher, ob sie die neue Grammatik und den neuen Wortschatz wirklich gut verinnerlicht haben und auch anwenden können.

Die zentrale Frage lautete daher, auf welche Weise einzelne H5P-Übungen technisch und didaktisch so strukturiert dargestellt und angelegt werden können, dass eine digitale Lernumgebung entsteht, innerhalb derer die Studierenden ihr Wissen selbstständig testen können. Die Tests sollten erstens digital vorliegen und eine feste Struktur haben, zweitens sollten sie interaktiv und ansprechend gestaltet sein, und drittens sollten die Studierenden während der Bearbeitung automatische Rückmeldungen erhalten, sodass keine (komplette) individuelle Korrektur der Tests durch die Lehrperson erfolgen muss.

---

[1] Das Projekt „Arabisch 2.0" wurde im Jahr 2020 innerhalb des Multiplikatoren-Programms der LMU durch Lehre@LMU im Rahmen des „Qualitätspakts Lehre" des Bundesministeriums für Bildung und Forschung (BMBF) gefördert.

1.2 Umsetzung eines studentischen Bedürfnisses nach Überprüfung des eigenen Leistungsstandes

Der vorliegende Artikel ist sowohl eine praktische Anleitung als auch eine didaktische Reflexion darüber, wie das studentische Bedürfnis der Selbstkontrolle digital umgesetzt und durch die Verwendung von H5P technisch adressiert werden kann. Alle drei erwähnten Aspekte (digitale Umsetzung, ansprechendes Design und automatisierte Rückmeldungen) wurden in die Erstellung einbezogen und mitbedacht. Im Projektrahmen konzipierten wir für alle 12 Kapitel des im Unterricht verwendeten Lehrwerks sogenannte „Lektionsrückblicke" und stellten diese den Studierenden über Moodle zur Verfügung.

Wir konnten diesen Wunsch nach der Überprüfung des eigenen Kenntnisstandes technisch durch die Verwendung einzelner H5P-Übungen in Kombination durch eine Einbettung in das „Buch" in Moodle (vgl. Abb. 1) beziehungsweise durch die Anlegung eines „Interactive Books" in H5P erfüllen.

Was in diesem Artikel sehr spezifisch für die Sprachvermittlung des Arabischen aufgezeigt wird, lässt sich auf andere Sprachen und/oder Fachbereiche übertragen. Die Verwendung des „Buches" in Moodle oder die des Interactive Books erlauben die strukturierte Darstellung von Lerninhalten. Selbsttests können daher für beliebige Sprachen und/oder Themen gestaltet und den Studierenden zur Verfügung gestellt werden. Des Weiteren tauchen viele der skizzierten Probleme nur im Hinblick auf die arabische Schrift auf. Die Erstellung von H5P-Übungen unter Verwendung der lateinischen Schrift gestaltet sich daher für die meisten Lehrenden sehr unkompliziert.

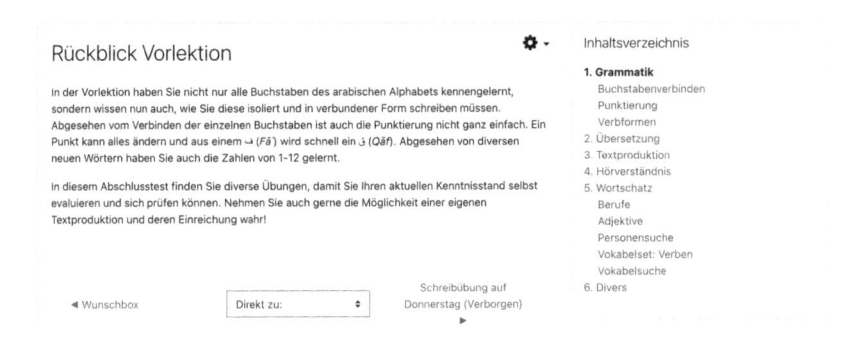

Abb. 1 Ansicht der Studierenden: Screenshot eines sogenannten „Buches" in Moodle

1.3 Aufbau des Artikels

Beginnend stelle ich die grundsätzlichen Möglichkeiten und Vorteile von H5P vor, ehe ich mich auf die Integration einzelner H5P-Elemente in Moodle konzentriere. Ich gehe anschließend auf den Aufbau der Lektionsrückblicke im „Buch" und im „Interactive Book" ein und zeige die jeweiligen Vor- und Nachteile dieser beiden technischen Umsetzungsmöglichkeiten auf. Nach einem kurzen Überblick über die von uns verwendeten H5P-Elemente (= Content Types), erörtere ich die dahinterstehenden didaktischen Überlegungen und führe diese mit grundsätzlichen Kritikpunkten an H5P zusammen. Abschließend skizziere ich drei verschiedene praktische Anwendungsmöglichkeiten dieser Lektionsrückblicke in der Lehre und wie diese sowohl asynchron als auch synchron im Unterricht und in einem Tutorium eingesetzt werden können. Der Schluss des Artikels greift das Leitmotto „create, share & reuse" von H5P auf, wobei der Gedanke der gemeinsamen Erarbeitung von Lern- und Lehrmaterialien zwischen Lehrenden und Lernenden im Mittelpunkt steht.

2 Möglichkeiten von H5P und die Einbettung in Moodle

Hinter H5P steht das norwegische Softwareunternehmen Joubel, welches seit 2014 die Entwicklung und Gestaltung dieser Software als quellenoffenes Projekt versteht und offen für freiwillige Beteiligungen der Community ist. Das Ziel ist, basierend auf HTML5 und freien Web Standards, eine kostenlose Software zur leichten Erstellung, Bearbeitung und Teilung digitaler Lernobjekte zur Verfügung zu stellen. Inzwischen ist H5P ein Community-Projekt, welches lediglich aus einem kleinen sogenannten H5P Core Team besteht, ansonsten auf freiwilligen Beiträgen und Entwicklungshilfe von Unternehmen und Einzelpersonen beruht (Schoblick 2021). Seit 2018 wird das Kernteam finanziell durch die Mozilla Foundation unterstützt (H5P 2018).

Mit H5P können ohne Programmierkenntnisse interaktive (Lern-)Inhalte für das Web erstellt, geteilt und wiederverwendet werden. H5P benötigt ein Content-Management System, um angezeigt zu werden. Übungen können dort entweder einzeln platziert oder in ein anderes Format eingebettet werden. Innerhalb von Moodle ist es beispielsweise möglich, H5P-Übungen in ein „Textfeld" oder in ein „Buch" zu integrieren. Eigenes Lernmaterial kann so mit H5P-Inhalten gemischt oder die H5P-Übung durch zusätzliche Informationen ergänzt werden. Eine große Zahl an Universitäten und Bildungseinrichtungen hat H5P inzwischen über einen hub in das jeweils verwendete cms eingebettet. Eine Erstellung und Bearbeitung der Lerninhalte kann nun direkt, beispielsweise in Canvas, Brightspace, Blackboard, Moodle und WordPress, erfolgen (Ravalli 2019).

Im Oktober 2021 standen 49 Inhaltstypen zur Gestaltung von Lernaufgaben zur Verfügung. Während einige in Richtung Gamification des Lernens tendieren (Memory-Spiele, Quizaufgaben, Wörtersuchspiele etc.), unterstützen andere die Strukturierung von Lerninhalten (Charts, interaktive Bücher, Kurspräsentationen), oder helfen bei der Erstellung interaktiver Lernaufgaben (Drag & Drop Übungen, Fill in the Blanks, Mark the Words etc.). Nicht alle diese Inhaltstypen sind in jedem cms verfügbar, da sie oft erst nach einer Prüfung durch das technische Fachpersonal einer Bildungseinrichtung zugelassen werden. (Abb. 2).

Für die im Rahmen unseres Lehrprojekts entstandenen Lektionsrückblicke haben wir uns ursprünglich für eine Einbettung in das Moodle-Buch und gegen eine Einbettung in das Interactive Book entschieden. Beide Möglichkeiten basieren grundsätzlich auf derselben Idee: es geht um die strukturierte Darstellung von Lernmaterial, welches in Form von Kapiteln (auf Unterseiten) platziert werden kann. Die Nutzer navigieren darin ähnlich wie in einem Buch (vgl. Abb. 1). Ausschlaggebend für unsere Entscheidung war die Verwendung der arabischen Schrift, deren rechts-links Ausrichtung im Interactive Book nicht festgelegt werden kann. Da dies jedoch ein sehr spezifisches Problem ist, gebe ich mit folgender Tabelle einen Überblick, welche Vor- und Nachteile die Verwendung des Interactive Books und des Moodle-Buchs jeweils mit sich bringen.

Image Slider	Impressive Present...	Information Wall	Interactive Book	KewAr Code
Easily create an Image Slider	Create a slideshow with parallax effects	Create searchable information panels	Create courses, books or tests	Create QR codes for different purposes

Mark the Words	Memory Game	Multiple Choice	Personality Quiz	Questionnaire
Create a task where users highlight words	Create the classic image pairing game	Create flexible multiple choice questions	Create personality quizzes	Create a questionnaire to receive feedback

Abb. 2 Screenshot von zehn verschiedenen Content Types. (Quelle: www.h5p.org). Rechts oben befindet sich das Symbol für das „Interactive Book"

	H5P Content Type „Interactive Book"	Moodle Content Type „Buch"
Möglichkeit des Teilens	✓	(✓)*
Automatisierte Korrektur einzelner Aufgaben	✓	✓
Abschlussübersicht aller bearbeiteten Aufgaben und erreichten Punkte	✓	✗
Verbergen einzelner Inhalte	✗	✓
Umgang mit außereuropäischen Schriften (wie z. B. Arabisch)	(✓)**	✓
H5P-Übungen können direkt darin erstellt und bearbeitet werden	✓	✗
Verwendung aller verfügbaren H5P Content Types	✗	✓
Zugriff auf den html-Quellcode	✗	✓
Anzeigen von externen Inhalten	✗	✓
Design	modern	klassisch, schlicht

Anmerkungen:
* Das Interactive Book kann als kompletter Baustein heruntergeladen und geteilt werden. Eine Einsetzung in ein anderes cms ist problemlos möglich. Das Moodle-Buch kann etwas umständlich ausgespeichert werden und auch nur in einer Moodle-Umgebung wieder eingesetzt werden.
** Die arabische Schrift kann verwendet und dargestellt werden, allerdings ist sie aufgrund der festgelegten Schriftgröße und -art oft nur schwer lesbar. Probleme bereitet darüber hinaus die korrekte Setzung der Satzzeichen, die oftmals aufgrund der fehlenden rechts-links Textausrichtung nicht am Ende eines Satzes platziert werden können

Aktuell transferieren wir die zwölf Lektionsrückblicke aus dem Moodle-Buch in das Interactive Book, da mit entsprechenden technischen Workarounds die Problematik der Schriftdarstellung umgangen werden kann. Als Vorteile des Interactive Books überwiegen das ansprechende Design, die Möglichkeit einer Auswertung aller bearbeiteten Aufgaben (Abschlussbericht) und vor allem aber die schnelle Erstellung und Bearbeitung der einzelnen H5P-Elemente.

3 Aufbau und technische Umsetzung von Selbsttests

Im Rahmen unserer Arabischkurse äußern Studierende regelmäßig den Wunsch, den eigenen Leistungsstand (eigenständig) überprüfen zu können. Die bisherige Lösung, schriftliche Tests nach einer Lektion im Lehrbuch schreiben zu lassen, hat sich als kontraproduktiv erwiesen. Zum einen war der Korrekturaufwand für das Lehrpersonal hoch und zum anderen waren die Studierenden zurückhaltend bei der Teilnahme. Im Rahmen des Projekts „Arabisch 2.0" wurden zwölf Lektionsrückblicke konzipiert, anhand derer der eigene Kenntnisstand nach jeder Lektion im Lehrbuch überprüft werden kann. Durch die Verwendung von H5P und die Einbindung in das Moodle-Buch gelang es, dass die Tests digital vorliegen und eine äußere Struktur haben, dass sie interaktiv und ansprechend gestaltet sind und dass die Studierenden nach der Bearbeitung jeder Aufgabe eine automatische Rückmeldung erhalten. Der Aufbau der Tests folgt dabei einem festen Schema, wie in Abb. 1 zu erkennen: Grammatik, Übersetzung, Textproduktion, Hörverständnis, Wortschatz und Diverses.

Das Buch folgt einem klassischen Aufbau mit dem Inhaltsverzeichnis auf der rechten Seite, welches in der Darstellung jedoch angepasst oder auch komplett ausgeblendet werden kann. Der Inhalt des jeweiligen Kapitels wird auf der linken Seite angezeigt. Die Studierenden navigieren entweder durch Klicken auf die einzelnen Über- und Unterkapitel durch das Buch oder nutzen die Pfeiltasten unterhalb des dargestellten Contents. Moodle bietet die Möglichkeit, diverse Medien im Buch anzeigen zu lassen. Dazu zählen Texte, Bilder, Videos und Audiodateien. Zusätzlich lassen sich auch H5P-Übungen einfügen, die zuvor an einer anderen Stelle (zum Beispiel in Moodle) erstellt wurden. Eine Erstellung der H5P-Übung direkt im Buch ist nicht möglich, sondern die Übung muss entweder als Datei eingefügt oder es muss auf sie verlinkt werden. Eine Verlinkung ist nicht zu empfehlen, da in diesem Fall die Originaldatei immer an einem festen Platz verbleiben muss. Da die Erstellung einer H5P-Datei nicht direkt im Moodle-Buch möglich ist, besteht der Nachteil, dass sie auch nicht dort (nach)bearbeitet werden kann. Sollte die eingefügte Datei zum Beispiel einen Tippfehler enthalten, muss dieser erst in der ursprünglichen H5P-Übung korrigiert und die ganze Datei anschließend neu eingefügt werden – was auf Dauer ein sehr umständlicher Weg ist.

Gestaltung einer digitalen Lernumgebung ... 159

3.1 Verwendung einzelner H5P-Elemente im Moodle-Buch

Für die Erstellung der einzelnen Lektionsrückblicke haben wir auf diverse H5P Content Types zurückgegriffen. Anhand des Rückblicks der Vorlektion (Abb. 1) zeige ich exemplarisch die verwendeten Elemente, ihre Funktion und Gestaltung auf (Abb. 3, 4, 5, 6, 7, 8). Was hier spezifisch für das Arabische gestaltet wurde, ist (mit ein bisschen Kreativität) auf andere Sprachen und auf andere Themen übertragbar.

Image Juxtaposition
Eingebettet befinden sich hier untereinander drei H5P-Übungen des Content Types Image Juxtaposition. Jede Übung besteht aus zwei Bilddateien. Während in der oberen Bilddatei die arabischen Sätze ohne Punktierung angegeben sind, befinden

Abb. 3 Drei Übungen „Image Juxtaposition" eingebettet unter einem Textblock

Rückblick Vorlektion

Hier sind die einzelnen Buchstaben bereits verbunden, aber nun fehlt die Punktierung. An welchen Stellen müssen Sie Punkte setzen, damit **sinnvolle** Sätze entstehen? Schreiben Sie die Sätze handschriftlich ab und ergänzen Sie die entsprechenden Punkte. Vergleichen Sie anschließend Ihre Lösung mit der hinterlegten Bilddatei. Ziehen Sie dazu den roten Regler nach links.

سكن الطالب مع الأب فى سـ صغر.

سرب الطبـ الساى مع السكر.

عرف الملك الورر.

Abb. 4 Übungstyp „Essay". Allerdings wurde der arabische Text nicht in die H5P-Übung selbst sondern als Text ins Moodle-Buch eingesetzt

Rückblick Vorlektion

باسم طالب أَجْنبيَ من الأَرْدنَ

هُو يَدْرُس السياسة ويَسكُن مع صاحب في ميونخ. هُو شَخْص لَطيف. يَشْرب الشاي مع السكر ويأكُل الخُبْز والتُفاح صباحًا. يَتكلَّم باسم كَثيرًا عن الأخ الكبير والأُخت الصغيرة.

Übersetzen Sie den Text ins Deutsche

Überprüfen

Abb. 5 Übung „Drag the Words"

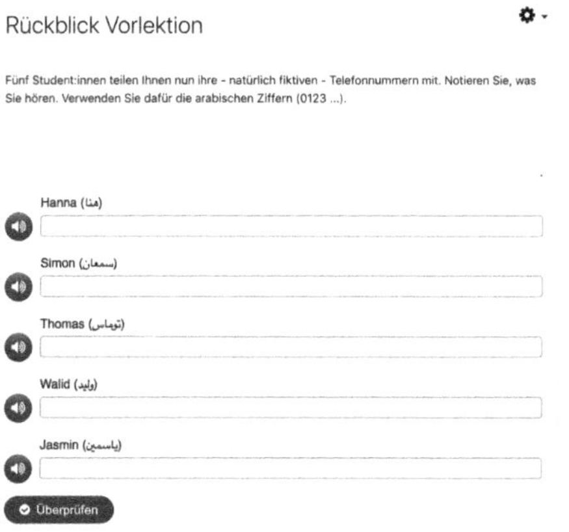

Abb. 6 Übung „Dictation" mit fünf eingesprochenen Audiofiles

sich die für die Wortbedeutungen relevanten Punkte auf der darunterliegenden Bilddatei. Durch Verschieben des roten Reglers nach links werden die Punktierungen angezeigt. Bei dieser Aufgabe korrigieren die Studierenden eigenständig ihre handschriftliche Bearbeitung mit der hinterlegten Bilddatei. Der rote Regler ist dazu nach links zu ziehen, damit die punktierte Version des arabischen Satzes erscheint.

Gestaltung einer digitalen Lernumgebung ... 161

Abb. 7 Übung „Find Multiple Hotspots"

Rückblick Vorlektion

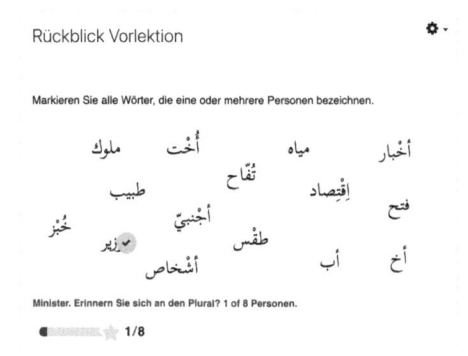

Markieren Sie alle Wörter, die eine oder mehrere Personen bezeichnen.

أَخْبار   مياه   أُخْت   ملوك

فتح   إقْتِصاد   تُفَّاح   طبيب

أخ   أب   طقْس   أَجْنبيّ   زير   خُبْز

أَشْخاص

Minister. Erinnern Sie sich an den Plural? 1 of 8 Personen.

1/8

Abb. 8 Übung „Drag and Drop"

Rückblick Vorlektion

Welches arabische Land befindet sich wo? Ziehen Sie die Ländernamen ins entsprechende Kästchen.

Überprüfen

Essay

Hier wurde der arabische Text direkt in das Moodle-Buch geschrieben und darunter die H5P-Aufgabe platziert. Auch der arabische Text hätte in die H5P-Übung integriert werden können, jedoch mit großen Abstrichen in der Darstellung. Sobald die Studierenden einen Textvorschlag als Übersetzung eingeben und auf „Überprüfen" klicken, wird ihnen eine Musterlösung der Übersetzung angezeigt. Es wäre zudem möglich gewesen, in der Bearbeitungsmaske „Schlagwörter" zu hinterlegen, die auf jeden Fall geschrieben werden müssen. Die Studierenden würden auf diese Weise entsprechend Punkte sammeln, wenn sie die hinterlegten Schlagwörter in ihrer eigenen Übersetzung verwenden. Eine voll automatische Korrektur kann nicht erfolgen, da nicht alle Möglichkeiten einer Übersetzung hinterlegt werden können. Die Studierenden müssen daher am Ende selbst ihre Übersetzung mit der hinterlegten Lösung vergleichen.

Drag the Words
Dieser Übungstyp zählt zu den Elementen, die im Hinblick auf die Verwendung der arabischen Schrift ungünstig sind. Zum einen ist der arabische Text klein und schwer lesbar, zum anderen wäre für rechts-links-läufige Schriften eine andere optische Gestaltung der Übung wünschenswert. Es ist außerdem bei arabischen Sätzen technisch nicht möglich, die Lücke zu Beginn des Satzes zu platzieren. Für Arabisch bietet sich stattdessen eine Verwendung des Content Types „Drag and Drop" für eine solche Übung an, jedoch ist die Erstellung deutlich zeitintensiver. Anstatt den arabischen Text direkt in die Übung einzubetten, wird eine Bilddatei mit arabischen Sätzen und entsprechenden Wortlücken hinterlegt. In diese Lücken müssen die passenden Wörter gezogen werden. Sollte sich allerdings in der Bilddatei ein Fehler befinden, müssen bedingt durch den Austausch der Bilddatei die Ablagezonen der Wortlücken oft neu definiert werden.

Dictation
Fünf Studierende habe in dieser Übung ihre fiktiven Telefonnummern auf Arabisch eingesprochen. Die Aufnahmen können beliebig oft angehört werden und es kann eine zusätzliche, langsamer gesprochene Audiodatei hinterlegt werden. Ein Vor- und Zurückspulen ist jedoch nicht möglich. Nachdem die Studierenden die gehörten Ziffern in das Feld neben dem Audiosymbol eingetippt haben, erhalten sie eine automatisierte Rückmeldung, ob diese Nummern richtig sind. Die Übung kann statt mit Ziffern auch mit ganzen Sätzen gestaltet werden, allerdings erschwert sich dadurch die automatische Korrektur, wenn der von den Studierenden eingegebene Satz nicht exakt der hinterlegten Lösung entspricht. Einzelne Wortvarianten können hinterlegt werden, eine abweichende Wortfolge würde allerdings als fehlerhaft gewertet werden.

Find Multiple Hotspots
Die zugrunde liegende Datei ist ein Screenshot einer Worddatei. Auf diese Weise konnte die arabische Schrift groß und gut lesbar dargestellt werden. Die Wörter, die Personen bezeichnen, wurden als Hotspots markiert. Wenn die Studierenden auf diese Wörter klicken, wird ihnen die Übersetzung (hier: Minister, vgl. blaue Schrift unterhalb der Übung) angezeigt und eine weiterführende Frage zu diesem Wort gestellt. Anhand der unteren Leiste sehen die Studierenden die Anzahl der zu findenden Personen. Eine Lösung kann nicht angezeigt werden, sondern notfalls müssen alle Wörter nacheinander angeklickt und die Lösung durch try and error gefunden werden.

Drag and Drop
Auf dem Bild einer Landkarte, auf der die arabischen Länder in grün markiert sind, wurden sogenannte „Ablagezonen" (graue leere Felder) platziert. Auf diese müssen die untenstehenden Länderbezeichnungen gezogen werden. Jede Bezeichnung muss technisch auf jede Zone gezogen und dort abgelegt werden können, jedoch darf nur eine Zone als die korrekte Zone ausgewiesen werden. Sollte das Bild nachträglich verändert (oder ausgetauscht) werden, müssen oft sämtliche Ablagezogen neu positioniert werden.

Bis auf Image Juxtaposition und Find Multiple Hotspots befindet sich unter den anderen vier Übungstypen ein blauer Button zum Überprüfen der bearbeiteten Aufgabe. In den Einstellungen der H5P-Übungen wurde festgelegt, dass eine Lösung erst nach einer Bearbeitung der Übung angezeigt wird. Die Studierenden erhalten nach ihren Eingaben ein automatisiertes Feedback und können ihren Wissensstand selbst überprüfen. Nach fehlerhaften Antworten ist es möglich, die Übung zu wiederholen. Dem Wunsch der Studierenden nach Möglichkeiten einer Selbstevaluierung wurde durch die Verwendung der Software H5P entsprochen. Durch die Einbettung einzelner Lernaufgaben in das „Buch" oder in ein Interactive Book entsteht eine ansprechende, didaktisch strukturierte und einfach zu bedienende interaktive Lernumgebung – die Verwendung in der Lehre skizziere ich im vierten Kapitel anhand drei verschiedener Szenarien.

3.2 Bewertung der Verwendung von H5P in der Lehrpraxis

Meine Erfahrung aus der Lehrpraxis hinsichtlich der Verwendung von H5P-Übungen im Rahmen der Lektionsrückblicke ist sehr positiv und fünf Aspekte möchte ich besonders hervorheben: 1) Die Studierenden schätzen das direkte Feedback auf ihre Eingabe sehr und wissen unmittelbar, ob sie die Aufgabe richtig bearbeitet haben oder nicht. Die Bepunktung richtiger Antworten empfinden sie als motivierend. Die Möglichkeit, bei unterschiedlichen Aufgaben eine Musterlösung zu hinterlegen, hilft ihnen ebenso, ihre eigene Bearbeitung selbst zu korrigieren und sich über etwaige Fehler Gedanken zu machen. 2) Aufgaben können sehr kleinteilig gestaltet werden, sodass sich auch größere Aufgabenblöcke problemlos in mehrere Übungen aufspalten lassen. Die Studierenden können dadurch ihre eigenen Eingaben rasch überprüfen und stellen nicht erst am Ende eines ganzen Aufgabenblocks fest, dass ihre Lösungen nicht stimmen. 3) Durch die diversen von H5P zur Verfügung gestellten Content Types können sehr unterschiedliche und sehr abwechslungsreiche Aufgaben erstellt werden, die in ihrer Bearbeitung stark variieren. Auch sind manche Übungen deutlich einfacher zu lösen und zu bearbeiten als andere, sodass auch hinsichtlich der Komplexität eine breite Variation zur Verfügung steht. 4) Die Bearbeitung der Lektionsrückblicke kann asynchron stattfinden und die Studierenden entscheiden individuell, wie viel Zeit sie in die Bearbeitung einer Aufgabe investieren wollen. Besonders bei großen Gruppen scheint mir dies ein wichtiger Aspekt zu sein, da ich mich als Lehrperson im Unterricht an einem fiktiven Durchschnittsstudierenden orientiere und dementsprechend jeder Übung eine bestimmte Bearbeitungszeit zuteile. In der Praxis bedeutet dies, dass es immer für einen Teil der Studierenden entweder zu langsam oder zu schnell geht. 5) Durch die hinterlegten Lösungen bearbeiten die Studierenden die Übungen ohne Kontrolle durch die Lehrkraft. Sie müssen also keine Lösung zu präsentieren, um von mir die korrekte Antwort zu erhalten, sondern bearbeiten die Aufgaben für sich und/oder gemeinsam mit ihren Kommilitonen.

Auf vier Aspekte möchte ich kritisch verweisen. 1) Innerhalb von H5P ist es nur sehr bedingt möglich, automatisierte Rückmeldung auf komplexere Aufgaben zu geben. Gerade bei Aufgaben, innerhalb derer die Studierenden in der Bearbeitung eher frei sind (z. B. bei der Anfertigung einer Übersetzung) bleibt meist als einzig sinnvolle Lösung die Hinterlegung einer Musterlösung. Hier müssen die Studierenden selbstständig vergleichen und entscheiden, ob ihre eigenen (möglicherweise leicht abweichenden Lösungen) auch korrekt wären – abhängig vom Typus des Studierenden gelingt dies besser oder schlechter. 2) Als Lehrkraft ist darüber hinaus im Blick zu behalten, dass die von H5P beworbene „Interaktivität" der Aufgaben sich rein auf eine Beziehung zwischen Mensch und Computer bezieht. Bisher gibt es keine Content Types, welche explizit eine gemeinsame Bearbeitung erfordern und beispielsweise nur gemeinsam gelöst werden können. Es bleibt daher (nach wie vor) Aufgabe der Lehrkraft, diese Form der Interaktivität gezielt im Unterricht entstehen zu lassen und zu fördern. 3) Wie so oft tendieren Übungen, die automatisiert ausgewertet werden können, zu einer gewissen Schematisierung in der Bearbeitung. Um dem entgegenzuwirken, ist es wichtig, das volle Potential der fast 50 Content Types von H5P auszuschöpfen, damit weder Monotonie noch Langeweile zu einer Demotivierung der Studierenden führen. 4) Aktuell ist es technisch in Moodle nur möglich, die Bearbeitungen der Übungen eines jeden einzelnen Studierenden als Lehrkraft nachzuvollziehen. Eine anonymisierte Aufstellung der getätigten Eingaben wäre sehr wünschenswert, sodass ersichtlich werden kann, welche Aufgaben tendenziell falsch beantwortet wurden.

Insgesamt überwiegen die Vorteile in der Verwendung von H5P sehr deutlich gegenüber den erwähnten Kritikpunkten, die zudem adressiert und, wenn sie aktiv mitbedacht werden, abgemildert werden können. Durch die Verwendung von H5P und die Möglichkeiten der Automatisierung der Aufgabenkorrektur verschaffen wir uns als Lehrkräfte Zeit, um unsere Studierenden individueller zu fördern und verstärkt individuelle Rückmeldungen zu geben. Jede Aufgabe, wie ein Einsetzen korrekter Verbformen, die nicht händisch zu korrigieren ist, eröffnet die zeitliche Möglichkeit, zum Beispiel selbst verfasste Texte der Studierenden zu korrigieren und ihnen ganz persönliche Rückmeldung und Feedback zu geben.

4 Anwendungsszenarien von Selbsttests

In den letzten Semestern erfolgte die Verwendung der erstellten Lektionsrückblicke in verschiedenen Unterrichtsvarianten, die ich kurz skizziere. Bedingt durch Corona wurden die Rückblicke nie in einem analogen Präsenzunterricht verwendet, sondern in einer digitalen Form des Präsenzunterrichts über Zoom. Die Rückmeldungen und das Feedback der Studierenden wurden nicht systematisch evaluiert, sodass ich im Folgenden meinen persönlichen Eindruck und die mündlichen Rückmeldungen wiedergebe

4.1 Verwendung im Präsenzunterricht mit anschließender Besprechung

Eine erstmalige gemeinsame Bearbeitung aller erstellten Übungen ist dahingehend sinnvoll, dass die Studierenden technische und inhaltliche Fehler direkt (mündlich) rückmelden können und dies auch tun. Typische Fehler sind beispielsweise, dass richtige Lösungen nicht als solche markiert wurden oder sich Tippfehler eingeschlichen haben. Als Lehrkraft bietet sich auf diese Weise noch während des laufenden Kurses die Möglichkeit, den entsprechenden Fehler schnell in der Bearbeitungsmaske zu beheben.

Da das Moodle-Buch das Verbergen diverser Abschnitte erlaubt, können die Studierenden Abschnitt für Abschnitt durch das Buch geleitet und im Laufe der Stunde verborgene Übungen freigeschaltet werden. Einige Aufgaben wurden gemeinsam gelöst, indem ich meinen Bildschirm freigegeben und wir über die richtige Lösung diskutiert haben. Andere Aufgaben haben die Studierenden für sich in einer vorher festgelegten Zeit bearbeitet, ehe die Lösung gemeinsam besprochen wurde. Manche Aufgaben wurden in Breakout-Sessions in Gruppen bearbeitet. Durch den Wechsel der Methode und des Grades der Interaktivität war die Bearbeitung des Rückblicks kurzweilig und gerade bei komplexeren Aufgaben, wie der Übersetzung eines arabischen Textes ins Deutsche, wurde die gemeinsame Bearbeitung in einer Gruppe als angenehm empfunden.

Ein Vorteil der Verwendung des Lektionsrückblicks im Präsenzunterricht ist die gesteigerte Interaktion der Studierenden untereinander, aber auch die erhöhte Interaktion mit mir als Lehrkraft. Sowohl in der Bearbeitung der Übungen als auch in der anschließenden Besprechung, finden ein kommunikativer Austausch und damit Formen von Interaktion statt, die weit über das Interaktivitäts-Modell (Mensch-Computer) von H5P selbst hinausgehen. Des Weiteren bemerke ich auf Basis der Besprechung der Lösungen, welche Aufgaben den Studierenden tendenziell schwerfallen, und kann Unklarheiten rasch besprechen und gezielt nachsteuern. Die Verwendung der Rückblicke als Lehrmaterial (und nicht nur als Lernmaterial) entlastet mich als Lehrkraft zeitlich in meiner Stundengestaltung.

Nachteilig ist, dass der Lektionsrückblick seine eigentliche Idee einer Selbstevaluierung verliert und die Studierenden am Ende ihre eigene Kompetenz nicht einschätzen können. Ebenso ist eine individuelle zeitliche Bearbeitung nicht möglich, da ich einen Rahmen vorgebe und für jede Übung festlege, wieviel Zeit sie in Anspruch nehmen darf. Dies kommt Studierenden, denen dieser zeitliche Rahmen entweder zu lang oder zu kurz ist, nicht entgegen.

4.2 Selbstbestimmte Bearbeitung ohne Lehrperson (asynchron)

Alle zwei Wochen schließen wir im Arabischunterricht eine Lektion ab und haben, nachdem ein Semester lang die Übungen gemeinsam mit den Studierenden getestet und überarbeitet wurden, den Studierenden die Rückblicke am Ende einer jeden Lektion zur Bearbeitung freigeschalten. Eine Korrektur oder eine Besprechung fand nicht statt. Die Möglichkeit einer Texteinreichung, die in den Rückblick eingebettet war, nahmen durchschnittlich sechs von 35 Studierenden wahr und überwiegend waren dies Personen, die sich auch im Unterricht sehr engagiert zeigten und bereits ein gutes Niveau im Arabischen vorweisen konnten. Da ich davon ausgehe, dass nicht alle, die den Rückblick bearbeitet haben, einen eigenen Text eingereicht haben, liegt die Zahl der Bearbeitungen wohl höher.

Der Vorteil dieser Verwendung ist, dass die Studierenden sich und ihre Kompetenz während der Bearbeitung einschätzen und basierend auf den hinterlegten Rückmeldungen durch die einzelnen H5P-Elemente automatisiertes Feedback erhalten. In diesem Szenario, welches darüber hinaus zeitlich individuell bearbeitet werden kann, behält der Lektionsrückblick seinen ursprünglichen Gedanken der Selbstevaluierung. Die individuelle zeitliche Bearbeitung geht mit dem Vorteil einher, dass die Studierenden unbeobachtet von mir, aber auch unabhängig von ihren Kommilitonen den Rückblick bearbeiten. Nachteilig ist, dass die Lehrkraft keinen Einblick in die Bearbeitung hat und auch nicht nachvollziehen kann, welche Übungen den Studierenden (noch) schwerfallen. Darüber hinaus bleibt der Eindruck bestehen, dass die Möglichkeit der Selbstevaluierung nicht von vielen Studierenden in Anspruch genommen wird und dass der Rückblick tendenziell eher von den Studierenden bearbeitet wird, welche sich auch im Kurs sehr engagiert zeigen – sprich von denjenigen, die grundsätzlich verhältnismäßig wenig Schwierigkeiten und wenige Lücken haben.

4.3 Auslagerung ins Tutorium

Diese Variante haben wir noch nicht ausprobiert, wollen dies aber im kommenden Semester nachholen. Sie erscheint mir pädagogisch und arbeitsökonomisch sehr sinnvoll. Da die Übungen von Lehrpersonen (gemeinsam mit Studierenden) erstellt wurden, sind sie einerseits inhaltlich-grammatikalisch richtig, enthalten aber andererseits doch auch eine studentische Note – wurden sie ja nicht top-down erstellt, sondern als gemeinsames Projekt. Für ein Tutorium bietet sich hier der Vorteil, dass der Tutor oder die Tutorin kein eigenes Übungsmaterial erstellen muss, sondern auf bewährtes Material zurückgreifen kann. Im Rahmen eines Tutoriums kann basierend auf diesem Material geübt werden. Das Vorhandensein der entsprechenden Lösungen für jede Aufgabe entlastet den Tutor oder die Tutorin zusätzlich.

Als Vorteil ist erkennbar, dass das Tutorium inhaltlich stark profitiert, da es auf sorgfältig erstellten Materialien basiert, die bereits mit einigen Kursen getestet und verbessert wurden. Im Tutorium, welches von weit weniger Studierenden als der reguläre Kurs besucht wird, kann die Bearbeitungszeit deutlich flexibler gehandhabt werden. Darüber hinaus können die Rückblicke auch denjenigen Studierenden zur Verfügung gestellt werden, welche das Tutorium nicht besuchen. Eine asynchrone Bearbeitung bleibt weiterhin eine zusätzliche Option. Bestehende Rückblicke können leicht um weitere H5P-Elemente ergänzt werden, sodass der Tutor oder die Tutorin sich auch selbst und seine/ihre eigenen Ideen einbringen kann. Nachteilig ist, dass analog zur Verwendung der Rückblicke im Präsenzunterricht die eigentliche Idee einer Selbstevaluierung verloren geht.

Anhand der drei möglichen Anwendungsszenarien wird deutlich, dass der einmal erstellte Content sehr flexibel und auch ohne weitere Anpassungen verwendbar ist. Selbstverständlich sind nicht nur weitere Anwendungen denkbar (z. B. eine systematische Bearbeitung in Gruppen), sondern auch eine Mischung der Szenarien ist möglich. Diese sehr flexiblen Einsatzmöglichkeiten, die auch von Semester zu Semester variieren können, relativieren den hohen Zeitaufwand der didaktischen Konzeption und der technischen Erstellung.

5 „Share, create and reuse" – über das Teilen von Lern- und Lehrmaterialien

Durch die Erstellung der Lektionsrückblicke haben wir uns gemeinsam mit unseren Studierenden in die Möglichkeiten von H5P und Moodle eingearbeitet. Beides war zu Anfang sehr zeitaufwendig. Obwohl die Bearbeitungsmaske von H5P im jeweiligen Content-Management System einfach und übersichtlich gehalten ist, sodass Benutzer und Benutzerinnen üblicherweise keine oder nur eine kurze Einweisung benötigen, entwickelt man erst im Laufe der Anwendung ein Gespür für die Einzelheiten, etwa wie bestimmte H5P-Elemente optisch ansprechender gestaltet werden können oder welche Einstellungen in möglichen Untermenüs verborgen sind und aktiviert werden sollten. Besonders bei der Verwendung außereuropäischer Schriftarten ist zudem ein großer zusätzlicher Zeitaufwand nötig, ehe gute technische Workarounds bei Darstellungsproblemen gefunden werden.

Wenn diese Phase der Einarbeitung abgeschlossen ist und wenn, wie im Projekt Arabisch 2.0, eine ganze Gruppe von Lehrkräften und Studierenden an der Aufgabenerstellung beteiligt ist, gewinnt nicht nur das Lernen an Qualität, sondern auch die Lehre selbst verändert und verbessert sich. Perspektivisch hervorzuheben ist die Möglichkeit, erstelltes Lernmaterial leicht zu duplizieren und leicht zu teilen. Dazu findet sich unter den erstellten Aufgaben ein „Wiederverwenden" bzw. „Einbetten" Button. Es ist möglich, die komplette Aufgabe herunterzuladen, sie lokal zu speichern und ggfs. einer anderen Person (per Mail) zukommen zu lassen. Aktuell erstellen Studierende für unseren Hocharabischunterricht während des Semesters regelmäßig einzelne H5P-Module, welche sie mir zusenden und welche ich über Moodle ihren Kommilitonen zur Verfügung stelle. Theoretisch ließen sich diese erstellten Übungen auch in einem größeren Rahmen teilen (Baumgartner und Kalz 2005), beispielsweise mit anderen Universitäten oder Spracheinrichtungen, die ein kompatibles Content-Management System verwenden. Da jede Übung darüber hinaus leicht (und unabhängig von der ersten Erstellung) verändert, angepasst und verbessert werden kann, könnte auf diese Weise ein Übungspool unzähliger Best-Practice-Aufgaben entstehen. Uns als Lehrkräfte würde dies perspektivisch gesehen zeitlich weiter entlasten, sodass wir unsere Ressourcen immer gezielter auf die individuelle Förderung unserer Studierenden richten können.

Literatur

Baumgartner, Peter und Marco Kalz. 2005. Wiederverwendung von Lernobjekten aus didaktischer Sicht. In *Auf Zu Neuen Ufern!*, Hrsg. Djamshid Tavangarian und Kristin Nölting, 97–106. Münster [u.a.]: Waxmann.
Ehlers, Ulf-Daniel. 2020. *Future skills: Lernen der Zukunft – Hochschule der Zukunft*. Wiesbaden: Springer VS.
Evaluierung 2022. Online durchgeführte Evaluierung zur Qualität der digitalen Lehre in der Fakultät 12 der LMU.
Frey, Dieter und Monika Uemminghaus. 2021. *Innovative Lehre an der Hochschule: Konzepte, Praxisbeispiele und Lernerfahrungen aus COVID-19*. Berlin: Springer.
H5P (2018) Mozilla Supporting H5P. Veröffentlicht unter: https://h5p.org/node/267641. Zuletzt abgerufen am 15.03.2022.
Neiske, Iris et al. 2021. *Hochschule auf Abstand: Ein multiperspektivischer Zugang zur digitalen Lehre*. Bielefeld: transcript.
Ravalli, Paolo. 2019. *Einführung in H5P. Interaktive Lerninhalte austauschen, verändern und wiederverwenden*. Ohne Verlag und ohne Ort.
Ryding, Karin C. 2013. *Teaching and Learning Arabic as a Foreign Language*. Washington, DC: Georgetown University Press.
Schoblick, Robert (2021) *Multimedial lehren und lernen: Digitale Lerninhalte erstellen mit H5P*. München: Hanser.

Julia Singer studierte Naher und Mittler Osten, Geschichte und Ethnologie an der Ludwig-Maximilians-Universität München. Seit 2019 ist sie wissenschaftliche Mitarbeiterin am Lehrstuhl für Arabistik und Islamwissenschaft und vorwiegend in der Arabischlehre tätig. Im Rahmen ihrer Promotion setzt sie sich mit einer „Kultur der digitalen Lehre" und mit digitalen Formaten des universitären Hocharabischunterrichts auseinander.

Von Null auf Hundert – Digitalisierung praktischer Lerneinheiten in der Klinischen Pharmazie

Yvonne Marina Pudritz, Ulrich Lächelt und Karin Bartel

Zusammenfassung

Mit Beginn der COVID-19-Pandemie mussten die Lehrveranstaltungen sämtlicher Bildungseinrichtungen innerhalb kürzester Zeit auf digitalen Fernunterricht umgestellt werden. Die individuellen Herausforderungen, die sich daraus ergaben, hingen stark von den einzelnen Lehrformaten sowie den bereits etablierten Medien ab. Während sich Vorlesungen zur Vermittlung theoretischen Wissens in der Regel gut in Form von Online-Übertragungen, Video-Streams oder vertonten Präsentationen implementieren lassen, ist die Digitalisierung von Lehrveranstaltungen mit einem Fokus auf der Übung manueller Fähigkeiten oder sozialer Interaktion, Kommunikation und kollaborativer Arbeit herausfordernder. In den Natur- und Lebenswissenschaften sind Laborpraktika ein essenzieller Bestandteil des universitären Studiums, in der Ausbildung von Heilberufen sind darüber hinaus das Training sozialer Interaktion und professioneller Kommunikation weitere wichtige Ziele. Die Ermöglichung sozialer Interaktion trotz physischer Distanz und die kontinuierliche Motivierung von Studierenden in einem vollständig "virtuellen Semester" stellen bei der Digitalisierung von Lehrveranstaltungen besondere Herausforderungen dar.

Y. M. Pudritz (✉) · K. Bartel
Ludwig-Maximilians-Universität, München, Deutschland
E-Mail: Yvonne.Pudritz@med.uni-muenchen.de

K. Bartel
E-Mail: karin.bartel@cup.uni-muenchen.de

U. Lächelt
University of Vienna, Wien, Österreich
E-Mail: ulrich.laechelt@univie.ac.at

© Der/die Autor(en), exklusiv lizenziert an Springer Fachmedien Wiesbaden GmbH, ein Teil von Springer Nature 2024
J. Noller et al. (Hrsg.), *Medien-Räume*, Perspektiven der Hochschuldidaktik,
https://doi.org/10.1007/978-3-658-43047-4_11

In diesem Kapitel wird beispielhaft die Digitalisierung zweier Lehrveranstaltungen des Pharmazie-Studiums, die im üblichen Präsenzformat auf starker sozialer Interaktion basieren (*Klinische Pharmazie 2* im 6. Fachsemester und *Klinische Pharmazie 4* im 8. Fachsemester), vorgestellt.

Schlüsselwörter

Pharmazie • Digitalisierung • E-Learning • Unterricht am Krankenbett • Virtuelle Patienten • Gamification • Kommunikation

1 Einleitung

„Digitalisierung, E-Learning, asynchrones Lernen…", diese Begriffe wandern seit längerem durch die Medien und sind spätestens seit den Diskussionen um den Sinn oder Unsinn der Digitalisierung an den Schulen in aller Munde. Prinzipiell ist die Digitalisierung von Hochschulunterricht nicht neu und ist z. B. in vielen Fernstudiengängen normal. Auch wird der Einsatz digitaler Medien schon länger diskutiert und erprobt (Noller et al. 2019). An vielen naturwissenschaftlich-universitären Standorten wurden bereits einzelnen Aspekte eingesetzt, z. B. webbasierte Fallsysteme wie CASUS® zur Simulation virtueller Patienten im Gesundheitswesen (Hege et al. 2011). E-Learning in der Pharmazie war hingegen bisher eher die Ausnahme als die Norm. Das Auftreten der COVID-19-Pandemie und den damit verbundenen Ausfall des Präsenzunterrichtes veränderte allerdings die Lehr-Lern-Landschaft. Um nicht ganze Jahrgänge ein bis zwei Semester verlieren zu lassen, musste ein schnelles Umdenken stattfinden und Dozierende arbeiteten unter Hochdruck daran, Seminare, Vorlesungen, Workshops und Praktika zu digitalisieren. Die meisten Hochschulen haben bereits Zugang zu Lernmanagementsystemen wie Moodle™ (https://moodle.de) oder Blackboard™ (www.blackboard.com). Dadurch lassen sich ohne großen Aufwand Diskussionsrunden im Rahmen von Seminaren durch Video-Konferenzen ersetzen, Vorlesungen in Form gefilmter Vorträge oder vertonter Präsentationen online zur Verfügung stellen und „virtuelle Sprechstunden" durch Chat-Module oder Zoom-Räume realisieren. Wie aber sollten Veranstaltungen, in denen manuelle, praktische Fähigkeiten vermittelt werden, wie etwa Laborpraktika in Fächern wie Chemie, Biologie und Pharmazie, digital ersetzt werden? Oder der Unterricht am Krankenbett, eingesetzt in der Medizin und in der klinischen Pharmazie, um den klinischen Alltag im Krankenhaus kennenzulernen und Interaktionen mit Patienten und anderen Heilberufen zu erleben? Ferner schließen sich bei einer Digitalisierung der Lehrveranstaltung wichtige Fragen an: (1) wie die E-Learning

Kurse zu gestalten sind, (2) wie die Studierenden zu motivieren sind, kontinuierlich am Computer und den virtuellen Lerninhalten zu bleiben, und natürlich auch (3) wie die Kompetenzen digital zu erwerben sind, die normalerweise im Präsenzunterricht vermittelt werden?

1.1 Pharmaziestudium – prä-Covid-19

Das Pharmaziestudium ist ein überwiegend naturwissenschaftlich geprägtes Studium mit einem hohen Anteil an Laborpraktika. Studierende verbringen in der Regel den halben Tag im Hörsaal, die andere Hälfte in einem Labor. In den Laborpraktika im Fach Chemie werden manuelle Fertigkeiten zur Herstellung (Synthese) oder Untersuchung (Analyse) chemischer Verbindungen vermittelt, immer in Abhängigkeit vom Hauptthema des jeweiligen Semesters, z. B. anorganische Analytik, instrumentelle Analytik oder auch organische Synthesen. In der pharmazeutischen Technologie werden verschiedene Methoden zur Herstellung, Charakterisierung und Untersuchung von pharmazeutischen Zubereitungen erlernt. In der pharmazeutischen Biologie erlernen Studierende Methoden zur Untersuchung von Pflanzenteilen sowie zur Gewinnung und Überprüfung von Arzneipflanzen, Extrakten und biogenen Arzneistoffen. Die Pharmakologie beschäftigt sich mit den molekularen Mechanismen, Anwendungen, Wirkungen und Nebenwirkungen von Arzneimitteln. Die Klinische Pharmazie stellt die Schnittstelle zwischen den naturwissenschaftlichen Fächern in der Pharmazie und der klinischen Anwendung dieser Kenntnisse, z. B. in der öffentlichen Apotheke, dar, in der die Kenntnisse aller pharmazeutischer Fächer interdisziplinär kombiniert und im Sinne der pharmazeutischen Betreuung angewendet werden.

Aufgrund der Ausbildung gemäß der vorgegebenen Approbationsordnung für Apotheker (AAppO, Bundesministerium für Justiz und Verbraucherschutz 2019) ist das Curriculum des Pharmaziestudiums, für die unterschiedlichen universitären Standorte sehr standardisiert und schulisch strukturiert. Die Mehrzahl der Veranstaltungen sind Pflichtbestandteile des Studiums, ohne individuelle Wahl- und Spezialisierungsmöglichkeiten. Bis zu 40 Semesterwochenstunden sind keine Seltenheit, exklusive der erforderlichen Vor- und Nachbereitungszeit. Analog zur Nichtversetzung in der Schule, kann ein Nichtbestehen von Pflichtveranstaltungen die Teilnahme an Veranstaltungen des folgenden Semesters verhindern. Im übertragenen Sinne kommen die Pharmaziestudierenden von der Schule in eine verschulte Universitätsumgebung, bei der der allgemeine Stundenplan vorgegeben ist. Ein selbstständiges Recherchieren relevanter Kurse, Auswahl spezifischer Neigungsveranstaltungen und ein Zusammenstellen des individuellen Stundenplanes, wie es in vielen anderen Studienfächern der Fall ist, ist für Pharmaziestudierende in der Regel nicht möglich.

1.2 Erste Gedanken zur Digitalisierung

Vier Wochen vor Vorlesungsbeginn wurde bekannt gegeben, dass das Sommersemester 2021 nur in einem digitalen Format beginnen kann. Für die Digitalisierung mussten zunächst drei Fragen beantwortet werden:

1. Wie bieten wir die Kurse an?
2. Wie konzipieren wir die Kurse? Synchron oder asynchron?
3. Wie wollen wir unsere Inhalte anbieten?

An der LMU ist die Lernplattform Moodle^{TM} bereits etabliert, die erste Frage war damit schnell beantwortet. Zur Beantwortung der zweiten Frage mussten einige Grundvoraussetzungen innerhalb der Fakultät geklärt werden. Um die Organisation für alle Beteiligten so einfach wie möglich zu halten, gab es vom Dekanat den Hinweis, dass synchrone Veranstaltungen analog dem Präsenzunterricht abgehalten werden sollten und asynchrone Angebote den Präsenzzeitaufwand nicht überschreiten dürfen. Asynchrone Angebote haben den Vorteil, dass sie losgelöst von zeitlichen Zwängen im Eigenstudium durchgeführt werden können. Der Nachteil ist, dass die Studierenden mehr Eigenverantwortung und Motivation aufbringen müssen, die geforderten Aufgaben im vorgegebenen zeitlichen Rahmen zu bearbeiten. Die dritte Frage wiederum war einfacher: beide hier vorgestellten Kursformate arbeiten im Präsenzunterricht mit einer Vielzahl an unterschiedlichen didaktischen Methoden. Da dies den Studierenden bisher immer gut gefiel, wollten wir die Digitalisierung auch entsprechend gestalten und verschiedene Formate wie z. B. Videos, Webinare, Kleingruppen oder ein Quiz einsetzen. Da persönlicher Kontakt und Kommunikation in der Klinischen Pharmazie eine wichtige Rolle spielen, sollte die Interaktion aus der Präsenzveranstaltung ebenfalls in den digitalen Formaten vorhanden sein, unabhängig davon, ob das Format asynchron, z. B. in einem Forum, oder synchron, z. B. in einem Chat, gestaltet wird.

Letzten Endes entschieden wir uns für eine Mischung aus asynchronen und synchronen Angeboten in den beiden Kursen, *Klinische Pharmazie 2* und *4*. Daraus ergab sich dann eine abschließende vierte Frage, nämlich mit welchen Methoden wir die Studierenden am ehesten Motivieren können (siehe auch Abschn. 3: Motivationsunterstützung).

2 Umsetzung der Digitalisierung

2.1 Beratung in der Apotheke (6. Fachsemester)

Klinische Pharmazie wird an der LMU München im Rahmen eines Kanons von vier separaten aufeinanderfolgenden Seminaren im Hauptstudium gelehrt. Im sechsten Fachsemester absolvieren die Studierenden das Seminar Klinische Pharmazie 2, das sich mit der Beratung in der Apotheke im Allgemeinen sowie mit Bezug auf konkrete pharmazeutischer Themengebiete befasst (Pudritz und Wahl-Schott 2019).

2.1.1 Spezifische Überlegungen zur Digitalisierung

Die pharmazeutische Betreuung in der Apotheke erfordert es, spezifische Fragestellungen in einer individuellen Beratung auf fundierter wissenschaftlicher Basis zu lösen und auf geeignete Weise an nicht-pharmazeutisch vorgebildete Kunden bzw. Kundinnen zu kommunizieren. Neben einer guten wissenschaftlichen Ausbildung, die durch das Pharmaziestudium gegeben ist, müssen daher auch die Fähigkeiten zur Problemanalyse, kurzfristigen Recherche und Bewertung von Arzneimittelinformationen, sowie das Führen strukturierter Beratungsgespräche vorhanden sein. Das Seminar „Klinische Pharmazie 2" zur Beratung in der Apotheke zielt daher auf die folgenden Kerninhalte ab:

- Arzneimittelinformation: Recherche, Auswahl und Bewertung von Quellen
- Kommunikation: Grundlagen der Kommunikation, Vermittlung fachlicher Information in Beratungsgesprächen

In dem Seminar werden zunächst die allgemeinen Grundlagen der beiden Kerninhalte – Arzneimittelinformation und Kommunikation – vermittelt, um sie dann auf ein spezifisches pharmazeutisches Themengebiet anzuwenden. Hierzu arbeiten die Studierenden in interaktiven Kleingruppen an jeweils einem Themenkomplex mit besonderem Beratungsbedarf: Allergien, Asthma bronchiale, Schmerzen, Diabetes mellitus, Diarrhoe und Obstipation, Erkältungskrankheiten, Osteoporose, Arzneimittelmissbrauch und Beratung zur Reiseapotheke. Der reguläre Ablauf in Präsenzformaten (Abb. 1 A) besteht aus zwei Einführungsvorlesungen für das gesamte Semester zu den Themen *Arzneimittelinformation – wo finde ich was?* und *Kommunikation für (angehende) Apotheker*innen*, gefolgt von drei Treffen in kleinen Seminargruppen, in denen die Studierende die theoretischen Inhalte auf ein konkretes pharmazeutisches Thema anwenden sollen *(Expertengruppen)*. In diesen Treffen werden validierte Informationen aus zuverlässigen Quellen gesammelt, diskutiert, bewertet und für die Erstellung eines *Beratungsleitfadens* ausgewählt. Darauf basierend werden Beratungssituationen in Rollenspielen mit besonderem Augenmerk auf die Einhaltung einer systematischen Gesprächsstruktur geübt (z. B. WWHAM-Schema, Abb. 2 nach Langley und Belcher 2012). Die Inhalte, die sich die *Expertengruppen* jeweils erarbeitet haben, sollen schließlich an das gesamte Semester weitergegeben werden. Dies erfolgt einerseits durch Verteilung der Beratungsleitfäden am Ende des Semesters, andererseits in Form von Abschlussveranstaltungen. In diesen geben die *Expertengruppen* dem gesamten Semester durch Kurzreferate eine Einführung in ihr jeweiliges Thema, gefolgt von der Vorstellung konkreter Beratungsgespräche im Rollenspiel. Das Seminar spricht somit den Lernstufen gemäß der Taxonomie von Bloom (1972) in einer einzelnen Semesterveranstaltung an: Wissen (Einführungs-Vorlesungen, Diskussion in Kleingruppen), Verständnis, Anwendung (Recherchieren und Bewerten von Arzneimittelinformationen, Erstellung des *Beratungsleitfadens*), Analyse und Synthese (Beschäftigung mit konkreten pharmazeutischen Problemstellungen, Entwicklung von Lösungen in Beratungsgesprächen) sowie der abschließenden Evaluation (Vergleich und Bewertung von Beratungs- und Therapieoptionen). Da der systematische Aufbau und Abfolge verschiedener Lernstufen sehr wichtig ist (Bardohn-Antosch et al. 2016), sollte diese Struktur bei der Digitalisierung weitestgehend erhalten bleiben (Abb. 1 B).

2.1.2 Umsetzung der Digitalisierung

Ziel war es, die ursprüngliche Struktur des Seminars als Präsenzveranstaltung auch in digitalisierter Form weitestgehend zu erhalten. Die Lernplattform Moodle^{TM} wurde bereits seit längerer Zeit in dem Kurs verwendet, allerdings nur zum Austausch von Informationen und Terminankündigungen. Es bietet allerdings noch einen weitaus größeren Funktionsumfang, der sowohl die Realisierung synchroner wie auch asynchroner Lerneinheiten und interaktiver Module ermöglicht. Für die vollständige Digitalisierung wurde daher der bestehende Kurs erweitert und Moodle^{TM} als zentrale Plattform verwendet. Die beiden Einführungsvorlesungen wurden den Studierenden als vertonte Präsentationen zur asynchronen Ansicht im Moodle-Kurs angeboten. Vorbesprechungen (Plenum, synchron), die Treffen der Expertengruppen (Kleingruppen, synchron) sowie die Abschlussveranstaltungen (Plenum, synchron) fanden als Videokonferenzen statt, deren Zugang in den Moodle-Kurs eingebettet wurde. Die Abgabe der Rechercheergebnisse, Präsentationen und Beratungsleitfäden, sowie deren Verteilung an die anderen Kursteilnehmer erfolgte ebenfalls über die Moodle-Plattform (asynchron). Als zusätzliche interaktive Module wurden Text-Chats im Kurs implementiert, um im Anschluss an die Einführungsvorlesung *Kommunikation*

Von Null auf Hundert – Digitalisierung ... 177

a

Vorlesungen (Plenum)	→	Seminare (Kleingruppen)	→	Abschlussveranstaltung (Plenum)
• Hörsaal • Zwei Vorträge • Arzneimittelinformation • Kommunikation		• Seminarräume • Drei Treffen der "Expertengruppen" (max. 10 Studierende) • Bearbeitung des spezifischen Themas • Erstellung eines "Beratungsleitfadens" • Üben von konkreten Berstungsgesprächen (Rollenspiele)		• Hörsaal • Verteilen der Beratungsleitfäden • Einführung in die Themen durch die "Expertengruppen" (Kurzreferate) • Vorstellen von Beratungsgesprächen durch "Expertengruppen"

b

Vorlesungen (Plenum)	→	Seminare (Kleingruppen)	→	Abschlussveranstaltung (Plenum)
• Vertonte Präsentationen (asynchron) • Zwei Vorträge • Arzneimittelinformation • Kommunikation		• Videokonferenzen (synchron) • Drei Treffen der "Expertengruppen" (max. 10 Studierende) • Bearbeitung des spezifischen Themas • Erstellung eines "Beratungsleitfadens" • Üben von konkreten Berstungsgesprächen (Rollenspiele)		• Videokonferenzen (synchron) • Verteilen der Beratungsleitfäden • Einführung in die Themen durch die "Expertengruppen" (Kurzreferate) • Vorstellen von Beratungsgesprächen durch "Expertengruppen"

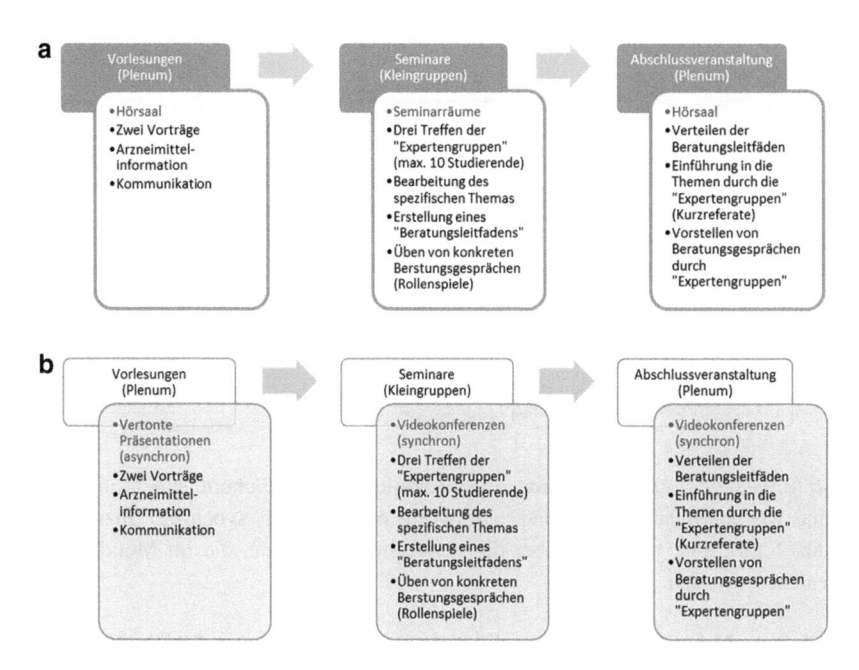

Abb. 1 Ablauf des Kurses in Präsenz (A) und geplante Digitalisierung (B) im Vergleich: die Digitalisierung war von den Inhalten her 1:1 umsetzbar

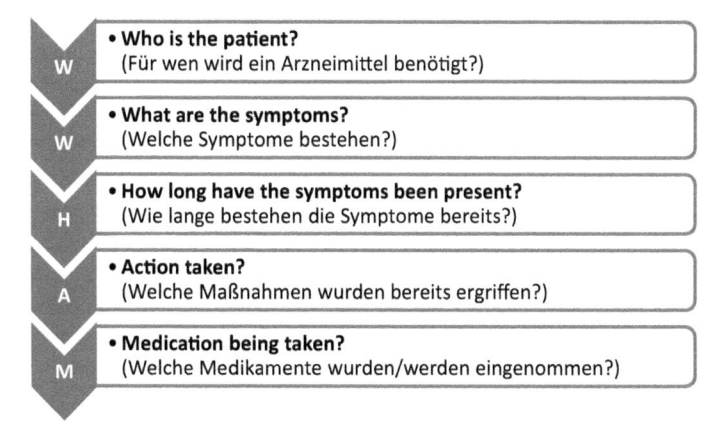

W	• Who is the patient? (Für wen wird ein Arzneimittel benötigt?)
W	• What are the symptoms? (Welche Symptome bestehen?)
H	• How long have the symptoms been present? (Wie lange bestehen die Symptome bereits?)
A	• Action taken? (Welche Maßnahmen wurden bereits ergriffen?)
M	• Medication being taken? (Welche Medikamente wurden/werden eingenommen?)

Abb. 2 WWHAM-Merkschema eines strukturierten Beratungsgesprächs in Apotheken. (Nach Langley und Belcher 2012)

Tab. 1 Formate zur Implementierung des digitalen Seminars

Format		Inhalt
Asynchron	Vertonte Präsentationen	Einführungsvorlesungen
	Abgabe und Verteilung von Materialien	Rechercheergebnisse, Beratungsleitfäden und Präsentationen der Expertengruppen
Synchron	Videokonferenzen (Plenum)	Vorbesprechung, Abschlussveranstaltungen
	Videokonferenzen (Kleingruppen)	Treffen der Expertengruppen
	Text-Chat (Plenum)	Beratungsübung, Sprechstunde (wöchentlich)

für (angehende) Apotheker*innen eine Beratungsübung (Plenum, synchron) sowie eine wöchentliche Sprechstunde (freiwillig nach Bedarf, synchron) anzubieten. Tab. 1 gibt eine Übersicht über die verwendeten Formate, die im Moodle-Kurs realisiert wurden.

2.1.3 Ablauf des ersten digitalen Semesters aus Sicht der Dozierenden

Das Seminar *Klinische Pharmazie 2* hat die Besonderheit, sowohl theoretische Lerneinheiten als auch stark interaktive und kommunikative Module zu enthalten. Moodle^{TM} bietet alle erforderlichen Funktionen zur direkten Implementierung der geplanten Lerneinheiten, einschließlich der Vermittlung theoretischen Grundlagenwissens und die Möglichkeit der intensiven Interaktion untereinander. Die theoretischen Inhalte wurden den Studierenden asynchron in Form von vertonten Präsentationen oder als Downloads zur Verfügung gestellt. Da die Einführungsvorlesungen Voraussetzung für die nachfolgende Arbeit der *Expertengruppen* sind, wurde ein Zeitraum von zwei Wochen für den Abruf der vertonten Präsentationen vorgegeben. Nach Ende des vorgegebenen Zeitraums fand für alle Studierenden gemeinsam (synchron) eine Übungsberatung in Form eines interaktiven Chats statt, an dem jeder Studierende zur Beteiligung durch Texteingaben aufgefordert war. Daran schloss sich die Phase der *Expertengruppen* an. Alle Treffen der *Expertengruppen* wurden in Videokonferenzen abgehalten.

Die Motivation und Beteiligung der Studierenden bei den Online-Treffen der *Expertengruppen* war im Allgemeinen sehr hoch und ließen produktive Diskussionen entstehen. Bei den Videokonferenzen der Abschlussveranstaltungen für das gesamte Semester (Plenum) hingegen war die spontane Beteiligung deutlich geringer. Dieses Phänomen wird von den Dozierenden allerdings nicht zwangsläufig mit dem Online-Format in Verbindung gebracht, da erfahrungsgemäß eine hohe Teilnehmeranzahl auch in Präsenzveranstaltungen eine Hemmschwelle für interaktive Beteiligung und spontane Wortmeldungen darstellt. Das Angebot der wöchentlichen Sprechstunde in Form eines Text-Chats wurde nur selten in Anspruch genommen; offenbar bestand kein Bedarf zur Klärung von allgemeinen und organisatorischen Fragen. Auch im Präsenzunterricht früherer Semester gab es wenig Anfragen durch Studierende. Die Digitalisierung des Seminars wirkte sich aus praktischer Sicht positiv auf den Ablauf der Veranstaltung aus: größere Flexibilität für Studierende und Dozierende bei asynchronen Lerneinheiten, größere terminliche Flexibilität und weniger Terminkollisionen bei den synchronen Online-Treffen der *Expertengruppen*.

Aus Sicht der Dozierenden verlief die Digitalisierung des Seminars ohne Nachteile für das Erreichen der konkreten Lernziele. Die Koordination der Veranstaltung, die durch wechselnde Veranstaltungs-Modi gekennzeichnet ist, gestaltete sich im Allgemeinen einfacher. Auch auf die Interaktion und kollaborative Arbeit der *Expertengruppen* mit geringer Teilnehmeranzahl (< 10 Studierende) schienen sich die Videokonferenzen, an denen vom heimischen PC aus teilgenommen werden konnte, positiv auszuwirken. Allerdings wird für die Abschluss-Veranstaltungen des gesamten Semesters, bei denen eine höhere Hemmschwelle für spontane Interaktion besteht, das Online-Format mit höherem Grad an Anonymität als bei Präsenzveranstaltungen kritisch bewertet.

2.2 Pharmazeutische Betreuung (8. Fachsemester)

Im 8. Fachsemester findet das Seminar *Klinische Pharmazie 4* statt, dass in der Präsenzphase aus einer Seminarreihe, Fallbesprechungen und Unterricht am Krankenbett besteht (Pudritz und Wahl-Schott 2019).

2.2.1 Spezielle Überlegungen zur Digitalisierung

Die Digitalisierung des Seminares *Klinische Pharmazie 4* und des dazugehörigen Praktikums *Unterricht am Krankenbett* wurde nach den Empfehlungen von Hege (2020) durchgeführt. Eine Übersicht ist in Tab. 2 dargestellt.
Seminare Klinische Pharmazie.
Die Entscheidung für asynchrones Lernen wurde getroffen, da zu Beginn der Pandemie der Aufenthaltsort einiger Studierender unklar war und ein asynchroner Kurs den Vorteil bietet, dass ihn alle Studierende in Eigenregie durchführen

Tab. 2 Erstellung eines Konzeptes für die Digitalisierung des Seminares Klinische Pharmazie (inklusive Unterricht am Krankenbett) nach Hege (2020) & Arnold et al. (2018)

Lernen wird gefördert durch	Umsetzung im Seminar klinische Pharmazie
Problembasierung & Authentizität der Lernaktivitäten	• Fallbeispiele (CASUS®, fiktive Patienten) • Bearbeitung einer realen Anfrage in der Arzneimittelinformation
Aktivierung von Vorwissen	• Quiz und Abfragen • CASUS® Fall zum Wiederholen
Demonstrierung von neuem Wissen/Fertigkeiten	• Videos mit Seminarinhalten • Kurze Videos mit Patientenbeispielen
Anwendung von neuem Wissen/Fertigkeiten	• Bearbeitung von E-Learning Fällen über CASUS® • Bearbeitung von Fallbeispielen in Kleingruppen (Fallbesprechungen) • Feedback über Musterlösungen und Foren
Integration/Transfer des Gelernten	• Lernzielüberprüfung (MC Fragen) • Eigenständige Bearbeitung von individuellen Patientenfällen: • (1) Analyse von Arzneimittelbezogenen Problemen • (2) Analyse und Lösungsvorschläge zur Medikation von 2 Patienten • (3) Beantwortung einer ärztlichen Anfrage • (4) Erstellung eines pharmazeutischen Betreuungsplanes • Peer Feedback für (3), individuelles Feedback für (1), (2), (4)

konnte, unabhängig von der Zeitzone, in der sie sich zu diesem Zeitpunkt befanden. Ein weiterer Vorteil für das Anbieten asynchroner Lehrinhalte war, dass die externen Dozierenden des Kurses keinen festen Termin bzw. Zeitraum im Stundenplan benötigten und dadurch ihre Vorbereitung flexibler gestalten konnten. Da alle Dozierenden in diesem Kurs im Hauptberuf im Gesundheitssystem arbeiteten, wären aufgrund des erhöhten Arbeitsaufwandes (entstanden durch die COVID-19-Pandemie) in Kliniken und Krankenhäusern synchrone Seminare zum größten Teil ausgefallen. Einige Vorträge wurde als reine Videodateien hochgeladen, andere als sogenannte Lernpakete, erstellt mit Software wie z. B. Camtasia® oder Articulate®. Diese Lernpakete haben den Vorteil, dass im Rahmen des Videos auch ein Quiz eingebaut werden kann, sodass Studierenden die Möglichkeit hatten, ihr Verständnis schnell und problemlos zu überprüfen-analog zu z. B.

einem im Präsenzunterricht eingesetztem Kahoot-Quiz oder einer Fragerunde. In den Lernpaketen erhalten die Studierenden sofort nach Beantwortung der Frage eine Bewertung (richtig/falsch). Einen großen Nachteil bietet das Anbieten von asynchronen Lerneinheiten speziell in der Pharmazie: die Pharmaziestudierenden müssen sich ihre Lern- und Arbeitszeit individuell einteilen. Eine Arbeitsweise, die für viele Studierenden anderer Fachrichtungen selbstverständlich ist, war für die meisten Pharmaziestudierenden in ihrem letzten Fachsemester zu Beginn der digitalen Lehre eine ganz neue Erfahrung. In den vorherigen sieben Semestern gab es feststehende Stundenpläne, der Tag ist normalerweise von 8 Uhr in der Früh bis 18 Uhr am Abend mit Seminaren, Vorlesungen und praktischen Übungen/Labor durchstrukturiert. Um Studierenden den Übergang der normalerweise stark verschulten Semester zu der freieren Einteilung der Lerneinheiten zu erleichtern, erstellte die Dozentin eine Seite mit *Tipps & Tricks* zum virtuellen Lernen und Studieren. Diese Seite enthielt Anleitungen zu den verschiedenen eingesetzten Formaten wie z. B. Foren, CASUS®, Videos und Lernpaketen. Alle Anleitungen wurden mit Screenshots grafisch unterstrichen. Zusätzlich wurde ein exemplarischer Stundenplan veröffentlicht. Vereinzeltes Feedback von Studierenden zeigte, dass diese Hilfestellung gerne angenommen und geschätzt wurde (persönliche Kommunikation). Um die Semesterplanung der Studierenden insgesamt zu unterstützen – *Klinische Pharmazie 4* ist nur einer von mehreren staatsexamensrelevanten Kursen im 8. Fachsemester-, wurden die Abgabezeitpunkte für anzufertigende *Hausarbeiten* sowohl auf dieser Seite als auch bei den einzelnen Aufgaben in Moodle prominent dargestellt. Über ein zentrale Nachrichtenforum konnten Dozierende alle Studierenden schnell und direkt informieren, so waren z. B. Erinnerungen an bevorstehende Abgabezeitpunkte unkompliziert möglich. Zusätzlich wurde ein Forum freigeschaltet für Fragen und Probleme rund um den Kurs. Im Gegensatz zum zentralen Forum hatten die Studierenden die Möglichkeit eigene Themen einzubringen und sich gegenseitig zu unterstützen. Das war für beide Seiten von Vorteil, da die Studierenden am Wochenende häufig bereits von Mitstudierenden Antworten und konstruktive Lösungsvorschläge zu technischen Problemen erhielten, bevor Dozierende am Montag auf die Probleme aufmerksam gemacht wurden. Ein Vergleich des üblichen Ablaufes des Semesters zu Präsenzzeiten mit dem Ablauf des digitalen Semesters ist in Abb. 3 dargestellt.

2.2.2 Umsetzung der Digitalisierung

Der neue digitalisierte Kurs in *Klinischer Pharmazie 4* wurde in drei Teile eingeteilt: Seminare, Fallbesprechungen, Unterricht am Krankenbett.

a

Seminare
- komplettes Semester (bis zu 100 Studierende)
- 5 Nachmittage
- insgesamt 22 Stunden

Fallbesprechungen
- Gruppen á 15-20 Studierende
- 3 Nachmittage
- 12 Fälle

Klausur
- 30 Fragen/60 Min
- Papierbasiert
- Hörsaal

Unterricht am Krankenbett
- Kleingruppen á 5 Studierende
- jeweils 1 Nachmittag mit Dozent
- plus 1/2 mit Medizin-Pj'ler oder Fallstudie

b

Seminare
- Eigenstudium
- 5 Videos
- 6 Lernpakete
- 3 Zoom Seminare
- Quizze zur Überprüfung Lernziele
- insgesamt 14 Stunden

Fallbesprechungen
- online Kleingruppen
- 12 Fälle
- Austausch über Moodle
- Abgabe der Arbeiten üebr Moodle

Lernzielüberprüfung
- 30 Fragen/60 Min.
- online über Moodle
- Open book

Unterricht am Krankenbett
- individuell
- 6 Lerneinheiten
- 4 Aufgaben
- 80 min Videomaterial
- Bearbeitungszeit 110-185 min
- imdividuelles Feedback

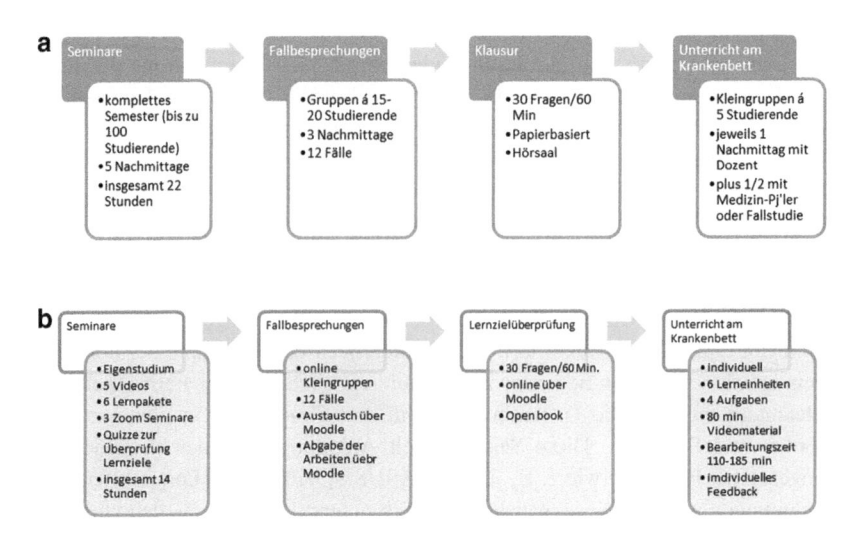

Abb. 3 Vergleich Ablauf des üblichen Präsenzsemesters (A) versus die digitale Version (B) im Sommersemester 2020

Seminare
Die bisherigen Seminare wurden digital als Präsentationen, teilweise vertont bereitgestellt und mit existierenden CASUS®-Fällen verlinkt. So hatten die Studierenden die Möglichkeit, das selbst erarbeitete Wissen direkt in einem anderen Kontext anzuwenden.

Fallbesprechungen
Die bisherigen Fallbesprechungen fanden in virtuellen Kleingruppen statt. Die Studierenden erhielten kurze Patientenbeschreibungen und bearbeiteten diese in den Kleingruppen, um vorgegebene Fragen zu den Patienten zu beantworten. Lösungen wurden anschließend auf Moodle hochgeladen und von den betreuenden Dozentinnen kommentiert und bewertet.

Unterricht am (virtuellen) Krankenbett
Der bisherige praktische Unterricht fand am „*virtuellen*" Krankenbett statt. Eine grafische Übersicht des Ablaufes ist in Abb. 4 dargestellt. Für eventuell gewünschte Wiederholung einzelner Themen hatten die Studierenden die Möglichkeit, verschiedenen Inhalte aus vorangegangenen Semestern zu den Themen Kommunikation, Recherche, Pharmakologie aufzurufen. Die Lernziele aus dem Präsenzunterricht

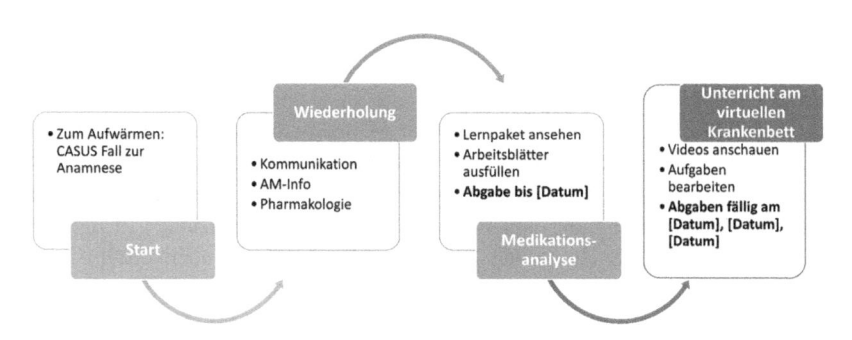

Abb. 4 Grafische Übersicht über den Ablauf des Unterrichtes am digitalen Krankenbett. (©Pudritz)

wurden beibehalten, anstelle des Kontaktes zu echten Patienten oder Patientinnen traten virtuelle Figuren auf einer digitalen Station. Die Studierenden starteten mit einem CASUS®-Fall zum Thema pharmazeutische Arzneimittelanamnese, um sie für mögliche arzneimittelbezogene Probleme zu sensibilisieren und auf notwendige Ressourcen aufmerksam zu machen. Im Anschluss fand die erste Übung statt: die Studierenden erhielten Informationen zu zwei Patienten und mussten jeweils eine individuelle Medikationsanalyse erstellen. Danach begann der Unterricht am *digitalen* Krankenbett: die Studierenden erhielten Zugang zu einer virtuellen Krankhausstation, gefüllt mit (fiktiven) Patienten. Sie erhielten -wie auch im Präsenzunterricht am Krankenbett – Angaben zu Diagnosen, verordneten Medikamenten und Laborwerte. Die Studierenden suchten sich individuell einen Patienten aus, zu denen sie einen pharmazeutischen Betreuungsplan erarbeiteten. Zusätzlich erhielten die Studierenden noch einen Anruf einer Ärztin. Diese Frage der Ärztin zu einer Patientin musste schriftlich beantwortet werden.

Alle eingereichten Hausarbeiten erhielten ein individuelles Feedback zusammen mit einer Musterlösung. Bei der Abgabe der Arzneimittelinformations-Antwort war noch ein Peer-Review zwischengeschaltet, in dem Mitstudierende die ärztliche Rolle übernahmen und anhand vorgegebener Fragen Feedback gaben, z. B. ob die Antwort verständlich war oder ob noch Fragen offengeblieben waren.

2.2.3 Ablauf des ersten digitalen Semesters aus Dozentensicht

Der gewünschte digitale Ablauf des Semesters ließ sich gut bewerkstelligen. Da der Kurs bereits auf Moodle vorhanden war, konnte die Infrastruktur des Moodle Moduls analog Heges Vorschlägen (Hege 2020) direkt umgesetzt werden. Die an der LMU vorhandene Supportstruktur für IT und Lehre war dabei immens hilfreich. So wurden unmittelbar nach der Entscheidung der Universität, ein komplett virtuelles Semester zu veranstalten, zahlreiche Tipps und Tricks mit Verlinkungen zu Toollisten z. B. von der Gesellschaft für Medizinische Ausbildung sämtlichen Dozierenden in einem geschützten Bereich zur Verfügung gestellt. Zusätzlich wurden e-Tutoren geschult, die seitdem von Dozierenden abgerufen werden können, um bei der Gestaltung von E-Learning bzw. der Umsetzung von digitaler Lehre zu unterstützen. Zusätzlich gibt es in München auch noch PROFiL, das Lehrqualifizierungsprogramm an der LMU (www.profil.uni-muenchen.de), das zeitnah konstruktive Unterstützung u. a. in Form von Skripten anbot.

Eine prinzipielle didaktische und methodische Grundausbildung, etwa im Rahmen der Zertifizierung Hochschullehre der Bayerischen Universitäten oder der Tutorenausbilder-Ausbildung von PROFiL haben ohne Zweifel bei der Umstellung von Präsenz auf Virtuell im Seminar *Klinische Pharmazie 4* geholfen. Probleme tauchten auch weniger im didaktischen als im technischen Bereich auf. Programme wie Articulate® sind intuitiver für wenig computeraffine Dozierende als H5P-Aktivitäten, lassen sich aber teilweise nicht problemlos in Moodle Modulen integrieren und sind zusätzlich eventuell kostenpflichtig. Und in der Kürze der zur Verfügung stehenden Zeit war eine Einarbeitung in H5P zusätzlich zur digitalen Umstellung zumindest für die verantwortliche Dozentin in Klinischer Pharmazie nicht möglich. Es bleibt zu betonen: eine Digitalisierung und interaktive Darstellung ist letzten Endes auch ohne H5P Programmierung möglich.

Sehr positiv war aus Sicht der Dozierenden zu bemerken, wie ausgesprochen gut die Studierenden gerade im ersten „Lockdown"-Semester mit der für sie ungewöhnlichen Situation umgegangen sind. Es erfolgte eine offene und vor allen Dingen wertschätzende Kommunikation, sowohl zwischen Studierenden und Dozierenden als auch innerhalb der Studierenden, zumindest, soweit dies aus den Foren ersichtlich wurde. Technische Probleme wurde schnell gemeldet, wenn dies über das entsprechende Moodle-Forum „Fragen rund um den Kurs" des Kurses geschah, konnte es passieren, dass das beschriebene Problem von Mitstudierenden über Nacht bereits behoben wurde, bevor die Dozierenden die E-Mail mit der Frage erhielt. Bis zu einem gewissen Grad ist der Enthusiasmus der Studierenden eventuell auch dadurch zu erklären, dass der Kurs in die erste, sehr strenge Lockdown Phase in Bayern fiel und die Studierenden einfach nur froh waren, dass sie zum einen in der Lage waren den Kurs überhaupt durchführen zu können, und zum anderen bei einigen ein Teil der üblichen sozialen Ablenkung vom Lernen einfach entfiel (persönliche Kommunikation mit einzelnen Studierenden).

Die Inhalte und die Lernziele des Präsenzunterrichtes ließen sich sehr gut an das digitale Krankenbett verlegen. Auch im Präsenzunterricht verbringen die Studierenden einen großen Anteil am Computer für die notwendigen Recherchen. Der Wegfall des persönlichen Kontaktes zu den echten Menschen auf Station ist schade und eventuell wäre mit einer längeren Vorbereitungszeit auch die Darstellung des Gespräches in Form von kleinen Videosequenzen möglich. Aus Dozierendensicht hat besonders der Austausch der Studierenden untereinander gefehlt, der sich im Präsenzunterricht durch die Kleingruppen automatisch ergeben hat. Es gab vielfältige Möglichkeiten zum Austausch über Moodle, z. B. in Form von patientenspezifischen Foren, dieses Angebot wurde jedoch nur vereinzelt genutzt. Sehr positiv hingegen sind die individuellen Bearbeitungen der Aufgaben durch die Studierenden zu bewerten. Das individuelle Feedback nimmt sehr viel Zeit in Anspruch, die Bewertung hilft aber auch bei der Planung für die kommenden Semester: tauchen bestimmte Fehler immer wieder auf, welche Wissenslücken sind ubiquitär, wurde bestimmte Sachverhalte z. B. aus den Seminaren vereinzelt oder eher im gesamten Semester falsch aufgenommen. Dieses Wissen soll in die Planung der nächsten Semester mit eingehen.

3 Motivationsunterstützung

3.1 Virtuelle Auszeichnungen

Laut der Selbstbestimmungstheorie (*self determination theory,* SDT) nach Ryan und Deci (2000) gibt es drei grundsätzliche psychologische Grundbedürfnisse des Menschen: (1) die Autonomie, (2) soziale Eingebundenheit und (3) Kompetenz. Alle drei Grundbedürfnisse müssen für das individuelle Wohlbefinden und die Zufriedenheit erfüllt sein. Auf den Lernkontext übertragen bedeutet dies, wenn alle drei Grundbedürfnisse erfüllt sind, fördert dies die intrinsische Motivation des Lernenden (Ryan und Deci 2000).

Eine Möglichkeit, SDT im Rahmen der Lehre einzusetzen ist über den Einsatz von Spieldesignelementen, insbesondere in der virtuellen Lehre. Bei dem Einsatz von Spieldesignelementen in der Lehre geht es darum einen (Lehr-) Mehrwert zu erschaffen, das Spielen oder Lernen steht dabei nicht im Vordergrund. Arnold et al. (2018) haben gezeigt, dass durch den Einsatz von Spieldesignelementen, z. B. durch das Ergänzen von Lernszenarien mit spielerischen Elementen, eine deutliche Steigerung z. B. bei der Motivation und des Lernerfolges zeigen. Xi und Hamari (2019) zeigten in einer Studie, dass der Einsatz von Badges, „virtuellen Auszeichnungen" (Tolks et al. 2020) alle drei Grundbedürfnisse nach

Ryan & Deci erfüllen. Um die Studierenden in diesem ungeplant rein virtuellen Semester zu motivieren, sich mit den digitalen Lerninhalten in den Kursen Klinische Pharmazie 2 und 4 auseinanderzusetzen, wurde deswegen der Einbau von Spieldesignelementen in den digitalen Kursen geplant.

Der Einsatz von Spieldesignelementen, die sogenannte *Gamification*, also die Anwendung spieltypischer Elemente in spielfremden Kontexten (Tolks et al. 2020) ist nicht unumstritten. Unter Abwägung der Vor- und Nachteile (in Tab. 3 dargestellt), wurde der Einsatz von virtuellen Auszeichnungen im Rahmen des virtuellen Praktikums in der Klinischen Pharmazie im Sommersemester 2020 geplant. Durch die Konzentration auf ein spezifisches Spieldesignelement, das zudem alle drei Grundbedürfnisse nach Ryan & Deci anspricht, sollte die Gefahr des übertriebenen Einsatzes eingeschränkt sein. Die virtuellen Auszeichnungen haben keinerlei zusätzlichen Vorteil für das Bestehen des Kurses, sondern entsprachen in einigen Fällen den Mindestanforderungen des Kurses. Das Verleihen der virtuellen Auszeichnungen erfolgte in der Lernplattform Moodle automatisch nach den vorher festgelegten Kriterien.

Tab. 3 Vor- und Nachteile von Gamification [entnommen Werbach et al. in Tolks et al. 2020)]

Vorteile	Nachteile
Fördert die Motivation	Unterschiedliche Nutzertypen
Fördert das Userengagement	Nutzung von Gamification wird mit zunehmendem Alter schwieriger
Unterstützt soziale Interaktionen	Unterschiede zwischen den Geschlechtern (Gendergap)
Fördert positiven Wettbewerb	Gefahr eines übertriebenen Einsatzes von Gamification („Übergamification")
Ermöglicht Lernen aus Fehlern (*Freedom to Fall*)	Möglichkeit des *Novelty effects* (nur anfängliche Leistungssteigerung bei Einführung einer neuen Technologie)
Ist leicht zugänglich	Tendenz der Individualisierung und fehlende Berücksichtigung der Verhältnisse und Strukturen
Ist bereits durch das Medium Spiel bekannt	
Lässt sich in den Alltag integrieren	
Ist kosteneffizient	
Kann das Wohlbefinden fördern	

3.1.1 Umsetzung in der klinischen Pharmazie

Da Studien zeigen (Xi und Hamari 2019; Tolks et al. 2020), dass der Einsatz von virtuellen Auszeichnungen alle drei Grundbedürfnisse nach Ryan und Deci (2000) erfüllen (siehe auch Abb. 5), wurde zur Förderung der studentischen Motivation der Einbau von Spieldesignelementen, insbesondere Badges, in den digitalen Kursen geplant.

Der Erhalt der Badges war an unterschiedliche Schwierigkeitsgrade geknüpft, die Bedingungen für den Erhalt waren für alle Teilnehmer offen einsehbar. Tab. 4 zeigt einige verwendete Badges mit Bezeichnung, Erklärung und Bedingungen. Die virtuellen Auszeichnungen wurden in Moodle eingepflegt und automatisch durch das System verliehen, wenn die vordefinierten Bedingungen erfüllt waren. Bei einem großen Teil der Badges handelte es sich um "Pflichtauszeichnungen", da die Studierenden für relevante und für das Bestehen des Gesamtkurses erforderliche Aufgaben ausgezeichnet wurden. Im 8. Fachsemester gab es allerdings auch vier Auszeichnungen, die nur verliehen wurden, wenn ein erhöhter Arbeits- oder Rechercheaufwand von den Studierenden erfüllt wurde. Wurde der „Seminarprofi" z. B. für das erfolgreiche Ansehen bzw. Durcharbeiten aller angebotenen Seminare verliehen- eine Pflichtaufgabe-, gab es den „Couchsurfer" die Bearbeitung der fiktiven Patientenfälle, -eine Zusatzaufgabe, die keine Relevanz für die Scheinvergabe hatte.

3.2 Evaluation der eingesetzten Elemente

Zur Evaluation wurde eine Vorher-Nachher Evaluation der Grundbedürfnisse und post-Kurs Evaluation der Zufriedenheit der Teilnehmer mit Moodle und den Spieldesignelementen durchgeführt. Die Befragungen fanden online statt mit einem Zugang zum Fragebogen über das entsprechende Moodle-Modul. Die Teilnahme an der Befragung war freiwillig und anonym. Insgesamt beantworteten 87 Studierende die Evaluation, allerdings füllten nur 19 beide Fragebögen aus.

Abb. 5 Grundbedürfnisse nach Ryan & Deci (in Kreisen), virtuelle Auszeichnungen, sogenannte „Badges" erfüllen alle drei (Xi und Hamari 2019; Tolks et al. 2020)

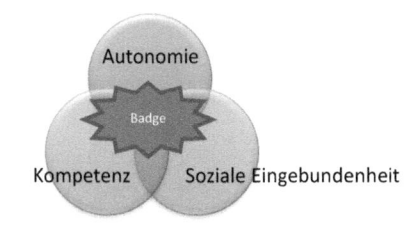

Tab. 4 Virtuelle Auszeichnungen in den Seminaren (Auszug). Die Bedingungen sind für alle Studierenden offen einsehbar. KP2 = Klinische Pharmazie 2. KP4 = Klinische Pharmazie 4. (Bildquellen: KP4 Pudritz; KP2 Pixabay.com unter CC Lizenz)

Name	Kurs	Erklärung	Bedingungen	Badge
KommunikatorIn	KP2	Nach so viel Kommunikation haben Sie sich eine Kaffeepause redlich verdient! Viel Spaß im weiteren Seminar und beim Ausprobieren und Anwenden	Bearbeitung von 10 Einzelaufgaben, z. B. „Finde den Fehler" in einem Lehrvideo, offline Kahoot Quiz, Impulsvortrag	
Experte	KP2	Herzlichen Glückwunsch! Sie haben einen sehr guten Leitfaden erstellt und sich damit das Abzeichen „Experte" verdient	Abgabe von einem in der Kleingruppe erarbeiteten Leitfaden zu einer vorgegebenen Indikation	
RegisseurIn	KP2	Bravo! Sie haben Ihre Fallbeispiele erstellt und sich dadurch das Regisseur-Abzeichen verdient	Abgabe von mehreren selbst erstellten Fallbeispielen zu einem vorgegebenen Thema	
FallarbeiterIn	KP4	Fleißig, fleißig, alle Fälle bearbeitet und eingereicht	Bearbeitung und Abgabe der Lösungen zu 12 vorgegebenen klinischen Fällen	

(Fortsetzung)

Tab. 4 (Fortsetzung)

Name	Kurs	Erklärung	Bedingungen	Badge
Couchsurfer	KP4	Toll, Sie haben die CASUS Fälle zu den Seminaren noch zusätzlich durchgearbeitet. Damit haben Sie sich das Abzeichen des Couchsurfers redlich verdient. Und Ihre Extraarbeit wird sich im virtuellen Unterricht am Krankenbett lohnen, denn Sie haben ja bereits geübt, Ihr theoretisches Wissen in einem klinischen Kontext anzuwenden	Erfolgreiche Bearbeitung von 6 E-Learning Fällen in CASUS®	
Visiten-Überlebenskünstler*In*	KP4	Herzlichen Glückwunsch! Sie haben Ihre erste Visite am virtuellen Krankenbett überstanden. Dann können ja jetzt die echten Patienten und Ärzte kommen	Ansehen von drei Lernvideos, Abstimmung und Bearbeitung und Abgabe eines individuellen Betreuungsplan für einen fiktiven Patienten	

Abb. 6 zeigt eine Übersicht über die verwendeten Motivationshilfen in den beiden Kursen. Badges, Foren und die Quiz-Funktion wurden in beiden Kursen eingesetzt. Im Seminar *Klinische Pharmazie 2* wurden darüber hinaus noch zusätzlich z. B. die Erarbeitung des Leitfadens und Videokonferenzen mit aufgenommen, im Seminar *Klinische Pharmazie 4* gab es zusätzlich noch die CASUS Fälle, das individuelle Feedback und die Lernzielüberprüfung zur Auswahl.

Zur Beurteilung der Motivation erhielten die Studierenden im Rahmen der normalen Kursevaluation die Frage „Wie motivierend waren für Sie die folgenden Elemente in Moodle?". Abhängig vom Kurs Klinische Pharmazie 2 oder 4 erhielten die Studierenden die Möglichkeit, alle Elemente mit einer 5-Punkt-Likert Skala von „1" wie überhaupt nicht motivierend bis „5" wie „sehr motivierend" zu bewerten. Insgesamt 41 Studierende beantworteten diese Frage (davon 18 in Klinischer Pharmazie 2), die Ergebnisse sind in Abb. 6 dargestellt. Für die

Motivation durch verschiedene Items (%)

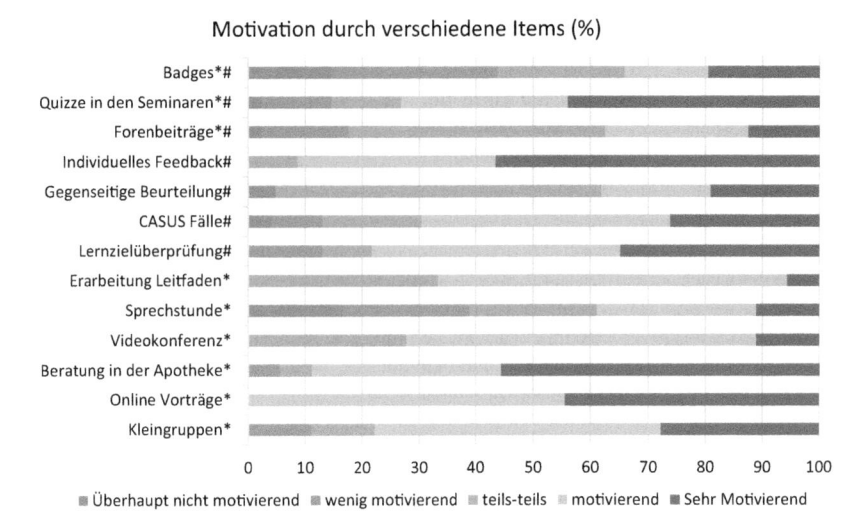

[Bar chart with categories from top to bottom: Badges*#, Quizze in den Seminaren*#, Forenbeiträge*#, Individuelles Feedback#, Gegenseitige Beurteilung#, CASUS Fälle#, Lernzielüberprüfung#, Erarbeitung Leitfaden*, Sprechstunde*, Videokonferenz*, Beratung in der Apotheke*, Online Vorträge*, Kleingruppen*; x-axis 0 to 100; legend: Überhaupt nicht motivierend, wenig motivierend, teils-teils, motivierend, Sehr Motivierend]

Abb. 6 Übersicht über die verwendeten Motivationshilfen in den Seminaren Klinische Pharmazie 2* und 4[#]

Dozierenden von beiden Kursen sehr erfreulich war das Evaluationsergebnis der Online-Seminare in Videoformat (asynchron) oder über Zoom (synchron), diese wurden von allen Studierenden als „(sehr) motivierend" bewertet. Für die Badges war das Resultat eher ernüchternd, weniger als die Hälfte der Teilnehmer fanden diese „(sehr) motivierend", über 40 % sogar als „überhaupt gar nicht/weniger motivierend". Eine mögliche Erklärung für dieses Ergebnis könnte sein, dass die Studierenden keinen höheren Sinn in den virtuellen Auszeichnungen gesehen haben. Es gab weder mehr Punkte in der Abschlussprüfung noch einen zusätzlichen Schein für das Staatsexamen mehr. Aufgrund der hohen Arbeitsbelastung während des gesamten Pharmaziestudiums werden nicht für das Staatsexamen dringend notwendige Arbeitsaufträge oder Seminare nur von einem Bruchteil der Studierenden erfüllt bzw. besucht.

Das könnte erklären, warum die *Kleingruppe* in *Klinischer Pharmazie 2* überwiegend motivierend wirkten, da nur durch das gemeinsame Erstellen des Leitfadens der Abschlussschein verliehen wird. Das Ergebnis für die Online-Sprechstunde war sehr gemischt, was im Endeffekt auch dem Besuch der Präsenzsprechstunde in vorherigen Semestern entspricht. Bei den Forenbeiträgen waren sich über 25 % der Studierenden unsicher, ob diese nun motivierend oder demotivierend wirkten. Möglichkeiten den gelehrten Stoff schnell und unkompliziert zu wiederholen und den Lernerfolg zu testen, wie z. B. die E-Learning Fälle oder ein Quiz in Moodle wurden von der Mehrheit der Studierenden als motivierend bis sehr motivierend empfunden. Ein Quiz ist schnell und unkompliziert in die Module zu integrieren. Dies scheint sich gerade im Pharmaziestudium sehr gut zu eignen, die Motivation der Studierenden zu steigern. Auch das individuelle Feedback durch die Dozentin in *Klinischer Pharmazie 4* wurde von über 90 % der TeilnehmerInnen als motivierend bis sehr motivierend empfunden. Die Motivation liegt hierbei augenscheinlich auf dem Feedback der Dozentin, denn bei der gegenseitigen Beurteilung hatten die Studierenden zwar Feedback von ihren Mitstudierenden erhalten, dies fanden jedoch weniger als 40 % als „(sehr) motivierend". Aus Dozierenden Sicht mit Einblick in das Feedback der Mitstudierenden lässt sich dazu sagen, dass das Peer-Feedback sehr konstruktiv und wertschätzend war und keine weiteren Anmerkungen von Dozierenden Seite aus notwendig waren. Eventuell wird die Peer-Bewertung von Seiten der Studierenden als zusätzliche Arbeit aufgefasst und nicht als Möglichkeit u. a. auch die eigene Arbeit zu reflektieren.

3.3 Feedback der Studierenden zu der Digitalisierung der Lehre in Klinischer Pharmazie

Die üblichen Freitextfragen in der Evaluation wurden auf die Moodle Kurse umgeschrieben, um das Feedback der Studierenden konstruktiv zur weiteren Planung zu nutzen. Es erfolgte keine formelle qualitative Analyse, d. h. die Ergebnisse sind nicht generalisierbar auf andere Studienpopulationen, sondern gelten in dem engen Kontext der beiden beschriebenen Seminare *Klinische Pharmazie 2* und *4*. In beiden Kursen gefielen den Studierenden die unterschiedlichen Aufgabentypen und die Vielseitigkeit des Kursmaterials. Auch die flexible zeitliche Einteilung der Seminare wurde positiv gesehen, da dies den Studierenden erlaubte, in ihrem eigenen Tempo zu lernen. Zusätzlich wurde die gute Kommunikation durch bzw. mit den Kursbetreuern gelobt. Es gab konstruktive Verbesserungsvorschläge, z. B. die Anzeige einer Übersicht über alle Aufgabe für das gesamte Semester am Anfang der Moodle Seite. In *Klinischer Pharmazie 2* wünschten sich die Studierenden „*eventuell mehr online Aufgaben zum Bearbeiten*" sowie ein von den einzelnen Gruppen erstelltes „*Abschlussquiz*" am Ende des Kurses. In Klinischer Pharmazie 4 wurde der Wunsch nach weiteren synchronen Fragestunden mit den Dozenten geäußert „*wie bei Psychopharmakologie, das war spannend*".

Das konstruktive Feedback der Studierenden soll in den folgenden Semestern umgesetzt, wo und wenn möglich es möglich ist.

3.3.1 Zukünftige Umsetzung in Klinischer Pharmazie 2

Bei der Planung und Umsetzung des Seminars in kommenden Semestern sollen sowohl die Erfahrungen der Dozierenden als auch das Feedback von Studierendenseite zur kontinuierlichen Verbesserung der Veranstaltung herangezogen werden. Der Wunsch der Studierenden nach mehr online Aufgaben soll erfüllt werden und es werden schrittweise zusätzliche Fragen und Recherche-Aufgaben zur selbstständigen Bearbeitung in den Moodle-Kurs integriert werden. Als eine zusätzliche Aufgabe für die kollaborative Arbeit in Kleingruppen sollen die Studierenden demnächst selbstständig Fallbeispiele für realistische Beratungssituationen in der Apotheke innerhalb des jeweiligen Themas erarbeiten und mit den anderen Gruppenteilnehmern diskutieren. Da die während der Veranstaltung durchgeführte Beratungsübung in Form eines Textchats nur eingeschränkte Kommunikation und Interaktion ermöglichte, wird sie in Zukunft in Form einer Videokonferenz durchgeführt werden. Das von Studierenden angeregte *„Abschlussquiz"* wird von den Dozierenden als ein ausgezeichneter Vorschlag angesehen, um möglichst alle Teilnehmerinnen und Teilnehmer während der Abschlussveranstaltungen zu interaktiver Beteiligung zu motivieren, und wird in Zukunft in die Veranstaltung integriert werden. Da sich die Digitalisierung des Seminars positiv auf die Organisation und Koordination der Veranstaltung mit wechselnden Sozialformen auswirkte und es im Ablauf keine Schwierigkeiten gab, wird an der bisherigen allgemeinen Struktur (vgl. Tab. 1) festgehalten.

3.3.2 Zukünftige Umsetzung in Klinischer Pharmazie 4

Der Wunsch der Studierenden nach mehr Übersichtlichkeit soll umgesetzt werden. Dazu soll das Themenformat in Moodle beibehalten, dann aber nur ein Abschnitt pro Seite angezeigt werden. Studierende können so in zukünftigen Kursen direkt den entsprechenden Themenabschnitt von der Startseite aus anwählen, z. B. ‚Fallbesprechungen' oder ‚Unterricht am (virtuellen) Krankenbett', und müssen nicht immer wieder vom Anfang der Seite bis zum gewünschten Abschnitt durchscrollen. Zusätzlich wird es grafische Übersichten zu Beginn der Abschnitte (beispielhaft in Abb. 4 dargestellt) geben, um eine leichtere Orientierung zu ermöglichen. Statt dem *Sprechstunden-Chat* wird eine *Zoom-Sprechstunde* angeboten, um den Fragestellenden bei Bedarf die Möglichkeit eines privaten Breakout-Raumes zu geben, falls etwas Vertrauliches besprochen werden sollte. Ein zusätzliches Angebot von individuellen Fragestunden mit den Dozierenden der einzelnen Seminare wird es nicht geben, da der zusätzliche zeitliche Aufwand für die Dozierenden nicht möglich ist. Bei live-Vorträgen wird allerdings darum gebeten, eine gewisse Zeit für Fragen der Studierenden von vorneherein mit einzuplanen. Zusätzlich soll es ein Forum für Fragen nach dem Seminaren geben, die dann an die Dozierenden weitergegeben werden. Die Antworten können dann für alle ersichtlich im Moodle Forum hochgeladen werden. Der „Stundenplan" für die Seminare wird beibehalten, die Erfahrungen der bisherigen Studierenden allerdings mit eingebaut. Individuelles Feedback ergab nämlich, dass die Studierenden die Videos auch aufgrund Möglichkeit, diese pausieren zu können, wertschätzten. Dies gab ihnen die Möglichkeit, Notizen anzufertigen oder unklares nachzuschlagen. Dadurch verlängerte sich aber auch der Zeitaufwand. Der Stundenplan kommt jetzt mit einem Hinweis, dass der angegebene Zeitaufwand dem reinen Abspielen der Videos entspricht. Aus Dozierendensicht war der „Kontakt" mit den virtuellen Patienten nicht ausreichend. Deswegen soll das Seminar in Zukunft mit Patientenvideos angereicher werden (natürlich unter Berücksichtigung des Datenschutzes). So ist z. B. statt den Standardpatienten der Bundesapothekerkammer geplant ein Anamnesegespräch mit einem echten Patienten aufzunehmen und die Studierenden daraus die relevanten Informationen für ihre Medikationsanalyse ziehen zu lassen.

Der Unterricht am (virtuellen) Krankenbett soll auch in Zukunft weiter stattfinden. Z.B. als Vorbereitung auf den Unterricht am echten Krankenbett, wenn Präsenzunterricht wieder möglich ist. Ob bereits ein Einsatz in früheren Fachsemestern -eventuell mit einem leichteren Schwierigkeitsgrad- möglich ist, muss fakultätsintern noch geklärt werden.

4 Zusammenfassung

Eine Digitalisierung der beiden vorgestellten Kurse konnte von den Dozierenden innerhalb von drei Wochen bewerkstelligt werden. Insgesamt wurde die Digitalisierung sowohl von Studierenden als auch von Dozierenden als positiv bewertet. Da die Studierenden Moodle™ bereits aus vorherigen Semestern kannten, fiel die Umstellung auf die komplette digitale Lehre den Studierenden relativ leicht. Die Ausgestaltung der Konzepte für die beiden Kurse erfolgte individuell nach den antizipierten Bedürfnissen der Studierenden. In beiden Kursen wurden verschiedene viele unterschiedliche Funktionen von Moodle genutzt und so zwei sehr abwechslungsreiche Kurse geschaffen. In beiden Kursen wurde eine Kombination aus unterschiedlichen Formaten angeboten, sowohl synchron als auch asynchron. Studierende bevorzugten Arbeit in Kleingruppen, individuelles Feedback für ihre Beiträge und interaktive Vorträge. Die eingesetzten Badges konnten den erhofften

Motivationseffekt nicht erfüllen. Die Studierenden zogen einen beträchtlichen Teil ihrer Motivation aus dem Formatmix und der engmaschigen Betreuung der Kurse durch die Dozierenden. In Zukunft sollen beide Kurse in einem Hybrid-Format angeboten werden, um die Vorteile der digitalen und der analogen Lehr-Lern-Welt zu nutzen.

Literatur

Antosch-Bardohn J, Beege B, Primus N. Tutorien erfolgreich gestalten: Ein Handbuch für die Praxis. 2016, Verlag Ferdinand Schönigh: Paderborn. ISBN: 978-3-8252-4525-2
Arnold P, Kilian L, Thillosen A, Zimmer G. 2018. *Handbuch E-Learning*, 5. Auflage. W. Bertelsmann Verlag, Bielefeld.
Bloom BS. 1972. *Taxonomie von Lernzielen im kognitiven Bereich*. Weinheim (Beltz).
Bundesministerium für Justiz und Verbraucherschutz. 2019. *Approbationsordnung für Apotheker (AappO)*. Berlin: Bundesministerium für Justiz und Verbraucherschutz.
Hege I, Adler M, Peter Susanne, 2011. CASUS: ein fallbasiertes Lernsystem. In: Dittler U, Hrsg. E-Learning, 3. Auflage. München: Oldenbourg Wissenschaftsverlag, 2011. https://doi.org/10.1524/9783486714432
Hege I. 2020. *Kurze Zusammenfassung von Aspekten, die bei der Umsetzung von E-learning wichtig sind*. Available online. https://doi.org/10.13140/RG.2.2.18024.01280
Langley CA & Belcher D, 2012. Applied Pharmaceutical Practice, 2nd edition. Pharmaceutical Press: London. ISBN 978 0 85711 0565
Noller J et al. (Hrsg). Methoden in der Hochschullehre. Springer VS: Wiesbaden, 2019. ISBAN: 978-3-658-26989-0
Pudritz YM, Wahl-Schott C, 2019. Aktuelle didaktische Methoden in der Klinischen Pharmazie. In: Noller J et al. (Hrsg). Methoden in der Hochschullehre. Springer VS: Wiesbaden, 2019. ISBAN: 978-3-658-26989-0
Ryan RM, Deci EL. 2000. Self-Determination Theory and the Facilitation of Intrinsic Motivation, Social Development, and Well-Being. *American Psychologist*, 55 (1), 68–78.
Tolks D. Lampert C. Dadacynski K, MAslon E, Paulus P, Sailer M. 2020. Spielerische Ansätze in Prävention und Gesundheitsförderung: Serious Games und Gamification. *Bundesgesundheitsblatt* 63:698–707.
Werbach K, Hunter D. 2012. *For the win: how game thinking can revolutionize your business*. Wharton Digital Press, Philadelphia. In. Tolks D. Lampert C. Dadacynski K, Maslon E, Paulus P, Sailer M. 2020. Spielerische Ansätze in Prävention und Gesundheitsförderung: Serious Games und Gamification. *Bundesgesundheitsblatt* 63:698–707.
Xi N, Hamari J. 2019. Does gamification satisfy needs? A study on the relationship between gamification features and intrinsic need satisfaction. *Int J Inf Manag*, 46: 21221.

Informationen zu verwendeter Software

Articulate®. Articulate Global LLC: https://articulate.com/

Camtasia®. TechSmith Cooperation: https://www.techsmith.com/video-editor.html
H5P. Joubel AS: https://h5p.org/
Kahoot! https://kahoot.com/
MoodleTM^{TM}. https://MoodleTM.org/
Zoom. Zoom Video Communications Inc: https://zoom.us/

Yvonne Marina Pudritz (Apotheke des LMU Klinikums/Department für Pharmazie, LMU München) studierte an der Heinrich-Heine-Universität Düsseldorf und erhielt 2003 die Approbation als Apothekerin. Sie arbeitete viele Jahre als Stationsapothekerin in Schottland und erwarb an der University of Aberdeen 2006 zunächst einen Master of Science in Klinischer Pharmakologie. 2012 schloss sie ihre Promotion in Applied Health Sciences erfolgreich ab. 2014 wechselte Sie nach München, wo Sie Ihre Zeit zwischen der Apotheke des Klinikums München und Ihrer Lehrtätigkeit am Department Pharmazie aufteilt. Ihr Schwerpunkt an der Uni liegt auf der Konzeption von (interprofessionellen) Lehr-Lernveranstaltungen für die klinische Pharmazie sowie Expertise/Kompetenzgewinn und (Lern-) Transfer von der Theorie zur Praxis.

Ulrich Lächelt (Department für Pharmazeutische Wissenschaften, Universität Wien, Österreich) studierte Pharmazie an der Universität Heidelberg und erhielt 2011 die Approbation als Apotheker. Er promovierte 2014 an der LMU München und erhielt 2021 die Habilitation. Während der COVID-19 Pandemie war er im Rahmen der Lehre für Studierende der Pharmazie und Pharmaceutical Sciences an der LMU München unter anderem für Laborpraktika der Biochemie und Seminare der Klinischen Pharmazie zuständig. Seit Oktober 2021 ist Ulrich Lächelt Assistenzprofessor am Department für Pharmazeutische Wissenschaften der Universität Wien.

Karin Bartel (Pharmazeutische Biologie, LMU München) studierte Pharmaceutical Sciences an der Ludwig-Maximilians-Universität München und schloss mit dem Titel „Master of Science" 2013 hervorragend ab. Im Anschluss absolvierte sie ein Praktikum im Bereich Medical Communications und Medical Information bei der Firma Amgen mit dem Schwerpunkt „Digital Communications". 2014 begann sie ein Promotionsstudium (Dr. rer. nat.) am Lehrstuhl für Pharmazeutische Biologie an der LMU München, das sie 2017 summa cum laude beendete. Von 2017 bis 2020 arbeitete sie als Gruppenleiterin weiter Lehrstuhl für Pharmazeutische Biologie, an dem sie von 2020 bis 2023 auch habilitierte. Seit 2023 ist sie am Lehrstuhl Drug Delivery der LMU München als Gruppenleiterin tätig. Ihr Schwerpunkt in Bezug auf die Lehre liegt in der Modernisierung und Digitalisierung von Lehrveranstaltungen. Hierbei geht es im Speziellen um die Verwendung von neuen Tools in Vorlesungen, die die Interaktivität mit den Studierenden steigern sollen und die Integration von digitalen Inhalten und Plattformen bei der Durchführung von praktischen Lehrveranstaltungen.